Tests de QI : et on fait quoi après ?

Comprendre pour mieux agir
Guide pratique d'interprétation

Éditions Tom Pousse
33, boulevard Arago
75013 Paris

Sébastien Vaumoron

Tests de QI : et on fait quoi après ?

Comprendre pour mieux agir
Guide pratique d'interprétation

Tom Pousse

TABLE DES MATIERES

PRÉFACE

La démarche de Sébastien VAUMORON dans ce « Guide des tests de QI » est intelligente et pratico-pratique.

Après la description des conditions de passation et des épreuves elles-mêmes et une mise au point sur la notion de QI (les notes, les scores, les différents indices...), Sébastien Vaumoron aborde les situations d'échecs ou de réussites hors normes, rares, qui correspondent aux situations de déficience intellectuelle et de haut potentiel. L'auteur propose ensuite une réflexion approfondie sur l'utilisation optimisée de ces outils qu'il illustrera grâce à une grande quantité de cas cliniques qui éclaireront le lecteur sur la multiplicité des situations rencontrées en pratique quotidienne.

En tant que clinicien averti et utilisateur rodé des versions successives des échelles de Wechsler, ce praticien « curieux et inventif » souhaite donc amener chaque professionnel faisant passer ces tests à se poser des questions pertinentes, à aller plus loin que le « cahier de passation » ne semble habituellement l'autoriser avec ces remarquables outils. Il s'appuie pour ce faire sur les conseils de la règle d'arrêt du manuel d'administration, et des recommandations récentes émanant de l'éditeur (Pearson/ECPA) ou bien encore d'une personnalité éminente comme Jacques GRÉGOIRE.

Procéder ainsi, aller plus loin, c'est parvenir à glaner de multiples renseignements complémentaires forts utiles à la compréhension et à la mesure des diverses compétences cognitives des personnes que l'on évalue. Sébastien ne nous propose donc pas de revisiter des échelles de Wechsler mais d'utiliser la puissance de ces outils pour mieux cerner le potentiel des enfants évalués. Il s'agit pour lui de nous exposer sa conception de « niveau maximum de difficulté résolue ». Par exemple, l'élève qui répond correctement puis bloque lors d'un subtest n'a pas le même potentiel que celui qui (pour diverses raisons, pas uniquement un décrochage/déficit attentionnel) alterne des réponses exactes et des réponses erronées. Mais comment restituer, faire part, partager cette réalité à ceux qui vont lire le compte-rendu du praticien ?

Sébastien Vaumoron propose d'évaluer « le niveau maximum de difficulté résolue » en n'arrêtant pas la passation d'un subtest aux critères d'arrêt proposés par le cahier de passation mais par le manuel d'administration. Il s'agit d'aller au-delà de là où on s'arrêterait après X échecs consécutifs qui auraient dû faire stopper l'administration du subtest. Il plaide donc l'intérêt à prendre du temps, voire « à perde du temps » afin de mieux comprendre et au final mieux aider toutes les personnes qui consultent pour des troubles neurodéveloppementaux.

C'est de la « bonne clinique ».

Les tests psychométriques sont utilisés en neuropsychologie pour réponde à des questions. Que les professionnels de l'évaluation grâce à une utilisation optimisée de ces outils puissants ne se privent pas de profiter de l'expérience clinique de Sébastien !

En conclusion, Sébastien Vaumoron a le grand mérite d'oser coucher sur le papier ce que beaucoup de cliniciens font déjà. C'est une mise au point salutaire, certes complexe, mais dans ce domaine ne convient-il pas de remettre cent fois l'ouvrage sur le métier ?

On lira ce livre… et on y reviendra donc souvent.

Dr Alain POUHET

INTRODUCTION

Ce livre a pour objectif d'expliquer précisément ce qu'est un test de QI. Bien évidemment, nous ne dévoilerons pas les détails des épreuves qui pourraient permettre de s'y entraîner[1], mais nous expliquerons ce que chaque subtest (= épreuve) évalue, comment analyser les résultats et, surtout : que faire après ? Éventuels bilans complémentaires en orthophonie, orthoptie, psychomotricité, graphomotricité, neuropsychologie ? Rééducation en mémoire et attention ? Consultation médicale ? Thérapie d'habiletés sociales ? etc.

Nous présenterons donc le déroulement des tests de QI et leur système de cotation. Nous proposerons des exemples cliniques détaillés d'analyses neuropsychologiques orientant vers les pré-diagnostics de troubles DYS, ou de troubles des apprentissages, de TDA/H, des troubles du Spectre de l'autisme de type « syndrome d'Asperger » et d'autres troubles cognitifs.

---

1. La question est souvent posée de savoir si un éventuel entraînement au moyen de jeux ou d'autres programmes pourrait fausser le test. Dans les faits, un test mesure un niveau de « performance » atteint un jour donné, que ce niveau soit atteint avec ou sans entraînement préalable. Même le retest à quelques semaines d'intervalle n'impacte pas les scores de façon significative car il y a peu d'effet d'apprentissage (cf. la *Newsletter de la psychométrie* #9 de l'éditeur ECPA). De plus, on peut se demander s'il est important de savoir si telle personne restitue « naturellement » 6 chiffres à l'envers ou si elle a dû s'entraîner pour y parvenir. Ce qui compte dans un test est d'analyser le fonctionnement cognitif de la personne, et de pouvoir apporter des propositions de remédiation pour les difficultés rencontrées. Il est certain que passer un test de QI après avoir fait le programme COGMED avec la progression normalement attendue permettra d'obtenir des scores nettement plus élevés au test de QI. Mais le test n'en sera pas pour autant faussé. Il mesurera ce que la personne est désormais capable de faire, après une remédiation cognitive. Si un enfant HPI lit 3 h par jour ou joue 1 h 30 par jour aux échecs contre un logiciel, il développera des compétences spécifiques qui impacteront probablement à la hausse son test de QI. Est-ce pour autant le fausser ? On ne dira pas que son HPI est faussé parce qu'il lit autant, ou qu'il s'entraîne tous les jours sur ces types de jeux. Aussi, peu importe comment la personne a acquis ses compétences, dès lors que celles-ci sont présentes et observées au moment du test.

Ce livre se veut donc être un guide pratique pour les parents, les patients, les enseignants mais aussi les professionnels médicaux et paramédicaux ; c'est-à-dire, pour toute personne susceptible d'avoir à comprendre et à prendre en compte un test de QI, que ce soit au niveau de l'éducation, de la pédagogie, des soins ou des éventuelles remédiations à mettre en place.

Cet ouvrage est également la synthèse d'une réflexion clinique issue d'un échantillon d'environ un millier de tests Weschler administrés : WPPSI-III[2], WISC-IV[3] et WAIS-IV[4], puis WPPSI-IV[5] et WISC-V[6]. À ces passations, peuvent s'ajoutent les apports du NEPSY 2[7] « Attention et fonctions exécutives » et « Perception sociale » administré en complément chaque fois que cela s'avérerait utile à la suite d'une passation d'un WPPSI ou d'un WISC. L'apport de l'ADOS 2[8] concernant les troubles du Spectre autistique peut aussi se révéler utile.

Cette pratique des bilans neuropsychologiques s'inscrit dans une collaboration étroite avec des orthophonistes, orthoptistes, graphothérapeutes, avec des médecins spécialisés en neuropsychologie ou en pédiatrie, et des pédopsychiatres spécialisés sur les troubles « dys », le trouble du Déficit de l'attention avec/sans hyperactivité (TDA/H), les troubles du Spectre de l'autisme (TSA) et le haut potentiel intellectuel (HPI). Une collaboration étroite (animation de tables rondes, conférences, formations) avec différentes associations départementales, régionales et nationales a permis un lien avec toutes ces particularités cognitives.

La première partie de ce guide est principalement destinée aux familles ou aux professionnels connaissant mal les épreuves des tests de QI et leur

2. WPPSI-III (*Wechsler Preschool and Primary Scale of Intelligence*) : Échelle d'intelligence de Wechsler pour enfants d'âge de la période préscolaire et primaire - Troisième édition

3. WISC-IV (*Wechsler Intelligence Scale for Children*) : Échelle d'intelligence de Wechsler pour enfants et adolescents. Quatrième édition.

4. WAIS-IV (*Wechsler Adult Intelligence Scale*) : Échelle d'intelligence de Wechsler pour grands adolescents et adultes. Quatrième édition.

5. WPPSI-IV (*Wechsler Preschool and Primary Scale of Intelligence*) : Échelle d'intelligence de Wechsler pour enfants d'âge de la période préscolaire et primaire. Quatrième édition

6. WISC-V (*Wechsler Intelligence Scale for Children*) : Échelle d'intelligence de Wechsler pour enfants et adolescents. Cinquième édition.

7. NEPSY 2 (*Developmental Neuropsychological Assessment*) : Bilan neuropsychologique de l'enfant. Deuxième édition.

8. ADOS 2 (*Autism Diagnostic Observation Schedule*) : Échelle d'observation pour le diagnostic de l'autisme. Deuxième édition.

cadre d'usage. Nous irons ensuite plus loin avec la recherche du « niveau maximum de difficulté résolue » lors d'un test.

Puis, au fil de l'ouvrage, nous travaillerons sur des notions avancées au niveau de l'analyse des résultats en nous arrêtant sur certains points spécifiques qui feront l'objet de développements particuliers.

Dans la seconde partie du livre, nous analyserons en détail une vingtaine de tests de QI pour voir comment il est possible d'en tirer des préconisations et des pistes de remédiation. N'est-ce pas là l'intérêt principal des passations de tests ?

NOTE IMPORTANTE :

Il est fortement déconseillé aux personnes envisageant de passer un test de QI de lire avant leur passation la seconde partie de cet ouvrage, qui concerne les analyses de cas. Cela pourrait fausser leur test !

1

PRÉSENTATION DES TESTS DE QI

1.1
LES TROIS TESTS DE WESCHLER

Le test de quotient intellectuel (couramment appelé « test de QI ») est un bilan neuropsychologique psychométrique, c'est-à-dire qu'il permet d'observer une partie des fonctions cognitives (mais pas toutes) fortement mobilisées dans les apprentissages scolaires et dans des tâches intellectuelles. Il mesure des scores de réussite dans un certain nombre d'épreuves, les unes obligatoires, d'autres facultatives, les deux étant appelées « subtests ».

Actuellement, il existe trois tests de QI en usage selon les différentes tranches d'âge concernées :

1. Le WPPSI-IV date de 2014 pour l'édition française. Il s'adresse aux enfants de 2 ans ½ à 7 ans 7 mois, avec deux batteries d'épreuves, l'une allant de 2 ans ½ à 3 ans 11 mois, et une autre allant de 4 ans à 7 ans 7 mois.

2. Le WISC-V date de 2016 pour l'édition française (le WISC-IV qui le précéda fut en usage de 2005 à 2016). Il permet de tester les enfants et adolescents de 6 ans à 16 ans 11 mois, ce qui correspond globalement à la période de la scolarité obligatoire ;

3. Le WAIS-IV date de 2011 pour l'édition française et permet de tester les personnes âgées de 16 ans jusqu'à 79 ans 11 mois.

Chaque test se compose de subtests permettant les uns de mesurer un Indice de logique verbale (IRV), d'autres un Indice visuospatial (IVS), ou de raisonnement fluide (IRF), de raisonnement perceptif (IRP), de mémoire de travail (IMT) ou de vitesse de traitement (IVT). Selon les tests, il existe quelques variantes dans certains subtests. Ainsi, des huit formes d'intelligence répertoriées par Howard Gardner[9], le test de QI n'en retient que moins de la moitié, ce qui constitue donc une évaluation très partielle de l'intelligence, essentiellement centrée sur l'évaluation des formes d'intelligence mobilisées dans certains apprentissages scolaires considérés comme fondamentaux.

Par exemple, Gardner identifie une forme d'intelligence musicale. Or, l'enseignement de la musique est au programme dès l'école maternelle avec les comptines, puis au collège avec les cours d'éducation musicale et les classes à horaires aménagés musique (CHAM). On le retrouve au lycée en option facultative comptant pour le baccalauréat, à l'université jusqu'au concours de l'Éducation nationale du CAPES et de l'Agrégation, en parallèle du doctorat ou de son enseignement à l'École normale supérieure. Mais, comme d'autres formes d'intelligence présentes dans des matières scolaires, l'intelligence musicale ne fait pas l'objet d'une évaluation au test de QI.

Par ailleurs, il n'y a pas de subtest « pur » qui permettrait d'évaluer une forme de raisonnement logique (aussi appelée « facteur G ») sans faire appel à d'autres fonctions cognitives. En réalité, chaque subtest de logique implique d'autres fonctions cognitives, dont le système visuel ou auditif, le système neurovisuel et/ou oculomoteur, l'attention visuelle ou auditive, la mémoire à court terme ou la mémoire de travail, la planification, le contrôle exécutif, la résistance aux distractions internes ou externes (inhibition), la motricité fine, etc. Et celles-ci sont soumises aux contraintes de leur propre développement, qui peut varier selon chacun d'entre nous, voire être entravées par un trouble, indépendamment du développement de la logique verbale ou visuelle, cible principale des épreuves de logique des tests de QI.

Pour exemple, une épreuve de logique verbale sera potentiellement parasitée si le patient présente un trouble du langage plus ou moins sévère, sans que cela indique un manque de développement de sa capacité à raisonner, mais simplement de sa capacité à s'exprimer ou à décoder l'information verbale.

En passant de l'utilisation du WISC-IV à celle du WISC-V en 2016, la réorganisation des épreuves s'est traduite par la disparition de l'épreuve

9. Howard Gardner, *Les formes de l'intelligence*, Éditions Odile Jacob, 1997.

visuelle Identification de concepts qui était très proche de Similitudes, avec des items communs entre ces deux épreuves. Cette suppression ne permet plus de constater les fréquents et importants écarts de scores entre ces deux épreuves selon que le patient était en tâche verbale ou visuelle.

Or, si un patient présente des difficultés de mémoire de travail, ou de mémoire de travail avec attention divisée, cela peut interférer dans la passation de plusieurs épreuves qui demandent de conserver en mémoire à court terme ou en mémoire de travail des informations nécessaires à l'analyse logique. De même, un déficit d'attention et des fonctions exécutives [10] peut parasiter l'organisation de sa pensée ou l'analyse de suites logiques d'images.

Une faible résistance aux distractions internes [11] peut conduire à faire de nombreuses erreurs qui ne seront pas dues à un manque d'intelligence ou de raisonnement mais, par exemple, au fait que le patient n'a pas pu résister aux « pièges » intégrés dans certaines épreuves et qui lui ont fait perdre de vue la consigne. Autre exemple : une épreuve visuospatiale ou de vitesse de traitement par copie de codes peut être impactée par un trouble neurovisuel et/ou oculomoteur qui n'est peut-être pas encore diagnostiqué et/ou rééduqué.

Il faut donc considérer le test de QI comme un examen chiffré du fonctionnement cognitif ne concernant que certaines fonctions cognitives et/ou certaines formes de l'intelligence mettant en jeu d'autres fonctions (attention, fonctions exécutives, langage pragmatique, etc.) qui ne sont pas mesurées dans le test mais qui, restant toutefois observables, permettent alors de s'interroger sur l'éventuelle présence de troubles associés.

Enfin, un test est passé à un moment précis du développement du sujet, qu'il s'agisse d'un enfant en bas âge, d'un enfant, d'un adolescent, d'un adulte ou d'une personne âgée. Certains troubles peu marqués à certains

---

10. Ensemble de processus cognitifs de haut niveau : inhibition de certains cognitions ou comportements inappropriés, planification (organiser une série d'actions permettant d'atteindre un objectif, mettre en œuvre des stratégies), flexibilité mentale (souplesse cognitive permettant de s'adapter à une situation qui n'est pas routinière, de changer de tâche pour se réengager dans une autre...), attention auditive et visuelle (attention sélective, attention soutenue, attention partagée), contrôle exécutif...

11. Associations d'idées hors-sujet, comme le fait de penser à ses dernières vacances d'été lors de la dictée « Nous nous promenions sur la plage, les enfants faisaient un château de sable ». La personne se distrait elle-même de sa tâche, à la différence des distractions externes (bruit, bavardage, balancement d'un élève sur sa chaise, etc.) qui vont attirer l'attention du sujet.

âges, le deviennent davantage à d'autres, ou sont masqués par une adaptation ou une compensation. C'est pourquoi, après une rééducation ou une remédiation, il est utile de réévaluer la personne par une nouvelle passation du test afin de constater les effets thérapeutiques produits, ou l'apparition de nouvelles difficultés.

CE QU'IL FAUT RETENIR

- Il existe un test pour les enfants âgés de 2 ans 6 mois à 3 ans 11 mois.
- Il existe un test pour les enfants âgés de 4 ans à 7 ans 7 mois.
- Il existe un test pour les enfants âgés de 6 ans à 16 ans 11 mois 30 jours.
- Il existe un test pour les adolescents et les adultes âgés de 16 ans à 79 ans 11 mois.
- Un test de QI ne permet pas de mesurer toutes les différentes formes d'intelligence.
- Il n'y a pas de subtest « pur » : tous les subtests impliquent plusieurs fonctions cognitives.

1.2
POURQUOI PASSER OU FAIRE PASSER UN TEST DE QI ?

Certaines familles hésitent à faire passer un test de QI par crainte du résultat de la mesure de l'intelligence de l'enfant testé, ou parce qu'elles ne savent pas à quoi cela servira après.

Or, le but premier d'un test de QI n'est pas de « connaître le QI », mais d'analyser le développement et le fonctionnement cognitif de la personne : enfant, adolescent ou adulte. De même qu'une échographie ne sert pas à savoir si le fœtus est un garçon ou une fille mais à observer son développement, un test de QI sert observer et à mesurer le développement cognitif du sujet. « Connaître son QI » est donc accessoire. De plus, nous verrons que dans certains cas, ce QI n'a même aucune signification réelle.

Mais la passation de ce test de QI va permettre de faire des hypothèses sur l'origine des difficultés éprouvées par la personne, et, le cas échéant, de proposer des bilans complémentaires – orthophonique, orthoptique, graphomoteur, psychomoteur, attentionnel ou de perception sociale – qui permettront de faire des propositions de rééducation adaptées pour réduire les difficultés constatées.

Par ailleurs, un test de QI est opérateur-dépendant[12]. En effet, ce n'est pas le test en lui-même qui donne le diagnostic mais le praticien qui en fait l'analyse. Ce test permet d'observer une partie du développement cognitif du patient, c'est-à-dire de « voir » comment il « fonctionne » et, surtout, ce qui « dys-fonctionne » éventuellement au moment de l'examen. Donc, savoir si le sujet testé est « précoce ou surdoué ou HPI » est un résultat secondaire de l'examen, même s'il est parfois utile à connaître pour expliquer certains aspects[13] de sa scolarité, de sa vie personnelle, professionnelle ou autre. Mais, dans bien des cas, connaître le score global du QI ne permet pas de faire les hypothèses cliniques au sujet des éventuelles difficultés qui ont amené la personne à passer ce test. Seule l'analyse détaillée de chaque épreuve du test va permettre de le faire.

12. Comme pour une échographie, la qualité de l'analyse d'un test de QI dépend des connaissances et de l'expérience du praticien qui le fait passer, et pas seulement de l'outil utilisé.

13. Une facilité d'apprentissage peut devenir une difficulté dans un cadre scolaire rigide qui ne prend pas en compte cette facilité d'apprentissage.

Enfin, il faut avoir à l'esprit qu'à la naissance le cerveau d'un enfant atteint à peine 30 % de la taille qu'il aura à l'âge adulte. De la naissance à l'âge adulte son cerveau va être en continuel développement. Si donc ce sont des difficultés d'apprentissage qui l'ont conduit à devoir passer un test de QI, il ne faut surtout pas hésiter à renouveler la passation quelques années plus tard pour évaluer le réel effet de la prise en charge thérapeutique et l'ajuster si nécessaire. Il faut savoir aussi que certains troubles neurodéveloppementaux sont peu visibles à un très jeune âge, mais qu'ils le deviennent davantage à la fin de l'enfance ou à l'adolescence, et qu'il ne faut donc pas hésiter à faire passer un nouveau test de QI après quelques années plutôt que de rester sur un ancien test qui ne serait plus représentatif du développement cognitif réel de l'enfant. Nous illustrerons cela par la suite avec divers exemples.

CE QU'IL FAUT RETENIR

- Un test de QI sert d'abord à observer et à mesurer un éventuel (dys)fonctionnement cognitif.
- Il permet d'élaborer des hypothèses de diagnostic en cas de difficultés d'apprentissage et/ou de troubles cognitifs.
- Il constitue une étape fondamentale pour le diagnostic des troubles « DYS », du trouble du Déficit de l'attention avec/sans hyperactivité (TDA/H) et pour les troubles du Spectre de l'autisme (TSA) lourds ou légers (de type « syndrome d'Asperger »).
- Du fait du développement continu du cerveau, la durée de validité communément admise pour un test de QI est de 2 ans chez l'enfant et l'adolescent.
- Un trouble cognitif neurodéveloppemental comme le TDA/H, éventuellement difficilement observable lors d'un test de QI à un jeune âge, pourra devenir davantage visible quelques années plus tard.

1.3
QUI PEUT FAIRE PASSER UN TEST DE QI ?

L'idée généralement répandue est que seuls les psychologues cliniciens, voire même seulement les « neuropsychologues », sont habilités à pratiquer la passation des tests neuropsychologiques. Mais s'il est exact que ce sont surtout eux qui les utilisent, ils ne sont pas les seuls autorisés à les pratiquer.

Les conditions générales de vente fixées par l'éditeur de ces tests (Éditions du Centre de psychologie appliquée, ECPA) stipulent qu'« *en raison de la nature scientifique des tests, des conditions de leur utilisation requérant une compétence spécifique, et dans l'intérêt des personnes qui y sont soumises, la vente des tests de Pearson France-ECPA est réservée aux personnes possédant les titres, les qualifications ou les habilitations professionnelles adéquates à l'utilisation des tests, notamment :*

- *les titulaires du titre de Psychologue tel qu'il a été défini par les décrets 90 - 255 et 90 - 259 du 22 mars 1990 en application de la Loi du 25 juillet 1985, et conformément au code de déontologie du 22 mars 1996 ;*
- *les professionnels des ressources humaines disposant des certifications nécessaires dispensées par Pearson France-ECPA ;*
- *les orthophonistes ;*
- *les psychomotriciens ;*
- *les ergothérapeutes ;*
- *les médecins ;*
- *les enseignants spécialisés ;*
- *les graphothérapeutes.* »

Comme on le voit, la liste des professionnels autorisés et sans obligation de détention d'un numéro ADELI est donc large. Ces principes sont conformes aux *Standards for Educational and Psychological Tests*, définis en 1985 et adoptés par des organisations comme l'*American Psychological Association* (APA). Les mêmes standards ont été acceptés par l'*European Test Publishers Group* (ETPG) auquel adhère Pearson France-ECPA et par l'*International Test Commission* (ITC). « *À chacun des tests et des matériels diffusés par Pearson France-ECPA est associé un type de titre professionnel, de qualification ou de certification nécessaire.* »[14]

14. https://ecpa.fr/uploaded/BDC.pdf

Les consignes du cahier de passation et du manuel d'utilisation citant « le psychologue » comme opérateur peuvent induire cette confusion. Aussi, pour éviter cela, nous utiliserons dans ce présent ouvrage le terme de « praticien », conforme à la réalité, sans privilégier une profession plutôt qu'une autre. En effet, nous avons eu l'occasion de voir des tests de QI et de NEPSY 2 administrés par des orthophonistes, des psychomotriciens, etc.

Contrairement à ce qu'on croit souvent, les passations de bilans neuropsychologiques ne sont donc pas réservées aux « neuropsychologues ». En effet, le préfixe « neuro » correspond non pas à une profession mais à une spécialisation. Ainsi on peut faire appel à des psychologues neuropsychologues comme en psychanalyse à des psychanalystes spécialisés en neuropsychanalyse ou à des neuropsychiatres en psychiatrie !

Enfin, aucun diplôme ne garantit qu'un praticien administrant les tests[15] ait également acquis une maîtrise de l'analyse neuropsychologique des bilans. En effet, les enseignements proposés dans les facultés de psychologie accordent peu d'heures théoriques et pratiques à l'enseignement de l'analyse des tests de QI. Une psychologue récemment diplômée m'indiquait qu'elle avait suivi quelques heures de cours théoriques et qu'elle avait dû trouver un praticien acceptant de lui prêter un matériel de test pour l'administrer à un enfant de son entourage pour s'y entraîner avant de passer son examen diplômant.

En conséquence, avant d'envisager de passer un test de QI, il est important de s'assurer que le praticien auquel on va s'adresser est reconnu pour sa compétence dans la passation de ce test[16] et, si possible, qu'il ait une bonne expérience de cette pratique et qu'il continue à se former régulièrement, non seulement dans son domaine « psy », mais aussi sur les troubles neurodéveloppementaux susceptibles d'être décelés lors d'un test de QI[17].

Avec ces précautions, le patient ou sa famille obtiendra non seulement les scores obtenus, mais aussi une analyse clinique neuropsychologique,

---

15. C'est la possibilité d'acheter les tests à l'éditeur qui régit leur usage par les praticiens, selon des conditions générales de vente.

16. Les associations de familles disposent de listes de praticiens connus pour leur compétence du haut potentiel intellectuel, des troubles « dys », du trouble du déficit de l'attention, des troubles du Spectre de l'autisme, etc.

17. Troubles « dys », trouble du déficit de l'attention, troubles du Spectre de l'autisme, troubles neurovisuels oculomoteurs, etc.

une hypothèse de diagnostic et des propositions concrètes d'aide ou de poursuite pour remédiation. Et c'était bien là l'objet essentiel de sa demande initiale !

CE QU'IL FAUT RETENIR

- Il existe une dizaine de professions habilitées à faire passer les tests de QI.
- Le préfixe « neuro » qui peut être accolé à l'intitulé de différentes professions n'indique pas un titre mais une spécialisation.
- Il est important de s'adresser à un praticien spécialiste des troubles que l'on veut diagnostiquer.
- Les associations en rapport avec les difficultés suspectées représentent une ressource utile pour guider le choix d'un praticien.

1.4
LES TARIFS

La tarification de la passation d'un test de QI est libre et il n'est pas prévu qu'elle soit remboursée par les caisses d'assurance maladie. Certaines assurances complémentaires remboursent totalement ou partiellement le coût des tests ou d'un nombre de consultations, mais elles sont rares.

En se documentant sur internet, on observe que les tarifs pratiqués pour les passations de tests de QI peuvent varier du simple au triple d'un praticien à l'autre. Certains procèdent par forfait comprenant une première consultation pour recueillir l'anamnèse[18], pratiquer la passation, comptabiliser le temps de travail sur l'analyse du test et le temps de restitution des résultats, d'autres proposent un paiement à l'heure ou à la ½ heure de temps passé à administrer le test, certains comptent le temps de restitution dans le forfait, chez d'autres cela s'ajoute au forfait, tout comme la rédaction d'un compte rendu écrit.

Enfin, il faut s'assurer que la version du test qui sera utilisée est bien la dernière en date, que le protocole de passation en une seule séance est respecté, tout comme la poursuite du subtest après l'arrêt protocolaire habituel de l'épreuve en cas de suspicion d'un trouble.

Pour ce qui concerne le choix du praticien, il faut privilégier ceux qui passeront au minimum 1h15 à administrer les 10 subtests obligatoires en une seule fois, proposeront un entretien de restitution des épreuves en expliquant où sont situées les difficultés à chaque subtest, donneront un compte rendu complet avec analyse neuropsychologique en sus de la copie de tous les scores, informeront d'éventuelles suspicions de troubles associés pouvant expliquer ces scores et la qualité du déroulement de l'épreuve, feront si besoin des préconisations de bilans complémentaires (orthoptiste, orthophoniste, etc.), ainsi que des noms de spécialistes à consulter, et le tout en lien avec les questions qui ont amené la passation du test.

En revanche, il est important d'être vigilant devant :

– des tarifs très bas qui peuvent cacher un temps de test limité à 1h ;
– un compte-rendu succinct en 10-15 lignes, avec seulement les scores issus du logiciel, sans analyse neuropsychologique ;

18. Relevé des éléments du développement biographique, médical, scolaire, professionnel, personnel, cognitif, psychologique etc. du patient.

- un compte-rendu envoyé par courrier, sans rencontre ni explications ;
- une proposition de passation avec une version du test qui n'est plus en vigueur.

Le loyer d'un cabinet à Paris, à Marseille ou à Lyon n'est pas le même qu'à Laon, Vierzon ou Auch, ce qui va faire varier les coûts de fonctionnement de l'activité libérale et donc le tarif du bilan. Mais, globalement, le coût moyen d'un test de QI pourrait se situer entre 200 € et 350 €.

Cependant, lorsqu'un enfant présente une difficulté d'apprentissage scolaire et qu'un test de QI est nécessaire pour faire l'évaluation neuropsychologique de ses difficultés et décider des rééducations à mettre en œuvre, le psychologue de l'Éducation nationale (PsyEN) doit être l'interlocuteur privilégié. Cela fait partie de ses missions[19] et ses services sont gratuits. De plus, intervenant dans l'école, il peut facilement bénéficier d'une observation de l'enfant en classe et partager ses observations – dans le cadre de la discrétion du fonctionnaire[20] – les résultats des bilans et ses hypothèses avec les enseignants et le service de santé scolaire lors d'une réunion d'une équipe éducative et avec la famille ou les personnes ayant la responsabilité légale de l'enfant.

CE QU'IL FAUT RETENIR

- Il n'existe pas de tarif horaire de référence, ni de tarif standard pour les tests de QI.
- Le coût d'un test de QI implique au minimum 2h30 de travail pour le praticien :
  - entre 1h15 et 1h30 de passation pour les 10 subtests obligatoires.
  - au minimum 1/2h de rédaction ;
  - au minimum 1/2h d'entretien de restitution ;
- Le psychologue de l'Éducation nationale est le premier interlocuteur à solliciter en cas de difficultés d'apprentissages scolaires rendant nécessaire un test de QI. Cela fait partie de ses missions. Son travail est gratuit pour la famille.

---

19. http://www.education.gouv.fr/pid285/bulletin_officiel.html?cid_bo=115951
20. https://www.legifrance.gouv.fr/affichTexteArticle.do?idArticle=LEGIARTI000006366539&cidTexte=LEGITEXT000006068812

1.5 LES SUBTESTS DU WPPSI, DU WISC ET DU WAIS

Nous allons maintenant examiner la liste des différents subtests (= épreuves) qui composent les divers tests de QI. La plupart de ces épreuves sont communes au WPPSI-IV, aux WISC-IV[21] et WISC-V, et au WAIS-IV. C'est pourquoi, afin d'éviter des redites, nous avons choisi de présenter ensemble tous les subtests en précisant à quel tests ils appartiennent. La notation « O » indique que le subtest est obligatoire, la notation « F » indique un subtest facultatif.

Précisons que la même épreuve peut figurer dans plusieurs tests, mais avec un grand nombre d'items différents.

Aussi bien pour le WPPSI que pour le WISC et le WAIS, les épreuves de logique verbale ou visuelle (visuospatiale et raisonnement fluide) et de mémoire sont composées d'items présentés dans un ordre croissant de difficulté, depuis le développement intellectuel d'un enfant d'environ 2 ans ½-3 ans, jusqu'à celui d'un adulte avec un Haut Potentiel Intellectuel (HPI).

Par ailleurs, il existe une règle de substitution des subtests, et pour élargir une exploration il est possible d'ajouter un subtest facultatif aux subtests obligatoires.

Le protocole de passation indique après combien d'erreurs consécutives doit intervenir l'arrêt de l'épreuve, ce qui va permettre de calculer la « note brute » (nombre de points obtenus durant l'épreuve), laquelle va être ensuite convertie en « note standard » en fonction de la tranche d'âge du patient. En effet, obtenir 12 points de « note brute » à 7 ans, à 11 ans ou à 15 ans n'a pas la même signification.

21. Le WISC-IV a été remplacé par le WISC-V en octobre 2016, mais nous continuons de le citer du fait que ce remplacement est encore relativement récent.

Subtest obligatoires	WPPSI-IV 2 ans ½	WPPSI-IV 4 ans	WISC-IV	WISC-V	WAIS-IV
Compréhension de mots	0				
Information	0	0	F	F	0
Similitudes		0	0	0	0
Vocabulaire		F	0	0	0
Compréhension de situations		F	0	F	F
Raisonnement verbal			F		
Cubes	0	0	0	0	0
Matrices		0	0	0	0
Puzzles visuels				0	0
Balances				0	F
Identification de concepts		0	0		
Mémoire des chiffres ordre direct			0	0	0
Mémoire des chiffres ordre inverse			0	0	0
Mémoire des chiffres ordre croissant				0	0
Séquences lettres – chiffres			0	F	F
Arithmétique			F	F	0
Mémoire des images				0	
Reconnaissance d'images	0	0			
Dénomination d'images	F				
Complètement d'images			F		F
Mémoire spatiale	F	0			
Assemblage d'objets	0	0			
Codes		F	0	0	0
Symboles		0	0	0	0
Barrage		0	F	F	F
Barrage aléatoire		F			
Barrage structuré		F			

TABLEAU 1

CE QU'IL FAUT RETENIR

- Les tests WPPSI, WISC et WAIS sont conçus sur le même modèle.
- Selon les tests, certaines épreuves peuvent être adaptées en fonction des différents âges.
- Certains types d'épreuves se retrouvent dans les trois tests mais avec des items (= questions) différents.
- On peut substituer une épreuve facultative à une épreuve obligatoire, ou bien ajouter une épreuve facultative pour élargir l'exploration.

1.6 DESCRIPTION DES DIVERS SUBTESTS (= ÉPREUVES)

Dans toutes les épreuves de logique et de mémoire du WPPSI-IV, du WISC-IV et V, et du WAIS-IV, les items (= questions) sont classés du plus simple (âge de développement d'environ 2 ans ½ - 3 ans) au plus complexe (niveau adulte avec Haut Potentiel Intellectuel[22]), sauf pour certaines épreuves du WPPSI-IV.

1.6.1 WPPSI-IV : de 2 ans 6 mois à 3 ans 11 mois

Ce test comporte 6 subtests (= épreuves) obligatoires et nécessaires au calcul de trois Indices, auxquels s'ajoute une épreuve facultative. Voici le tableau des subtests obligatoires et des Indices :

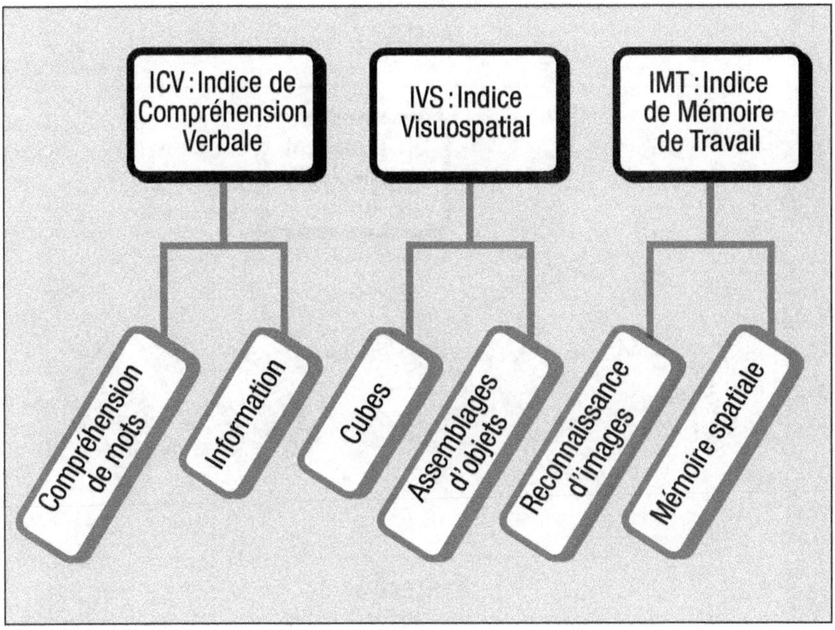

TABLEAU 2

22. Niveau élevé de résolution logique atteint par seulement 2 % de la population générale adulte.

Toutefois, le chiffre du Quotient intellectuel (QI) se calcule en utilisant seulement 5 des 6 épreuves obligatoires :

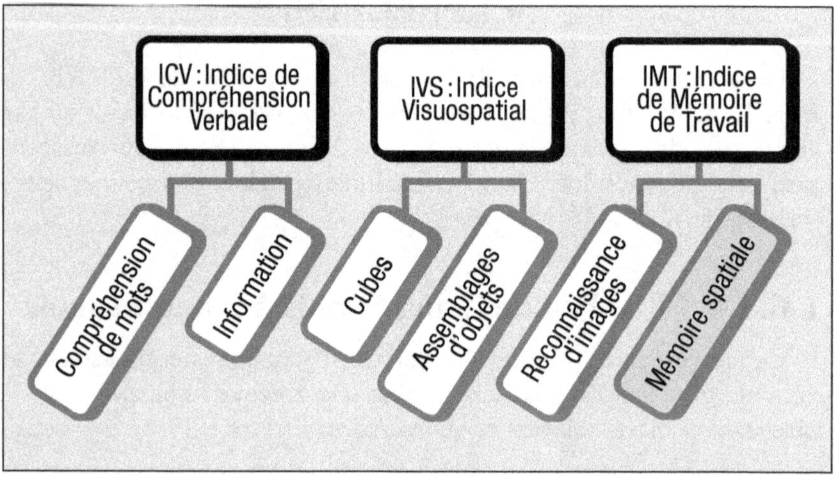

TABLEAU 3

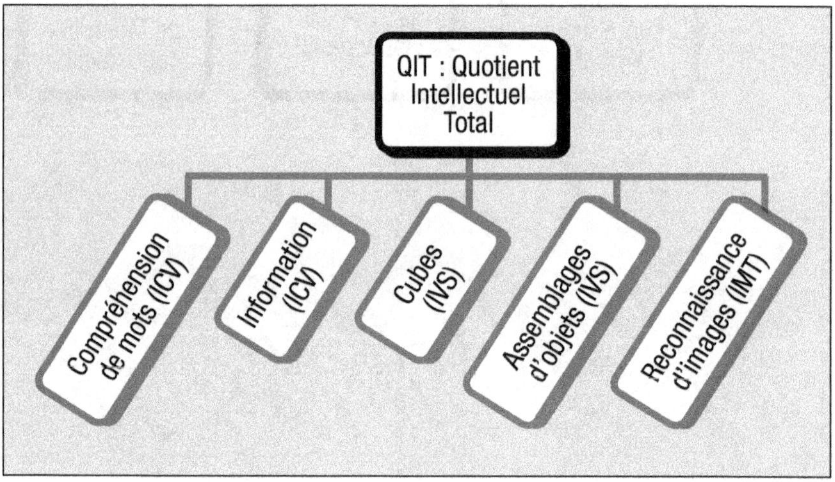

TABLEAU 4

Ainsi, le Quotient Intellectuel n'est pas « total », car il ne reprend pas la totalité des subtests obligatoires pour le calcul des Indices.

Voyons maintenant la description des subtests composant chaque Indice.

1.6.1.1 Indice de Compréhension verbale (ICV)

• ***Compréhension de mots*** est une épreuve dans laquelle, à partir d'une description donnée par le praticien, l'enfant doit désigner une image parmi plusieurs qui lui sont présentées.

La cotation est 0 ou 1 point. Il y a 31 items. L'arrêt de l'épreuve intervient après trois échecs consécutifs.

• ***Information*** est une épreuve verbale de connaissances générales.

La cotation est 0 ou 1 point. Il y a 29 items, les quatre premiers étant visuels. L'arrêt de l'épreuve intervient après 3 échecs consécutifs.

1.6.1.2 Indice Visuospatial (IVS)

• ***Cubes*** est une épreuve dans laquelle il est demandé au patient d'assembler des cubes permettant de reproduire une figure présentée en modèle. Cette épreuve est chronométrée.

La cotation est 0, 1 ou 2 points. Il y a 8 items avec des cubes dont les différentes faces sont soit rouges, soit blanches, puis 9 items plus complexes avec des cubes ayant deux faces rouges, deux faces blanches et deux faces bicolores moitié rouge et moitié blanche. L'arrêt de l'épreuve intervient après deux échecs consécutifs.

• ***Assemblage d'objets*** est une construction de puzzle sans modèle. C'est aussi une épreuve chronométrée (90 secondes par item).

Selon les items, la cotation est de 0,5 à 1 point par jonction. Il y a 13 items. L'arrêt de l'épreuve intervient après deux échecs consécutifs.

1.6.1.3 Indice de Mémoire de travail (IMT)

• ***Reconnaissance d'images*** est une épreuve de mémoire visuelle de travail. On présente durant quelques secondes une image, puis deux puis trois, etc. à l'enfant qui doit les mémoriser et les retrouver sur la page suivante où elles sont dispersées au milieu d'éléments distracteurs.

La cotation est 0 ou 1 point. Il y a deux items d'apprentissage, six items à 1 image, six items à 2 images, dix items à 3 images, six items à 4 images, quatre items à 5 images, deux items à 6 images et un item à 7 images. L'arrêt de l'épreuve intervient après trois échecs consécutifs.

• ***Mémoire spatiale*** est une épreuve qui nécessite de mémoriser la localisation d'objets.

La cotation est 0 ou 1 point. Il y a 20 items, l'épreuve démarre avec une carte montrant l'image d'un animal et de deux enclos, l'animal étant dans l'un des deux enclos, puis on augmente progressivement le nombre d'animaux et d'enclos sur les cartes. L'arrêt de l'épreuve intervient après deux échecs consécutifs.

1.6.1.4 Épreuve optionnelle :

• ***Dénomination d'images*** est un imagier avec 24 items. L'enfant doit nommer ce que représente chaque item.

La cotation 0 ou 1 point. L'arrêt de l'épreuve a lieu après trois échecs consécutifs.

CE QU'IL FAUT RETENIR

- Le WPPSI-IV pour enfants âgés de 2 ans 6 mois à 3 ans 11 mois se compose de 3 Indices : Compréhension verbale, Visuospatial et Mémoire de travail.
- Le QI se calcule au moyen de 5 subtests sur 6.
- Un subtest sur deux de l'Indice de Mémoire de travail n'est pas pris en compte pour le calcul du QI.
- Le QI n'est donc pas « total » mais doit être considéré comme un Indice.

1.6.2 WPPSI-IV : de 4 ans à 7 ans 7 mois

Cette version du test est un développement de la version précédente adaptée pour les enfants âgés d'au minimum 4 ans.

Elle comporte dix subtests (épreuves) obligatoires qui servent au calcul de cinq Indices, et cinq épreuves optionnelles. Voici le tableau des subtests obligatoires et des Indices :

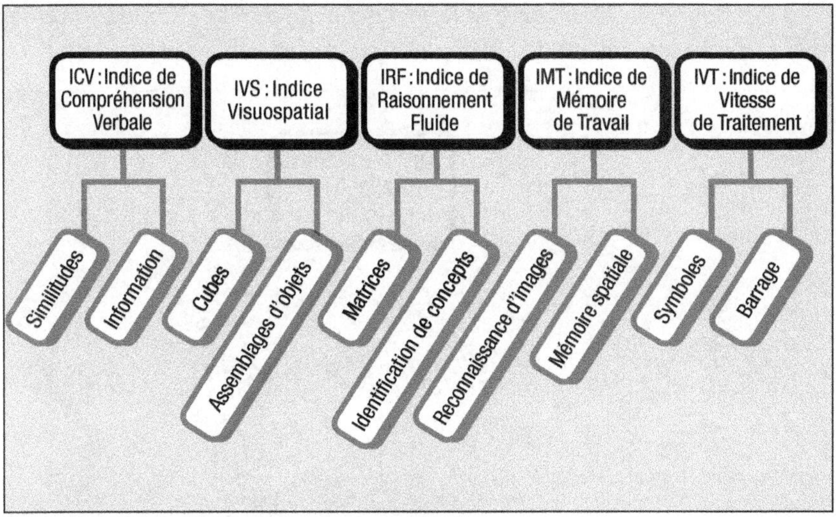

TABLEAU 5

Pour le calcul du QI, le praticien ne retient que 6 des 10 subtests obligatoires, comme ceci[23] :

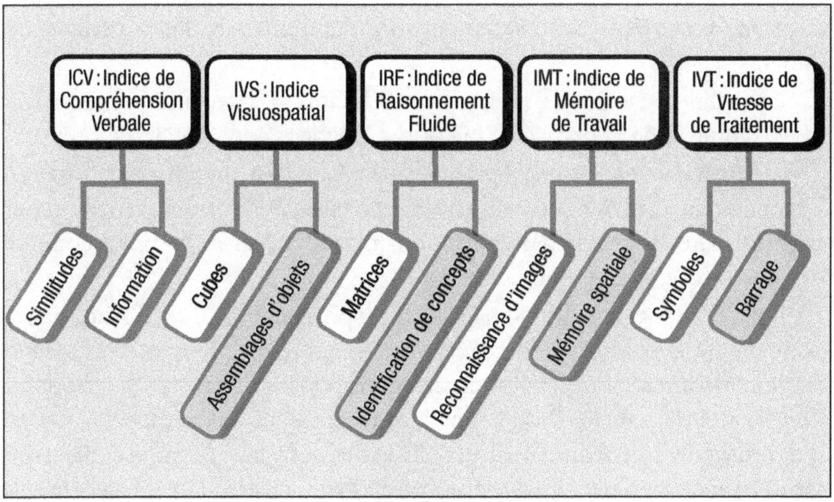

TABLEAU 6

23. Les subtests non retenus dans le calcul du QI figurent en grisés.

Cela donne un Quotient Intellectuel qui s'apparente à un Indice du fait que son calcul ne retient que 60 % des épreuves obligatoires passées :

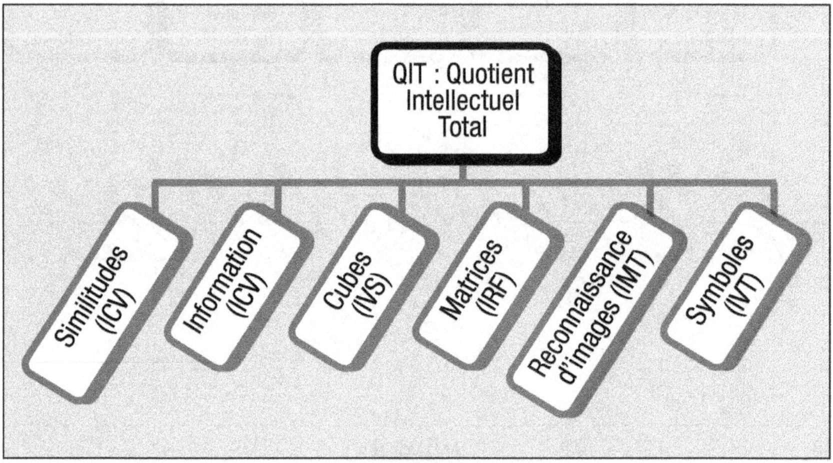

TABLEAU 7

1.6.2.1 Indice de Compréhension verbale (ICV)

• ***Information*** est une épreuve de questions sur des connaissances générales.

La cotation est 0 ou 1 point. Il y a 29 items et les quatre premiers sont visuels. L'arrêt de l'épreuve se fait après 3 échecs consécutifs.

• ***Similitudes*** est une épreuve de logique verbale par catégorisation. On demande au patient de dire à quelle même catégorie conceptuelle appartiennent deux objets différents. Par exemple : « Quel est le point commun entre une rose et une marguerite ? »

Il y a 1 point pour les items visuels d'apprentissage de la tâche, puis la cotation est 2 points quand la réponse est complète, 1 point si la catégorisation est imprécise, 0 point en cas de réponse incorrecte. Si la réponse donnée doit être cotée 0 ou 1 point, le praticien doit demander au patient d'approfondir sa réponse[24]. Il y a 23 items dont les quatre premiers sont visuels, précédés d'un item de démonstration de la tâche. L'arrêt de l'épreuve a lieu après trois échecs consécutifs.

24. C'est indiqué de façon précise dans le manuel d'administration et de cotation.

1.6.2.2 Indice Visuospatial (IVS)

• ***Cubes*** demande de reproduire avec des cubes une figure présentée en modèle. Une première partie de l'épreuve se déroule avec des cubes à faces rouges et des cubes à faces blanches, la seconde est plus complexe car elle fait appel à des cubes à faces bicolores. Cette épreuve est chronométrée, et le temps disponible varie de 30 à 90 secondes selon le niveau de difficulté.

La cotation est 0, 1 ou 2 points. Il y a 8 items avec des cubes rouges et des cubes blancs, puis 9 items avec des cubes bicolores. L'arrêt de l'épreuve se fait après deux échecs consécutifs.

• ***Assemblage d'objets*** est une construction de puzzle sans modèle. C'est aussi une épreuve chronométrée (90 secondes par item).

Selon les items, la cotation est de 0,5 à 1 point. Il y a 13 items, et l'arrêt de l'épreuve se fait après deux échecs consécutifs.

1.6.2.3 Indice de Raisonnement fluide (IRF) :

• ***Matrices*** est une épreuve présentant une suite d'images dans laquelle une des images manque, et il faut compléter la suite en choisissant en bas de la feuille la bonne image parmi des images distracteurs.

La cotation est 0 ou 1 point. Il y a 26 items précédés de trois items d'apprentissage. L'arrêt de l'épreuve se fait après trois échecs consécutifs.

• ***Identification de concepts*** est une épreuve de catégorisation visuelle, proche de l'épreuve verbale « *Similitudes* ». On propose deux puis trois lignes d'images, et il faut trouver quelle image de la ligne du haut va avec quelle image de la ligne du bas, sachant qu'il n'y a qu'une possibilité logique et que les autres images sont des distracteurs.

La cotation est 0 ou 1 point. Il y a deux items d'apprentissage de la tâche, puis 25 items à deux lignes d'images, puis deux items à 3 lignes d'images. L'épreuve s'arrête après trois échecs consécutifs.

1.6.2.4 Indice de Mémoire de travail (IMT)

• ***Reconnaissance d'images*** est une épreuve de mémoire visuelle de travail. On présente durant quelques secondes une, puis deux puis trois, etc.

images à l'enfant qui doit les mémoriser et les retrouver sur la page suivante alors qu'elles sont mélangées au milieu d'autres images faites pour distraire.

La cotation est 0 ou 1 point. Elle comprend deux items d'apprentissage, 35 items dont six items à 1 image, six items à 2 images, dix items à 3 images, six items à 4 images, quatre items à 5 images, deux items à 6 images et un item à 7 images. L'arrêt de l'épreuve a lieu après trois échecs consécutifs.

• ***Mémoire spatiale*** est un jeu où il faut mémoriser la localisation de cartes représentant des animaux placés sur une grande feuille représentant des enclos de zoo. L'enfant mémorise l'emplacement des cartes, puis on les enlève et il doit les repositionner.

La cotation est 0 ou 1 point. Il y a 20 items, l'épreuve démarre avec une carte d'un animal et deux enclos, puis le nombre d'animaux et d'enclos augmente. L'arrêt de l'épreuve a lieu après deux échecs consécutifs.

1.6.2.5 Indice de Vitesse de traitement (IVT) :

• ***Symboles*** est une épreuve de discrimination. Un dessin (par exemple d'un animal) est présenté au commencement d'une ligne, puis on le retrouve plus loin dans la même ligne mélangé à d'autres dessins d'animaux et il faut le tamponner. L'objectif est d'en tamponner le maximum en deux minutes.

La cotation est de 1 point par dessin correctement tamponné.

• ***Barrage*** est une épreuve de vitesse de traitement dans laquelle des dessins sont mélangés sur une feuille. L'enfant doit tamponner le plus possible de dessins d'une sorte donnée en un temps limité. Il y a deux sous-épreuves.

La cotation est le nombre de bonnes réponses moins les erreurs.

1.6.2.6 Épreuves optionnelles

• ***Vocabulaire*** sert à mesurer la capacité à définir un concept. Il ne s'agit donc pas d'une épreuve pour évaluer le stock lexical d'un patient[25] tel qu'un bilan orthophonique pourrait le faire. La cotation est 0, 1 ou 2 points. Il y a 23 items dont 3 visuels en apprentissage de la tâche, et l'arrêt de l'épreuve intervient après trois échecs consécutifs.

---

25. L'évaluation du stock lexical d'un patient est le travail d'un(e) orthophoniste qui pour évaluer un stock lexical dispose de bilans spécifiques, avec environ quatre fois plus de mots que ce que propose cette épreuve des tests de QI.

• ***Codes*** est un subtest dans lequel l'enfant doit tamponner une figure géométrique parmi trois, selon un modèle présenté en haut de page. Il faut en tamponner le maximum en un temps limité. La cotation est le nombre de bonnes réponses.

• ***Compréhension de situations*** est une épreuve verbale de développement d'une argumentation à partir de l'analyse d'une situation[26]. La cotation est 0, 1 ou 2 points. Il y a 22 items dont 4 visuels pour commencer. L'arrêt de l'épreuve a lieu après trois échecs consécutifs.

• ***Compréhension de mots*** est une épreuve où, à partir d'une description énoncée par le praticien, l'enfant doit sélectionner l'image correspondante parmi plusieurs. La cotation est 0 ou 1 point. Il y a 31 items, et l'arrêt de l'épreuve a lieu après trois échecs consécutifs.

• ***Dénomination d'images*** est un imagier dans lequel il faut dénommer les images. La cotation est 0 ou 1 point. Il y a 24 items. L'arrêt de l'épreuve a lieu après trois échecs consécutifs.

CE QU'IL FAUT RETENIR

- Le WPPSI-IV, dans sa version pour enfant âgés de plus de 4 ans, comporte 5 indices : Compréhension verbale, Visuospatial, Raisonnement fluide, Mémoire de travail et Vitesse de traitement.
- Le QI se calcule au moyen de 6 subtests sur 10.
- Dans les Indices Visuospatial, Raisonnement fluide, Mémoire de travail et Vitesse de traitement, un subtest sur deux n'est pas pris en compte dans le calcul du QI.
- Le QI n'est donc pas « total » mais à considérer comme un Indice.

1.6.3 WISC-V : de 6 ans à 16 ans 11 mois

Ce test de QI comporte dix subtests (épreuves) obligatoires servant au calcul des cinq Indices, et il y a cinq subtests optionnels. Les items sont classés par ordre de difficulté croissante, depuis le niveau de développement intellectuel

26. Cette épreuve est souvent confondue à tort avec une épreuve de compréhension de situations sociales, de type « théorie de l'esprit », voire de l'acquisition de codes sociaux. Or, ici on ne cote pas la compréhension de la situation comme aux épreuves de théorie de l'esprit (au NEPSY 2 par exemple), mais la qualité de l'explication logique de la situation.

d'un enfant d'environ 2 ans ½ jusqu'à celui d'un adulte à Haut Potentiel Intellectuel[27]. Le subtest « *Mémoire des chiffres* » se compose de trois épreuves :

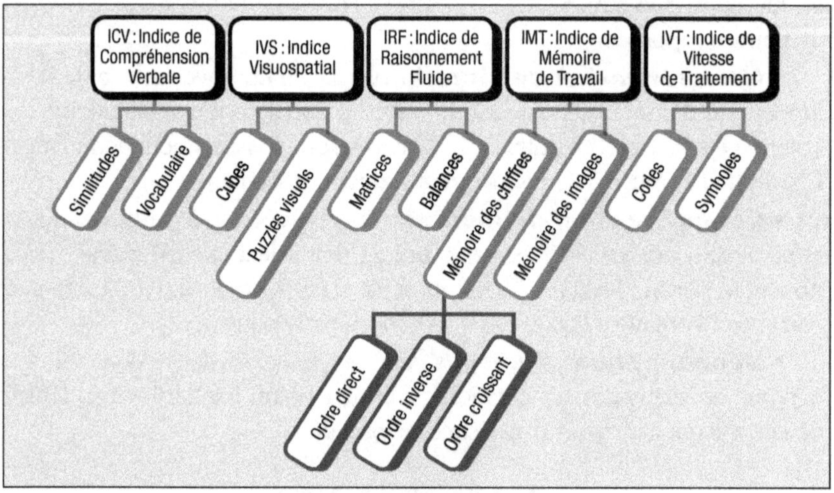

TABLEAU 8

Le Quotient Intellectuel se calcule avec sept subtests sur les dix subtests obligatoires et nécessaires au calcul des Indices.

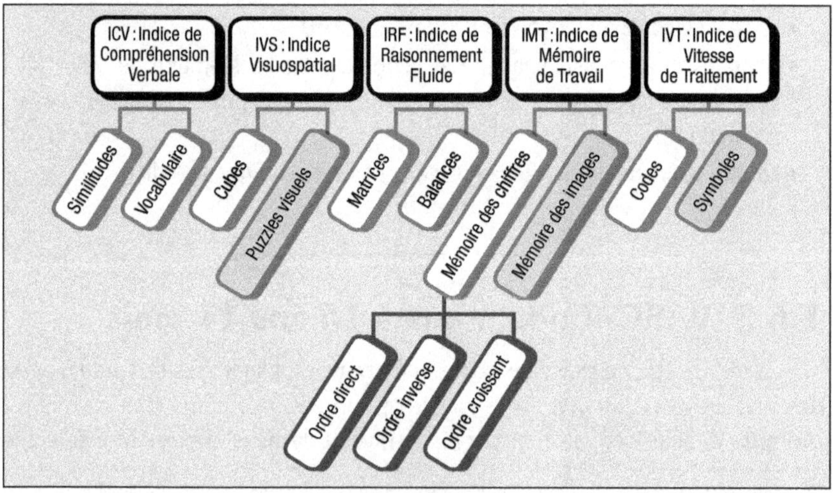

TABLEAU 9

27. Niveau de difficulté résolue par moins de 2 % de la population générale adulte.

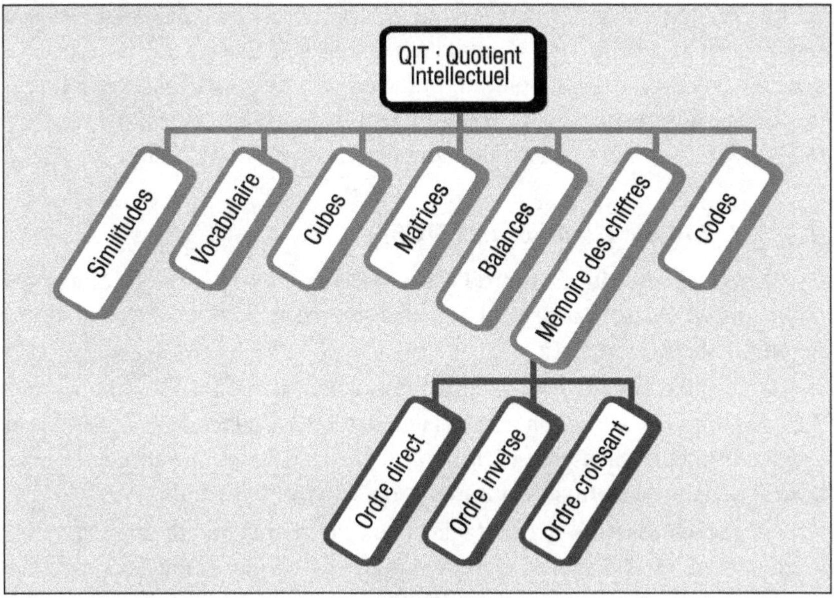

TABLEAU 10

1.6.3.1 Indice de Compréhension verbale (ICV) :

• ***Similitudes*** est une épreuve de logique verbale par catégorisation. Le patient doit trouver à quelle même catégorie conceptuelle appartiennent deux mots. Par exemple : « Quel est le point commun entre la Terre et Mars ? »

La cotation est de 2 points quand la réponse est complète, 1 point si la catégorisation est imprécise, et 0 point en cas de réponse incorrecte. Si la réponse donnée est cotée 0 ou 1 point, le praticien doit demander au patient d'approfondir sa réponse[28]. Il y a 23 items précédés d'un item d'apprentissage. L'arrêt de l'épreuve intervient après trois échecs consécutifs.

• ***Vocabulaire*** sert à mesurer la capacité du sujet à définir un concept, et non à évaluer son stock lexical[29]. Ce sont des mots courants car le but n'est pas d'évaluer un stock lexical complexe, mais une capacité à définir un concept.

28. C'est indiqué de façon précise dans le manuel d'administration et de cotation.

29. Évaluer le stock lexical d'un patient est le travail d'un(e) orthophoniste qui a à sa disposition des bilans spécifiques, avec environ quatre fois plus de mots qu'à cette épreuve des tests de QI.

La cotation est de 2 points quand la réponse est complète, 1 point si la réponse est imprécise, et 0 point en cas de réponse incorrecte. Si la réponse donnée est cotée 0 ou 1 point, le praticien doit demander au patient d'approfondir sa réponse. Il y a 29 items dont 4 visuels en apprentissage de la tâche. L'arrêt de l'épreuve se fait après trois échecs consécutifs.

1.6.3.2 Indice Visuospatial (IVS) :

• ***Cubes*** nécessite de reproduire à l'aide de cubes à faces bicolores une figure présentée en modèle. Il y a des figures à 2, 4 et 9 cubes. Cette épreuve est chronométrée.

La cotation est 0, 1 ou 2 points pour les items 1 à 3 (2 cubes puis 4 cubes), puis 0 ou 4 points pour les items 4 à 9 à 4 cubes, puis 0, 4, 5, 6 ou 7 points selon la vitesse de réalisation pour les 4 items suivants à 9 cubes. L'arrêt de l'épreuve intervient après deux échecs consécutifs.

• ***Puzzles visuels*** nécessite de construire mentalement un puzzle dont le modèle et les pièces sont dessinés, mais ces dernières mêlées parmi des distracteurs. C'est une épreuve chronométrée.

La cotation est 0 ou 1 points. L'arrêt de l'épreuve se fait après trois échecs consécutifs. Il y a 29 items, dont un en démonstration réalisé par le praticien devant l'enfant, et un item d'apprentissage. L'arrêt de l'épreuve a lieu après trois échecs consécutifs.

1.6.3.3 Indice de Raisonnement fluide (IRF) :

• ***Matrices*** est une épreuve présentant en haut de page une suite d'images dans laquelle une image manque. Il faut la retrouver au milieu d'autres images présentées en bas de page.

La cotation est 0 ou 1 point. Il y a 32 items précédés de deux items d'apprentissage de la tâche. L'arrêt de l'épreuve intervient après 3 échecs consécutifs.

• ***Balances*** se compose d'une série de dessins représentant des balances de type Roberval, avec des figures géométriques de couleurs sur chacun de leurs plateaux. L'une des balances a un plateau vide et il faut faire un calcul d'équivalence entre les figures géométriques pour trouver parmi les images proposées en bas de la feuille celle qui permettrait d'équilibrer les plateaux. C'est une épreuve chronométrée.

La cotation est 0 ou 1 point. Il y a 3 items à une balance, puis 23 items à 2 balances, puis 8 items à 3 balances. Il y a 34 items au total, dont deux en apprentissage de la tâche. L'arrêt de l'épreuve a lieu après trois échecs consécutifs.

1.6.3.4 Indice de Mémoire de travail (IMT) :

• ***Mémoire des chiffres*** est un subtest de mémoire auditivo-verbale divisé en trois sous-épreuves : la première cible la mémoire à court terme avec la répétition de deux séries à deux chiffres, puis deux séries à trois chiffres, etc. Dans la seconde sous-épreuve, qui concerne la mémoire de travail, il faut redire une série de chiffres à l'envers, en commençant aussi par des séries à deux chiffres. La troisième sous-épreuve consiste à reclasser une suite numérique dans l'ordre croissant, en commençant là encore par des suites de deux chiffres. Il y a neuf items de deux séries de chiffres dans chaque sous-épreuve. L'arrêt de l'épreuve a lieu après deux échecs consécutifs dans un même item.

La cotation est 0 ou 1 point. Le score pris en compte est la somme des scores obtenus dans chaque sous-épreuve de mémoire à court terme, de mémoire de travail et de mémoire de travail par reclassement.

• ***Mémoire des images*** est une épreuve de mémoire visuelle de travail. On présente durant quelques secondes une, puis deux puis trois, etc. images à l'enfant qui doit les mémoriser et les retrouver sur la page suivante mélangées à des distracteurs. Il y a trois items d'apprentissage, trois items à 1 image, quatre items à 2 images, six items à 3 images, six items à 4 images, trois items à 5 images, deux items à 6 images et un item à 7 images et un item à 8 images. L'arrêt de l'épreuve a lieu après trois échecs consécutifs.

La cotation est 0 si la restitution est fausse, 1 point si les images sont redonnées dans le désordre, et 2 points si elles sont redonnées dans l'ordre.

1.6.3.5 Indice de Vitesse de traitement (IVT) :

• ***Codes*** est une épreuve de copie de codes. En haut de page est présentée une série de chiffres dans laquelle un code est associé à chaque chiffre. On demande de reproduire ces associations dans une série de chiffres présentés en bas de page. Cela impose de faire des saccades oculaires verticales pour se référer au modèle. Épreuve à faire en deux minutes.

La cotation se fait à partir du nombre de *Codes* copiés. L'épreuve pour les 6-7 ans est différente de celle pour les 8 ans et au-delà.

• ***Symboles*** est une épreuve de discrimination de symboles dans un temps limité. Deux symboles (un seul pour les 6-7 ans) sont présentés en début de ligne, et il faut les cocher s'ils se retrouvent dans la ligne mélangés à d'autres, sinon il faut cocher « non ».

La cotation se fait à partir du nombre de lignes de symboles correctes. L'épreuve est différente pour les 6-7 ans et à partir de 8 ans.

1.6.3.6 Épreuves optionnelles

• ***Information*** est une épreuve verbale de connaissances générales. Il y a 31 items. Cotation 0 ou 1 point. L'arrêt de l'épreuve intervient après trois échecs consécutifs.

• ***Séquence lettres-chiffres*** est une épreuve de mémoire de travail auditivo-verbale avec attention divisée (double tâche). L'enfant doit mémoriser une suite de chiffres et de lettres mélangées, et les reclasser mentalement pour les redire avec les chiffres en l'ordre croissant, et les lettres dans l'ordre alphabétique. La longueur des séries augmente progressivement. Cotation 0 ou 1 point. Il y a 10 items de 3 séries, deux items de démonstration, et trois items d'apprentissage de la tâche. L'arrêt de l'épreuve a lieu après trois échecs consécutifs dans un même item.

• ***Barrage*** est une épreuve de vitesse de traitement où des dessins sont mélangés sur une feuille. L'enfant doit en barrer le plus possible dans un temps limité. La cotation est de 1 point par image barrée.

• ***Compréhension de situations*** est une épreuve verbale de développement d'une argumentation à partir de la compréhension d'une situation décrite oralement[30]. La cotation est 0, 1 ou 2 points. Il y a 19 items. L'arrêt de l'épreuve a lieu après trois échecs consécutifs.

• ***Arithmétique*** est une épreuve de mémoire de travail auditivo-verbale basée sur du calcul mental en résolution de problème en un temps limité. La cotation est 0 ou 1 point. Il y a 34 items. L'arrêt de l'épreuve a lieu après trois échecs consécutifs.

30. Cette épreuve est souvent confondue à tort avec une épreuve de compréhension de situations sociales, de type « théorie de l'esprit », voire de l'acquisition de codes sociaux. Or, ici on ne cote pas la compréhension de la situation comme aux épreuves de théorie de l'esprit (au NEPSY 2 par exemple), mais **la qualité de l'explication logique de la situation**.

CE QU'IL FAUT RETENIR

- Le WISC-V (pour enfants et adolescents de 6 ans à 16 ans 11 mois) comporte 5 indices : Compréhension verbale, Visuospatial, Raisonnement fluide, Mémoire de travail et Vitesse de traitement.
- Le QI se calcule avec 7 subtests sur 10.
- Dans les indices Visuospatial, Mémoire de travail et Vitesse de traitement un subtest sur deux n'est pas pris en compte dans le calcul du QI.
- Le QI n'est donc pas « total » mais doit être considéré comme un Indice.

1.6.4 WAIS-IV : de 16 ans à 79 ans 11 mois

Ce test comporte dix subtests (épreuves) obligatoires servant au calcul de quatre Indices ; il y a cinq subtests optionnels. Les items de chaque subtest (sauf ceux de vitesse de traitement) sont classés par ordre de difficulté croissante, s'échelonnant depuis le niveau de développement intellectuel d'un enfant d'environ 2 ans ½ jusqu'à celui d'un adulte ayant un Haut Potentiel Intellectuel[31].

Le subtest *Mémoire des chiffres* est composé de trois épreuves :

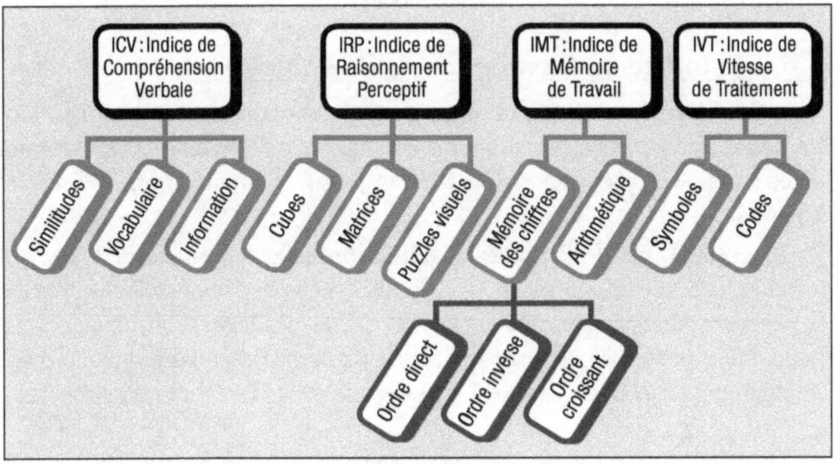

TABLEAU 11

31. Niveau de difficulté résolue par moins de 2% de la population générale adulte.

Le chiffre du Quotient Intellectuel se calcule avec les dix subtests obligatoires et nécessaires au calcul des Indices[32].

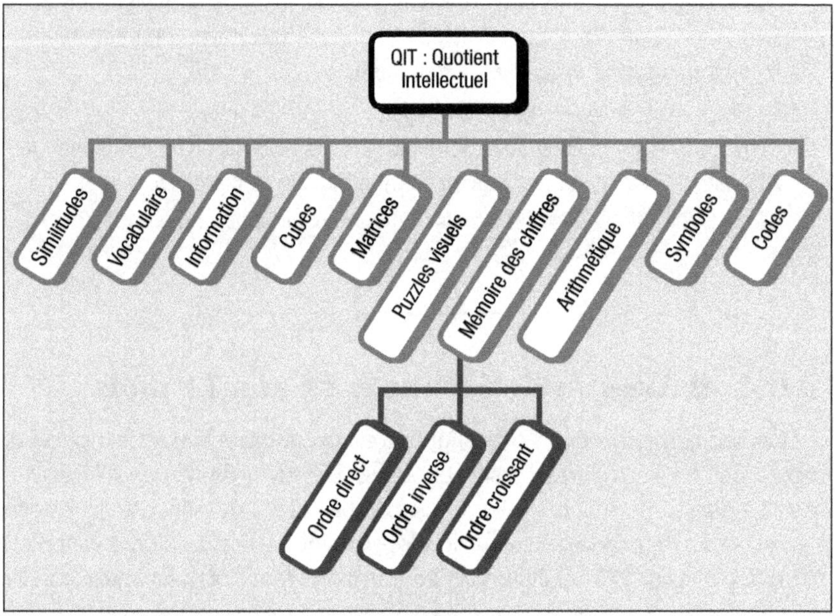

TABLEAU 12

1.6.4.1 Indice de Compréhension verbale (ICV)

• ***Similitudes*** est une épreuve de logique verbale par catégorisation. Le patient doit trouver la catégorie conceptuelle à laquelle appartiennent deux mots. Par exemple : « Quel est le point commun entre la Terre et Mars ? »

La cotation est de 2 points quand la réponse est complète, 1 point si la catégorisation est imprécise, et 0 point en cas de réponse incorrecte. Si la réponse donnée est cotée 0 ou 1 point, le praticien doit demander au patient d'approfondir sa réponse[33]. Il y a 18 items précédés d'un item d'apprentissage. L'arrêt de l'épreuve intervient après trois échecs consécutifs.

32. Cette particularité de retenir tous les subtests obligatoires pour le calcul du QI vient de l'ancienneté du WAIS-IV et cela disparaîtra probablement avec le WAIS-5. En effet, les anciennes versions du WPPSI et du WISC fonctionnaient ainsi.

33. C'est indiqué de façon précise dans le manuel d'administration et de cotation.

• ***Vocabulaire*** vise à mesurer la capacité du sujet à définir un concept à partir de mots courants, et non à évaluer son stock lexical[34].

La cotation est de 2 points quand la réponse est complète, 1 point si la catégorisation est imprécise, et 0 point en cas de réponse incorrecte. Si la réponse donnée est cotée 0 ou 1 point, le praticien doit demander au patient d'approfondir sa réponse. Il y a 30 items dont 3 visuels en apprentissage de la tâche. L'arrêt de l'épreuve a lieu après trois échecs consécutifs.

• ***Information*** est une épreuve verbale de connaissances générales. Il y a 26 items.

La cotation est 0 ou 1 point. L'arrêt de l'épreuve intervient après trois échecs consécutifs.

1.6.4.2 Indice de Raisonnement perceptif (IRP)

• ***Cubes*** nécessite de reproduire avec des cubes bicolores une figure donnée comme modèle. Il y a des figures à 2 cubes, à 4 puis à 9 cubes. Cette épreuve est chronométrée et le temps disponible s'échelonne entre 30 à 120 secondes selon le niveau de difficulté.

La cotation est 0, 1 ou 2 points pour les items 1-4 (2 cubes puis 4 cubes), puis 0 ou 4 points pour les items 5-8 à 4 cubes, puis 0, 4, 5, 6 ou 7 points selon la vitesse de réalisation pour les 2 items suivants à 4 cubes puis les 4 items à 9 cubes. L'arrêt de l'épreuve a lieu après deux échecs consécutifs.

• ***Matrices*** est une épreuve présentant une suite logique d'images. Il en manque une qu'il faut retrouver au milieu de distracteurs dans une liste proposée en bas de la feuille.

La cotation est 0 ou 1 point. Il y a 26 items précédés de deux items d'apprentissage de la tâche. L'arrêt de l'épreuve se fait après 3 échecs consécutifs.

• ***Puzzles visuels*** consiste à construire mentalement un puzzle de trois pièces dont le modèle est dessiné en haut de la feuille, au moyen de trois pièces dessinées en bas de la feuille mêlées à trois distracteurs. C'est une épreuve chronométrée.

La cotation est 0 ou 1 points. L'arrêt de l'épreuve se fait après trois échecs consécutifs. Il y a 26 items, plus un en démonstration réalisé par le

34. Évaluer le stock lexical d'un patient est le travail d'un(e) orthophoniste qui a à sa disposition des bilans spécifiques, avec environ quatre fois plus de mots qu'à cette épreuve des tests de QI.

praticien devant le patient, et un item d'apprentissage. L'arrêt de l'épreuve a lieu après trois échecs consécutifs.

1.6.4.3 Indice de Mémoire de travail (IMT)

• ***Mémoire des chiffres*** est un subtest de mémoire auditivo-verbale divisé en trois sous-épreuves. La première cible la mémoire à court terme avec une répétition de deux séries à deux chiffres, puis deux séries à trois chiffres, etc. La seconde sous-épreuve concerne la mémoire de travail : il faut redire les séries de chiffres mais à l'envers. La troisième sous-épreuve est basée sur la suite numérique : il faut reclasser les séries dans l'ordre croissant.

La cotation est 0 ou 1 point. On obtient un score pour chaque sous-épreuve (mémoire à court terme, mémoire de travail et mémoire de travail par reclassement), et un score global qui est la somme des trois sous-épreuves. Il y a 8 items de deux séries à chaque sous-épreuve. L'arrêt de l'épreuve a lieu après deux échecs consécutifs dans un même item.

• ***Arithmétique*** est une épreuve de mémoire de travail auditivo-verbale basée sur du calcul mental en résolution de problème en temps limité.

La cotation est 0 ou 1 point. Il y a 22 items précédés d'un apprentissage. Les cinq premiers items sont visuels. L'arrêt de l'épreuve a lieu après trois échecs consécutifs.

1.6.4.4 Indice de Vitesse de traitement (IVT)

• ***Symboles*** est une épreuve de discrimination de symboles en temps limité. Deux symboles sont présentés en début de ligne, et il faut les cocher s'ils se retrouvent dans la ligne mélangés à d'autres, sinon il faut cocher « non ». La cotation se fait en fonction du nombre de lignes correctes.

• ***Codes*** est une épreuve de copie de codes en temps limité. Le modèle est présenté en haut de la page. La cotation se fait à partir du nombre de codes copiés.

1.6.4.5 Subtests optionnels

• ***Séquence lettres-chiffres*** est une épreuve de mémoire de travail auditivo-verbale avec attention divisée (double tâche). La personne doit mémoriser une suite de chiffres et de lettres mélangées, et les reclasser mentalement.

Cotation 0 ou 1 point. Il y a 10 items de 3 séries, deux items de démonstration, et trois items d'apprentissage de la tâche. L'arrêt de l'épreuve a lieu après trois échecs consécutifs dans un même item.

• ***Balances*** représente une série de balances de type Roberval dont les plateaux sont équilibrés au moyen de diverses figures géométriques colorées. Un des deux plateaux de l'une des balances étant représenté vide, il faut choisir parmi les diverses figures en bas de la page celle qui permettrait d'équilibrer la balance. C'est une épreuve chronométrée.

La cotation est 0 ou 1 point. Il y a 27 items dont 15 à deux balances et les suivantes à trois balances, précédés de deux items de démonstration et d'un item d'apprentissage de la tâche. L'arrêt de l'épreuve a lieu après trois échecs consécutifs.

• ***Compréhension de situations*** est une épreuve verbale de développement d'une argumentation à partir de la compréhension d'une situation[35].

La cotation est 0, 1 ou 2 points. Il y a 18 items. L'arrêt de l'épreuve a lieu après trois échecs consécutifs.

• ***Barrage*** est une épreuve de vitesse de traitement où des formes sont mélangées sur une feuille : le patient doit en barrer le plus possible en un temps limité en fonction de catégories. Il y a deux sous épreuves.

La cotation dépend du nombre d'items réussis.

• ***Complètement d'images*** est une épreuve où il manque un élément dans une image représentant un objet ou une situation : le patient doit identifier ce qui manque. Il y a 24 items précédés d'un item d'apprentissage.

La cotation est 0 ou 1 point. L'arrêt de l'épreuve a lieu après quatre échecs consécutifs.

CE QU'IL FAUT RETENIR

- Le WAIS-IV se compose de quatre Indices : Compréhension verbale, Raisonnement perceptif, Mémoire de travail et Vitesse de traitement.
- Le QI se calcule avec 10 subtests sur 10.
- Le QI est « total ».

35. Cette épreuve est souvent confondue à tort avec une épreuve de compréhension de situations sociales, de type « théorie de l'esprit », voire de l'acquisition de codes sociaux. Or, ici on ne cote pas la compréhension de la situation comme aux épreuves de théorie de l'esprit (au NEPSY 2 par exemple), mais **la qualité de l'explication logique de la situation**.

1.6.5 Épreuves du WISC-IV (obsolète depuis octobre 2016) : de 6 ans à 16 ans 11 mois

1.6.5.1 Indice de Compréhension verbale (ICV)

• ***Similitudes*** est une épreuve de logique verbale par catégorisation. Le patient doit trouver la catégorie conceptuelle à laquelle appartiennent deux mots. Par exemple : « Quel est le point commun entre le soleil et une lampe ? »

La cotation est de 2 points quand la réponse est complète, 1 point si la catégorisation est imprécise, et 0 point en cas de réponse incorrecte. Si la réponse donnée est cotée 0 ou 1 point, le praticien doit demander au patient d'approfondir sa réponse[36]. Il y a 23 items précédés d'un item d'apprentissage. L'arrêt de l'épreuve se fait après cinq échecs consécutifs.

• ***Vocabulaire*** sert à mesurer la capacité du patient à définir un concept, et non à évaluer son stock lexical[37]. Les mots sont d'usage courant, le but n'étant pas d'évaluer la richesse d'un vocabulaire, mais une capacité à définir des concepts.

La cotation est de 2 points quand la réponse est complète, 1 point si la catégorisation est imprécise, et 0 point en cas de réponse incorrecte. Si la réponse donnée est cotée 0 ou 1 point, le praticien doit demander au patient d'approfondir sa réponse. Il y a 36 items dont 4 visuels en apprentissage de la tâche. L'arrêt de l'épreuve a lieu après cinq échecs consécutifs.

• ***Compréhension de situations*** est une épreuve verbale de développement d'une argumentation à partir de la compréhension d'une situation de la vie quotidienne[38].

La cotation est 0, 1 ou 2 points. Il y a 21 items. L'arrêt de l'épreuve a lieu après quatre échecs consécutifs.

---

36. C'est indiqué de façon précise dans le manuel d'administration et de cotation.

37. Évaluer le stock lexical d'un patient est le travail d'un(e) orthophoniste qui a à sa disposition des bilans spécifiques, avec environ quatre fois plus de mots qu'à cette épreuve des tests de QI.

38. Cette épreuve est souvent confondue à tort avec une épreuve de compréhension de situations sociale, de type théorie de l'esprit, voire de l'acquisition de codes sociaux. Or, ici on ne cote pas la compréhension de la situation comme aux épreuves de théorie de l'esprit (au NEPSY 2 par exemple), mais la qualité de l'explication logique de la situation.

1.6.5.2 Indice de Raisonnement perceptif (IRP)

• ***Cubes*** nécessite de reproduire avec des cubes une figure présentée en modèle. Cette épreuve est chronométrée.

La cotation est 0, 1 ou 2 points pour les items 1 à 3 (2 cubes, puis 4 cubes), puis 0 ou 4 points pour les items 4 à 8 à 4 cubes, puis 0, 4, 5, 6 ou 7 points selon la vitesse de réalisation pour les deux items suivants à 4 cubes et les quatre derniers items à 9 cubes. L'arrêt de l'épreuve a lieu après trois échecs consécutifs.

• ***Identification de concepts*** est une épreuve de catégorisation visuelle, proche de l'épreuve verbale *Similitudes*.

La cotation est de 0 ou 1 point. Il y a deux items d'apprentissage de la tâche, puis 12 items à deux lignes d'images, puis 16 items à 3 lignes d'images. Il faut trouver la relation entre une image de la première ligne et une image de l'autre ligne. L'épreuve s'arrête après cinq échecs consécutifs.

• ***Matrices*** est une épreuve présentant une suite d'images. Il en manque une à trouver parmi une autre série d'images.

La cotation est de 0 ou 1 point. Il y a 35 items précédés de trois items d'apprentissage de la tâche. L'arrêt de l'épreuve se fait après quatre échecs consécutifs.

1.6.5.3 Indice de Mémoire de travail (IMT) :

• ***Mémoire des chiffres*** est un subtest de mémoire auditivo-verbale divisé en deux sous-épreuves. La première cible la mémoire à court terme avec une répétition de deux séries à deux chiffres, puis deux séries à trois chiffres, etc. La seconde sous-épreuve concerne la mémoire de travail où il faut redire des séries de chiffres à l'envers.

La cotation est 0 ou 1 point. On obtient un score par sous-épreuve de mémoire à court terme et mémoire de travail, mais le score qui est pris en compte est la somme des deux sous-épreuves. Il y a 8 items de deux séries à chaque sous-épreuve. L'arrêt de l'épreuve a lieu après deux échecs consécutifs dans un même item.

• ***Séquence lettres-chiffres*** est une épreuve de mémoire de travail auditivo-verbale avec attention divisée (double tâche). La personne doit mémoriser une suite de chiffres et de lettres mélangées, et les reclasser mentalement pour les redire avec les chiffres en l'ordre croissant, et les lettres dans l'ordre alphabétique.

La cotation est de 0 ou 1 point. Il y a 10 items de 3 séries, deux items de démonstration, et trois items d'apprentissage de la tâche. L'arrêt de l'épreuve a lieu après trois échecs consécutifs dans un même item.

1.6.5.4 Indice de Vitesse de traitement (IVT) :

• ***Codes*** est une épreuve de copie de codes en un temps limité. Le modèle à copier est présenté en haut de la page.

La cotation se fait à partir du nombre de codes copiés. L'épreuve est différente pour les 6-7 ans et à partir de 8 ans.

• ***Symboles*** est une épreuve de discrimination de symboles en un temps limité. Deux symboles (un seul entre 6-7 ans) sont présentés en début de ligne, et il faut cocher « oui » s'ils se retrouvent dans la ligne mélangés à d'autres, sinon il faut cocher « non ».

La cotation se fait à partir du nombre de codes copiés. L'épreuve est différente pour les 6-7 ans et à partir de 8 ans.

1.6.5.5 Subtests optionnels

• ***Complètement d'images*** est une épreuve où il manque un élément dans une image, et le patient doit identifier ce qui manque. Il y a 38 items précédés d'un item d'apprentissage. L'épreuve est en temps limité.

La cotation est 0 ou 1 point. L'arrêt de l'épreuve a lieu après six échecs consécutifs.

• ***Barrage*** est une épreuve de vitesse de traitement où des formes sont mélangées sur une feuille, et le patient doit en barrer le plus possible temps limité. Il y a deux sous épreuves.

La cotation dépend du nombre d'item faits.

• ***Information*** est une épreuve verbale de connaissances générales. Il y a 33 items.

La cotation est 0 ou 1 point. L'arrêt de l'épreuve a lieu après cinq échecs consécutifs.

• ***Arithmétique*** est une épreuve de mémoire de travail auditivo-verbale basée sur du calcul mental en résolution de problème en temps limité.

La cotation est 0 ou 1 point. Il y a 34 items précédés d'un apprentissage. Les cinq premiers items sont visuels. L'arrêt de l'épreuve a lieu après trois échecs consécutifs.

• ***Raisonnement verbal*** est une épreuve logique verbale sous la forme de devinettes à deux, puis trois indices.

La cotation est 0 ou 1 point. Il y a 24 items dont 6 à un indice, 15 à deux indices, et 9 à trois indices. L'arrêt de l'épreuve a lieu après cinq échecs consécutifs.

CE QU'IL FAUT RETENIR

- Le WISC-IV se compose de 4 indices : Compréhension verbale, Raisonnement perceptif, Mémoire de travail et Vitesse de traitement.
- Le QI se calcule avec 10 subtests sur 10.
- Le QI est « total ».

1.6.6 modifications intervenues lors du passage du WISC-IV au WISC-V

Le passage du WISC-IV au WISC-V s'est accompagné d'un profond remaniement de la constitution des Indices de logique. Au WISC-IV, il y avait deux Indices de raisonnement logique : l'ICV (Indice de Compréhension verbale) et l'IRP (Indice de Raisonnement perceptif). Chaque Indice était composé de 3 subtests.

Dans le WISC-V, l'ICV est passé de trois subtests à deux, ce qui fait qu'il évalue maintenant moins de compétences cognitives différentes. En revanche, l'IRP est scindé en deux Indices composés de deux subtests chacun. On y trouve maintenant un Indice visuospatial (IVS) composé de *Cubes* (du WISC-IV) et de *Puzzles visuels* (issu du WAIS-IV), et un Indice de Raisonnement fluide (IRF) composé de *Matrices* (repris du WISC-IV) et de *Balances* (issu du WAIS-IV). L'Indice de Raisonnement perceptif étant ainsi scindé en deux, le WISC-V suit l'évolution déjà remarquée lors du passage du WPPSI-III au WPPSI-IV.

L'indice de Mémoire de travail (IMT) subit lui aussi une modification avec le déclassement du subtest obligatoire Séquence Lettres-Chiffres en subtest optionnel, alors qu'il évalue la mémoire de travail auditive en double tâche, très importante dans les apprentissages scolaires. À la place, la *Mémoire des chiffres en ordre croissant* (subtest issu du WAIS-IV) est ajoutée à Mémoire des chiffres qui comprend maintenant 3 subtests. Mais l'avancée majeure après des décennies d'existence du WISC est de disposer enfin d'une épreuve de mémoire visuelle de travail.

1.6.7 Les scores du WISC-IV au WISC-V

Les Indices et le QI baissent en passant du WISC-IV au WISC-V alors que les notes standards obtenues aux épreuves qui les constituent restent les mêmes. Par exemple, un enfant ayant obtenu en moyenne 15/19 à chaque subtest du WISC-IV obtenait un QI de 145, alors qu'avec les mêmes scores aux subtests il obtient maintenant « seulement » 135 au WISC-V.

Ainsi, si on compare un QI entre le WISC-IV et le WISC-V, à QI égal entre ces deux tests, les notes standards ne sont pas les mêmes, ce qui indique a priori un niveau de réussite différent.

On obtient avec le WISC-IV un QI inférieur à celui qu'on obtient au WISC-V tant qu'on reste sous la barre de 100 du QI (notes standards allant de 2/19 à 9/19). Ensuite, cela s'inverse avec des notes standards de 11/19 jusqu'à 18/19. Le QI est identique avec des notes standards de 1/19 (QI à 40 dans les deux tests), de 10/19 (QI à 100 dans les deux tests), et de 19/19 (QI à 160 dans les deux tests).

Le tableau ci-contre indique le QI obtenu dans ces deux versions du WISC avec des notes standards moyennes s'échelonnant entre 04/19 et 19/19 à chaque subtest. (L'Indice de Raisonnement perceptif (IRP) ayant été divisé en deux dans le WISC-V, les scores ne peuvent pas être comparés).

Note standard moyenne	QI WISC IV	QI WISC V	ICV WISC IV	ICV WISC V	IMT WISC IV	IMT WISC V	IVT WISC IV	IVT WISC V
04	53	60	63	68	64	67	69	66
05	62	67	72	73	70	72	73	72
06	70	73	78	78	76	76	78	77
07	75	78	82	84	82	82	83	83
08	83	85	88	89	88	88	88	89
09	91	93	94	95	94	94	93	95
10	100	100	99	100	100	100	100	100
11	109	107	106	106	106	107	106	105
12	117	115	112	111	112	112	112	111
13	126	122	118	116	118	117	118	116
14	136	129	124	121	124	122	124	123
15	145	135	130	127	130	127	131	129
16	150	142	138	133	136	132	137	135
17	155	149	146	139	140	138	143	141
18	160	156	152	146	145	146	148	148
19	160	160	155	155	150	155	150	155

TABLEAU 13

Ces modifications soulèvent la question de la pertinence d'une comparaison entre ces deux tests puisqu'ils n'ont pas les mêmes modes de calcul du QI et des Indices, et que pour une même « note standard » obtenue les Indices, et surtout le QI, ne sont pas les mêmes.

REMARQUE

La note standard à 10/19 au WISC-IV correspond à un total de 100 points de « note standard »[39] pour les 10 subtests du WISC-IV, et à un total de 70 points pour les 7 subtests retenus pour le calcul du QI[40] au WISC-V.

Cela fait une moyenne de 10/19 à chaque subtest, même si, dans les faits, quasi personne n'obtient 10/19 à chaque subtest. Mais cette moyenne facilite une « modélisation » permettant d'établir un comparatif entre les versions 4 et 5 du WISC, et de situer les patients. Le tableau ci-dessus est la division de cette somme par le nombre de subtests retenu pour le calcul du QI afin d'avoir la note standard moyenne de chaque subtest au WISC-V.

CE QU'IL FAUT RETENIR

- À note standard égale, l'Indice et le QI baissent jusqu'à 10 points en passant du WISC-IV au WISC-V pour les candidats les plus performants.
- Le QI ne se calcule plus avec les 10 subtests obligatoires, mais seulement avec 7 sur 10.

39. À ne pas confondre avec la « note brute », qui est donnée par le nombre de points gagnés à chaque subtest. Cette « note brute » est ensuite convertie en « note standard » de 1 à 19 en fonction de l'âge du patient.

40. Rappelons qu'il y a 3 subtests obligatoires et nécessaires au calcul des indices qui ne sont pas retenus pour le calcul du QI dans le WISC-V. Donc, un enfant pourrait avoir 07/19 ou 13/19 à ces subtests au lieu de 10/19 : cela changerait le score du QI si au lieu d'être ignorées, ces épreuves étaient retenues. Cela relativise donc la représentativité du QI et invite le praticien à analyser chaque subtest individuellement et en lien avec les autres, plutôt que faire l'analyse d'un QI qui ignore une épreuve de logique, une épreuve de mémoire et une de vitesse de traitement.

2

LES TESTS

2.1
CE QUE LES ÉPREUVES PERMETTENT D'OBSERVER

Chaque épreuve évalue une compétence particulière : compétence de logique pour l'Indice de Compréhension verbale (ICV), pour l'Indice de Raisonnement fluide (IRF) et pour l'Indice visuospatial (IVS) dans le WPPSI-IV et le WISC-V, pour l'Indice de raisonnement perceptif (IRP) dans le WAIS-IV, et compétence de mémoire de travail pour l'IMT, et de vitesse de traitement pour l'IVT. Passer ces épreuves implique de mobiliser des fonctions attentionnelles, exécutives, verbales, neurovisuelles/oculomotrices, graphomotrices, etc. qui ne sont pas cotées dans le test de QI. Mais elles sont observables et elles doivent faire l'objet d'une analyse dans le compte rendu.

Ces observations apporteront de précieuses indications sur les facilités ou les difficultés du patient et permettront de formuler des hypothèses d'éventuels troubles associés, et cela bien au-delà de la « note standard », qu'elle soit inférieure ou supérieure à la norme de la tranche d'âge.

Par exemple, un score élevé aux épreuves verbales qui notent la logique verbale peut cacher des difficultés d'organisation des idées, d'accès au mot, d'expression, etc. et donc faire suspecter un éventuel trouble du langage en dépit d'un niveau de raisonnement verbal dans la norme, voire supérieur à celle-ci.

De même, on peut suspecter un trouble du langage pragmatique dans des épreuves de logique visuelle (*Matrices, Balances*) qui ne font pas appel au langage. En effet, la partie implicite de la consigne peut n'être pas comprise, ou être mal comprise lors des items d'apprentissage de la tâche, ce qui n'impactera pas le score car le patient comprend ensuite l'implicite de la consigne et réussit les épreuves, mais qui doit éveiller chez le praticien le soupçon d'un trouble associé. Cela rendra compte potentiellement de difficultés éducatives (non-respect des consignes parentales car mal comprises) et d'apprentissage (difficulté de compréhension de la partie implicite de la consigne).

Donc, réussir une épreuve avec un score au minimum situé à 8/19 ne signifie pas toujours qu'il n'y a pas de difficultés. Mais obtenir 14/19 à Matrices peut aussi être associé à un trouble du langage pragmatique si la personne n'a pas compris la partie implicite de la consigne, et s'il a fallu repasser plusieurs fois l'item d'apprentissage pour qu'elle le comprenne et qu'elle réussisse ensuite l'épreuve. Mais que se passe-t-il lorsque cet adolescent se trouve en classe, tout seul devant la consigne de son devoir sur table[41]... ?

Voici donc une liste (non exhaustive) de ce qui est le plus fréquemment observé par le praticien dans le déroulement de ces subtests. Ces éléments permettent de dépasser l'analyse du seul score[42] de l'épreuve, et d'élaborer une analyse neuropsychologique de la qualité des réponses du patient.

● *Similitudes*

- Distractions internes : associations d'idées périphériques par rapport à la question posée, amenant une réponse cotée 0 ou 1 point sur 2.
- Flexibilité cognitive : capacité à approfondir une première réponse donnée dans des axes complémentaires.
- Qualité de l'expression verbale.
- Langage pragmatique : contextualisation du langage, implicite, etc.
- Résistance aux distractions : dans certaines épreuves, des « pièges » peuvent amener le candidat à se laisser distraire de la question posée, et donc répondre par association d'idée (distraction interne).
- etc.

---

41. Cet exemple du langage pragmatique est important car au lycée un certain nombre d'adolescents éprouvent des difficultés pour comprendre des consignes lorsque celles-ci impliquent davantage d'implicite que durant le collège et l'école primaire. Cela fait partie des troubles qui sont souvent diagnostiqués tardivement, voire jamais diagnostiqués.

42. Note standard obtenue. À chaque subtest, la « note brute » (nombre de points obtenus par le candidat) est convertie selon la tranche d'âge du patient en « note standard » allant de 1 à 19. La norme de toute tranche d'âge, qui regroupe 50 % de la population, est comprise entre 8 et 12. Cela indique le nombre de points gagnés, mais pas le niveau maximum de difficulté résolue (cf. chapitre 3).

Vocabulaire[43]

- Qualité de l'expression verbale.
- Langage pragmatique.
- Organisation de la pensée.
- Impulsivité cognitive (et capacité d'inhibition).

Compréhension de situation[44]

- Développement d'une argumentation.
- Organisation de la pensée.
- Qualité de l'expression verbale.
- Flexibilité cognitive.
- Distraction interne.
- etc.

Information

- Organisation de la pensée.
- Qualité de l'expression verbale.
- Distraction interne.
- Inhibition.
- etc.

Cubes

- Planification des constructions.
- Flexibilité cognitive.
- Motricité fine.
- Fonctionnement neurovisuel.
- Persévération.
- etc.

---

43. Le nom de ce subtest peut prêter à équivoque en laissant penser qu'il évalue le stock lexical du patient. Ce n'est pas le cas. En fait, il évalue sa capacité à définir un concept. L'évaluation du stock lexical relève d'épreuves d'orthophonie avec un nombre de mots nettement supérieur à celui de ce subtest pour le même âge.

44. Ne pas confondre ce subtest avec le décodage des situations sociales typiques comme peut le faire l'ADOS 2 pour l'exploration des troubles du Spectre autistique.

● *Puzzles visuels*

- Perte de la consigne (absence de résistance aux distractions internes : « pièges » placés dans les items).
- Distractions internes.
- Inhibition face à une distraction interne.
- Planification.
- Flexibilité cognitive.
- Spatialisation (trouble neurovisuel et/ou oculomoteur).
- Lenteur de traitement visuospatial.
- etc.

● *Assemblage d'objets*

- Planification.
- Fonctionnement neurovisuel et/ou oculomoteur.
- Persévération.
- etc.

● *Matrices*

- Perte de la consigne (absence de résistance aux distractions internes : « pièges » placés dans les items).
- Oubli de l'exploration de tous les éléments avant de répondre.
- Distractions internes.
- Défaut d'inhibition face à une distraction interne.
- Flexibilité cognitive.
- etc.

● *Balances*

- Négligence dans l'exploration de tous les éléments avant de répondre.
- Distractions internes.
- Calcul mental.
- Mémoire visuelle de travail.
- etc.

Identification de concepts

- Perte de la consigne (absence de résistance aux distractions internes : présence de « pièges » dans les items).
- Négligence dans l'exploration de tous les éléments avant de répondre.
- Distractions internes.
- Défaut d'inhibition face à une distraction interne.
- Flexibilité cognitive.
- etc.

Mémoire des chiffres en ordre direct

- Attention fluctuante.
- Langage pragmatique lors de la consigne ;
- Résistance aux distractions internes.
- Résistance aux distractions externes.
- etc.

Mémoire des chiffres en ordre inverse

- Attention fluctuante.
- Distractions externes.
- Dysrégulation attentionnelle par comparaison avec les autres scores de mémoire.
- Résistances aux distractions externes.
- etc.

Mémoire des chiffres en ordre croissant

- Attention fluctuante.
- Distractions externes.
- Dysrégulation attentionnelle par comparaison avec les autres scores de mémoire.
- Suspicion de trouble dyscalculique.
- Résistance aux distractions externes.
- etc.

- ***Séquence lettres – chiffres***
  - Attention fluctuante.
  - Double tâche.
  - Confusions de sons (attention auditive/trouble phonologique).
  - Dysrégulation attentionnelle en comparaison avec les autres scores de mémoire.
  - Résistances aux distractions externes.
  - etc.

- ***Mémoire des images***
  - Attention fluctuante.
  - Stimulation de l'attention face à la nouveauté (réussite à la première série à 4 images alors que les séries précédentes à 3 images avaient été échouées).
  - Résistance aux distractions externes.
  - etc.

- ***Mémoire spatiale***
  - Attention fluctuante.
  - Stimulation de l'attention face à la nouveauté (échecs à 3 images et réussite à la première série à 4 images) et donc suspicion de TDA/H ;
  - Résistance aux distractions externes.
  - etc.

- ***Codes***
  - Fonctionnement neurovisuel et/ou oculomoteur.
  - Fonctionnement graphomoteur.
  - Mémoire visuelle.
  - etc.

- ***Symboles***
  - Fonctionnement neurovisuel et/ou oculomoteur.
  - Attention visuelle.
  - etc.

À cela doit s'ajouter un travail de comparaison du déroulement de plusieurs épreuves, ce que nous ne pouvons pas développer ici, car ce travail est propre à chaque passation de chaque test de QI. Mais des exemples seront donnés dans la dernière partie de cet ouvrage.

CE QU'IL FAUT RETENIR

- Aucun subtest n'évalue qu'une seule fonction cognitive.
- La note standard obtenue ne rend pas toujours compte des difficultés cognitives.
- Une analyse du déroulement de l'épreuve est nécessaire.

2.2 LE PROTOCOLE DE PASSATION

2.2.1 La passation

Le protocole de passation précise quand démarrer l'épreuve en fonction de l'âge du patient, quand l'arrêter et que faire si le patient donne une réponse imprécise aux épreuves de langage. Le suivi strict du protocole garantit donc un déroulement du test identique pour tous les patients, gage de la validité des notes standards, des indices et du QI.

Le protocole varie légèrement selon les tests ; nous proposons ici celui du WISC-V, dernier en date et plus souvent administré aujourd'hui que le WPPSI-IV ou le WAIS-IV, et qui reprend globalement le protocole des épreuves des autres tests en vigueur[45] :

45. Rappelons que les tests en vigueur sont le WPPSI-IV depuis 2014, le WISC-V depuis 2016, et le WAIS-IV depuis 2011.

Épreuve	Nombre d'items	Arrêt après	Départs
Similitudes	23 items	3 notes 0 consécutives	Item 1 : 6-7 ans Item 5 : 8-11 ans Item 8 : 12-16 ans
Vocabulaire	29 items dont 4 visuels au début	3 notes 0 consécutives	Item 1 : 6-7 ans Item 5 : 8-11 ans Item 9 : 12-16 ans
Cubes	13 items[1]	2 notes 0 consécutives	Item 1 : 6-7 ans Item 3 : 8-16 ans
Puzzles visuels	29 items	3 notes 0 consécutives	1 item d'exemple 1 item d'apprentissage Item 1 : 6-8 ans Item 5 : 9-11 ans Item 8 : 12-16 ans
Matrices	32 items	3 notes 0 consécutives	1 items d'exemple Item 1 : 6-8 ans Item 5 : 9-11 ans Item 9 : 12-16 ans
Balances	34 items	3 notes 0 consécutives	1 item d'exemple Item 1 : 6-8 ans 1 item d'exemple Item 5 : 9-11 ans Item 8 : 12-16 ans
Mémoire des chiffres Ordre direct	18 séries/sous-subtest répartis en 9 items de 2 séries	2 notes 0 consécutives dans un même item	Item 1 : 6-16 ans
Mémoire des chiffres Ordre inverse	18 séries/sous-subtest répartis en 9 items de 2 séries	2 notes 0 consécutives dans un même item	Item 1 : 6-16 ans 1 item d'apprentissage
Mémoire des chiffres Ordre croissant	18 séries/sous-subtest répartis en 9 items de 2 séries	2 notes 0 consécutives dans un même item	Item 1 : 6-16 ans 2 items d'apprentissage
Mémoire des images	26 items	3 notes 0 consécutives	Item 4 : 6-16 ans 1 item d'apprentissage[2]
Codes 6-7 ans	75 items	Faire le maximum en 2 minutes	2 items d'exemple 3 items d'apprentissage
Codes 8-16 ans	117 items	Faire le maximum en 2 minutes	3 items d'exemple 6 items d'apprentissage
Symboles 6-7 ans	40 items	Faire le maximum en 2 minutes	2 items d'exemple 3 items d'apprentissage
Symboles 8-16 ans	60 items	Faire le maximum en 2 minutes	2 items d'exemple 3 items d'apprentissage

1. Les 3 premiers items sont réalisés par le praticien devant le patient en plus du modèle présent dans le livret.
2. Le premier item d'apprentissage est suivi de 3 items qui ne sont pas obligatoirement passés mais dont les points sont néanmoins attribués. Cependant, les administrer systématiquement permet d'observer des éléments de compréhension de la consigne etc.

TABLEAU 14

2.2.2 Commencer l'épreuve au début, ou pas ?

Dans les tests de QI, afin de faire gagner du temps au praticien, le protocole prévoit que les patients les plus âgés ne soient pas obligés de commencer les subtests avec les premiers items, supposant que le candidat les réussira tous puisqu'il est à un âge de développement nettement plus avancé que celui correspondant aux premières questions.

Or, quand on suspecte un ou plusieurs troubles cognitifs (trouble « dys », trouble du déficit de l'attention, trouble neurovisuel, etc.), le patient peut justement échouer à des items très simples à cause de ces troubles. Il est donc préférable de « perdre » du temps en faisant passer le subtest depuis le début afin d'observer le fonctionnement cognitif du patient sur l'ensemble de l'épreuve, plutôt que d'en omettre une partie en supposant que le patient aurait tout réussi. Or, outre que cela fausse le score s'il perd des points sur ces premiers items, cela empêche aussi une analyse neuropsychologique fine puisque le praticien ne peut pas observer cet éventuel échec.

En effet, dans le cas d'un trouble du déficit de l'attention, le patient peut échouer sur des items simples par inattention, impulsivité cognitive ou dysrégulation attentionnelle, etc., ce que l'on ne peut pas observer si on ne prend pas le temps de faire passer tous les items du subtest.

2.2.3 Le faire dans l'ordre ou pas ?

Il y a un ordre établi des épreuves et le respect de cet ordre garantit la validité du test car toutes les personnes testées ont passé ces mêmes épreuves dans ce même ordre. Il ne faut donc pas le modifier pour qu'il conserve sa validité scientifique.

2.2.4 Le passer en une ou en plusieurs fois ?

Le protocole prévoit que le test soit administré en une seule séance[46], sauf cas extrême (problème attentionnel très lourd). Le but d'un test de QI

46. On ne passe pas chacune des épreuves du brevet ou du baccalauréat en deux ou trois fois, mais en une seule fois.

n'étant pas que les patients obtiennent les meilleurs scores possibles mais d'observer leur fonctionnement cognitif, et surtout ce qui « dys-fonctionne » ; il faut donc absolument respecter cette consigne pour que le test ait le maximum de valeur scientifique car dans l'échantillon de patients qui a servi à l'étalonnage du test, les personnes ont passé le test en une séance. C'est ce que nous rappelle l'éditeur des tests dans sa newsletter de septembre 2018 : *« la fidélité des mesures repose sur la construction du test mais également sur l'application du professionnel à respecter la standardisation de l'évaluation qu'il propose. »*

CE QU'IL FAUT RETENIR

- Un test de QI doit se passer en une seule fois.
- Les subtests doivent être passés dans l'ordre prévu.
- Il faut commencer par les premiers items pour ne pas passer à côté d'éventuels traits d'inattention (ou autres) sur des questions simples.

2.3
LE SYSTÈME DE COTATION

2.3.1 La note brute

La « note brute » est l'addition de tous les points obtenus dans un subtest. Elle ne prend donc pas en compte l'âge du patient ni le niveau de difficultés atteint dans l'épreuve.

2.3.2 La note standard

La « note standard » se calcule à partir de la « note brute » convertie pour prendre en compte l'âge du sujet. Les tranches d'âge sont les suivantes :

- WPPSI-IV : tous les 3 mois.
- WISC-IV et WISC-V : tous les 4 mois :
- WAIS-IV : tous les deux ans (de 16 ans à 17 ans et 11 mois, et de 18 ans à 19 ans 11 mois), puis tous les 5 ans (de 20 ans à 24 ans 11 mois, puis de 25 ans à 29 ans 11 mois, de 30 ans à 34 ans 11 mois), puis tous les 10 ans (de 35 ans à 44 ans 11 mois, de 45 ans à 54 ans 11 mois, de 55 ans à 64 ans 11 mois), et tous les 5 ans à partir de 65 ans.

Dans chaque épreuve, les notes standards s'échelonnent de 1 à 19, sauf à certains âges pour certains subtests, comme par exemple (liste non exhaustive) :

- au WIPPSI-IV, où l'épreuve d'Assemblage d'objets pour la tranche d'âge entre 7 ans 4 mois et 7 ans 7 mois est de 16/19 au maximum.
- au WISC-IV, où en ce qui concerne les épreuves obligatoires pour la tranche d'âge entre 16 ans 8 mois et 16 ans 11 mois[47], l'épreuve de *Cubes* plafonne à 17/19, celle de *Mémoire des chiffres* à 17/19, celle d'*Identification de concepts* à 15/19, et de *Matrices* à 17/19.
- au WISC-V où, pour ce qui concerne les épreuves obligatoires et la tranche d'âge entre 16 ans 8 mois et 16 ans 11 mois[48], l'épreuve *Cubes* plafonne à 18/19, et l'épreuve *Balances* à 18/19.

47. Ce niveau maximum inférieur à 19 commence à partir de l'âge de 13 ans à *Matrices*.
48. Ce niveau maximum inférieur à 19 commence à partir de l'âge de 15 ans à *Matrices*.

- au WAIS-IV, où par exemple dans la tranche d'âge entre 25 ans et 29 ans 11 mois, l'épreuve *Cubes* plafonne à 18/19, *Matrices* à 17/19, *Arithmétique* à 16/19, et *Puzzles visuels* à 17/19.

Ainsi, un adolescent à Haut Potentiel âgé de 16 ans 9 mois qui a passé un WISC-IV et qui a obtenu 17/19 à *Cubes*, 17/19 à *Mémoire des chiffres*, et « seulement » 15/19 à *Identification de concepts* et 17/19 à *Matrices*, obtient la note standard maximale pour son âge à chacun de ces subtests.

2.3.3 Les Indices

Les Indices sont calculés en faisant l'addition des notes standards obtenues aux subtests du domaine de l'Indice, puis en convertissant cette somme selon une table. Voici les Indices selon les tests :

WPPSI-IV

Les Indices vont de 40 à 155.

- WPPSI-IV pour les enfants dont l'âge s'échelonne de 2 ans 6 mois à 3 ans 11 mois :
  - Indice de Compréhension verbale (ICV).
  - Indice visuospatial (IVS).
  - Indice de Mémoire de travail (IMT).
- WPPSI-IV pour les enfants âgés de 4 ans à 7 ans 7 mois :
  - Indice de Compréhension verbale (ICV).
  - Indice visuospatial (IVS).
  - Indice de Raisonnement fluide (IRF).
  - Indice de Mémoire de travail (IMT).
  - Indice de Vitesse de traitement (IVT).

Indices complémentaires pour les enfants de 2 ans 6 mois à 3 ans 11 mois :

- Indice d'Acquisition verbale : *Compréhension de mots* et *Dénomination d'images*.
- Indice Non-verbal : *Cubes*, *Assemblage d'objets*, *Reconnaissances d'images*, *Mémoire spatiale*.

- Indice d'Aptitudes générales : *Compréhension de mots*, *Information*, *Cubes*, *Assemblage d'objets*.

Indices complémentaires pour les enfants de 4 ans à 7 ans 6 mois :

- Indice d'Acquisition verbale : *Compréhension de mots* et *Dénomination d'images*.
- Indice Non-verbal : *Cubes*, *Matrices*, *Identification de concepts*, *Reconnaissance d'images*, *Symboles*.
- Indice d'Aptitudes générales : *Information*, *Similitudes*, *Cubes*, *Matrices*.
- Indice d'Efficience cognitive : *Reconnaissance d'images*, *Mémoire spatiale*, *Symboles*, *Barrage*.

WISC-IV

Les Indices s'échelonnent de 40 à 155 pour l'Indice de compréhension verbale (ICV) et de Raisonnement Perceptif (IRP), mais de 40 à 150 pour l'Indice de mémoire de travail (IMT) et de Vitesse de traitement (IVT).

- Indice de Compréhension verbale (ICV).
- Indice de Raisonnement perceptif (IRP).
- Indice de Mémoire de travail (IMT) ;
- Indice de Vitesse de traitement (IVT).

WISC-V

Les Indices s'échelonnent de 40 à 155

- Indice de Compréhension verbale (ICV).
- Indice visuospatial (IVS).
- Indice de Raisonnement fluide (IRF).
- Indice de Mémoire de travail (IMT) ;
- Indice de Vitesse de traitement (IVT).

Indices supplémentaires:

- Indice de Raisonnement quantitatif (IRQ) : de 45 à 155.
- Indice de Mémoire de travail auditive (IMTA) : de 45 à 155.
- Indice Non-verbal (INV) : de 40 à 160.
- Indice d'Aptitudes générales (IAG) : de 40 à 160.
- Indice de Compétences cognitives (ICC) : de 40 à 160.

WAIS-IV

Les Indices s'échelonnent de 40 à 155 :

- Indice de Compréhension verbale (ICV).
- Indice de Raisonnement perceptif (IRP).
- Indice de Mémoire de travail (IMT).
- Indice de Vitesse de traitement (IVT).

2.3.4 L'intervalle de confiance et le rang percentile

À ce qui précède, il convient d'ajouter la notion d'un « intervalle de confiance » qui indique une variation possible du score pour tenir compte du fait que le patient testé était plutôt bien ou mal disposé le jour du test. Il peut aussi avoir répondu par hasard correctement à un item, ce qui lui donne plus de points que son niveau réel de logique.

De même, le praticien peut aussi avoir hésité entre deux cotations, 0 ou 1 point, ou 1 ou 2 points à un item car la réponse donnée était imprécise, ou ambiguë.

On considère donc deux intervalles de confiance du score obtenu, à 90 % ou 95 %. Dans ce cas, les Indices et le QI s'inscrivent dans une zone d'« intervalle de confiance » ; par exemple, ici avec le WISC-V :

Quotient Intellectuel	Intervalle de confiance 90 %	Intervalle de confiance 95 %
70	66 – 77	65 – 78
80	76 – 86	75 – 87
91[1]	86 – 97	85 – 98
100	95 – 105	94 – 106
110	104 – 115	103 – 116
120	114 – 124	113 – 125
130	123 – 134	122 – 135
140	133 – 143	132 – 144
150	142 – 153	141 – 154
160	152 – 162	151 - 163

1. Il n'y a pas de QI à 90, il passe de 89 à 91.

TABLEAU 14

On note que plus le QI est élevé, et plus l'intervalle de confiance s'étend autour du résultat du QI, et donc plus la confiance dans ce score élevé est faible.

2.3.5 Le QI

Les scores du QI s'échelonnent

- de 40 à 160 pour le WPPSI-IV pour les enfants âgés de 2 ans 6 mois à 3 ans 11 mois.
- de 40 à 160 pour le WPPSI-IV pour les enfants âgés de 4 ans à 7 ans 7 mois.
- de 40 à 160 pour le WISC-IV.
- de 40 à 160 pour le WISC-V.
- de 40 à 160 pour le WAIS-IV.

Si les Indices regroupent les subtests obligatoires du même domaine, le QI reprend tous les subtests obligatoires pour le WISC-IV et le WAIS-IV, mais pas pour le WPPSI-IV et le WISC-V. Au WPPSI-IV, voici les subtests obligatoires pour les enfants de 2 ans ½ à 3 ans 11 mois :

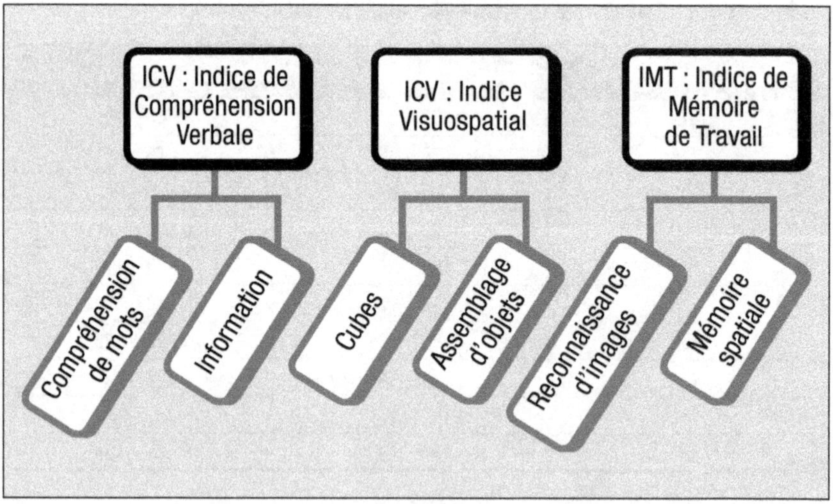

TABLEAU 16

Et voici ceux retenus pour le calcul du QI :

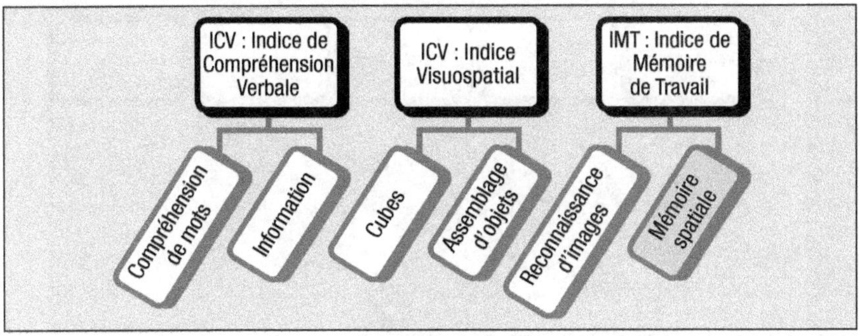

TABLEAU 17

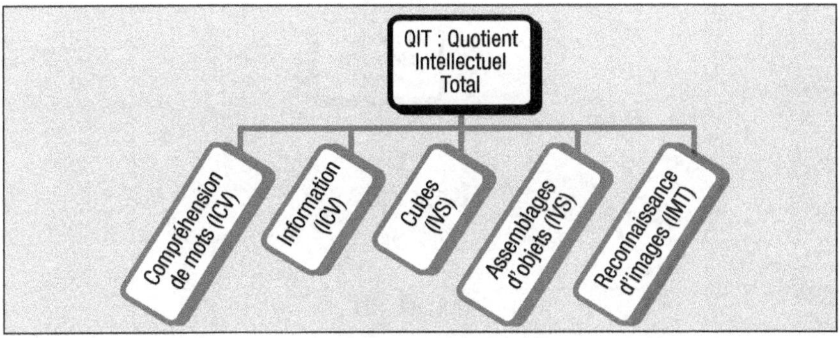

TABLEAU 18

Au WPPSI-IV, voici les subtests obligatoires pour les enfants âgés de 4 ans à 7 ans 7 mois :

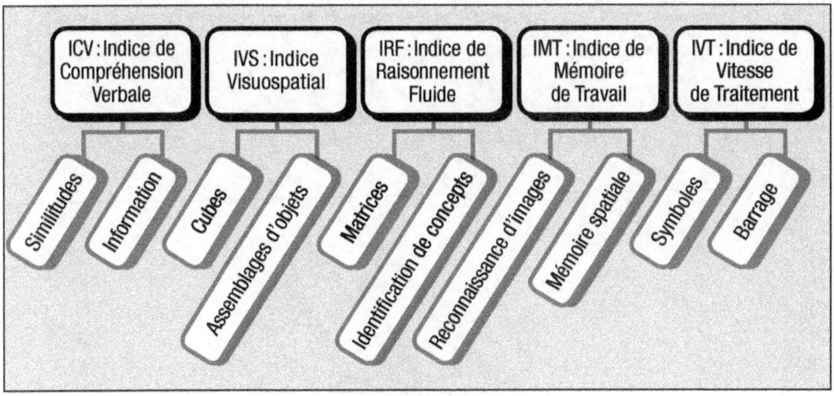

TABLEAU 19

Et voici ceux retenus pour le calcul du QI :

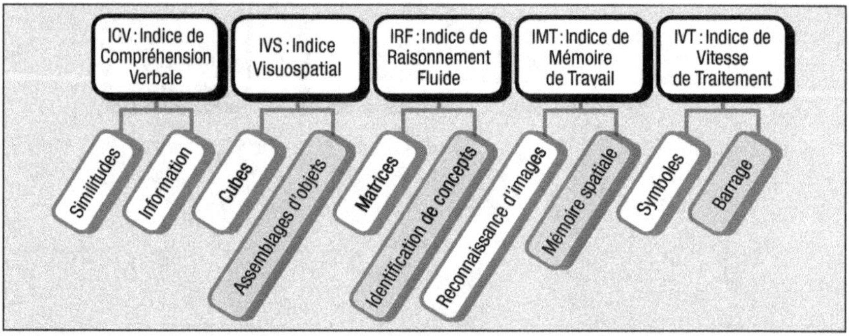

TABLEAU 20

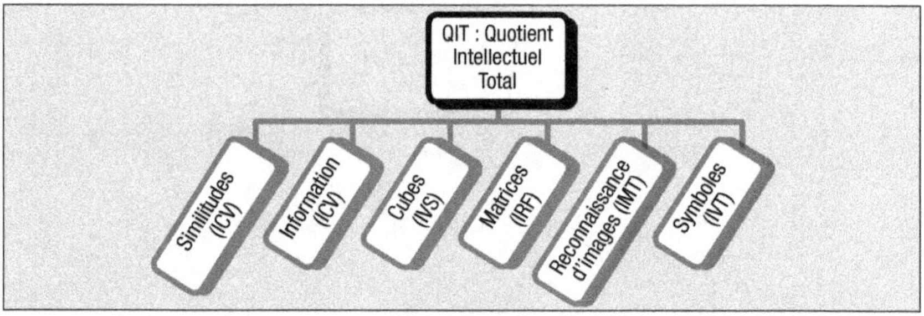

TABLEAU 21

Au WISC-IV, voici les subtests obligatoires :

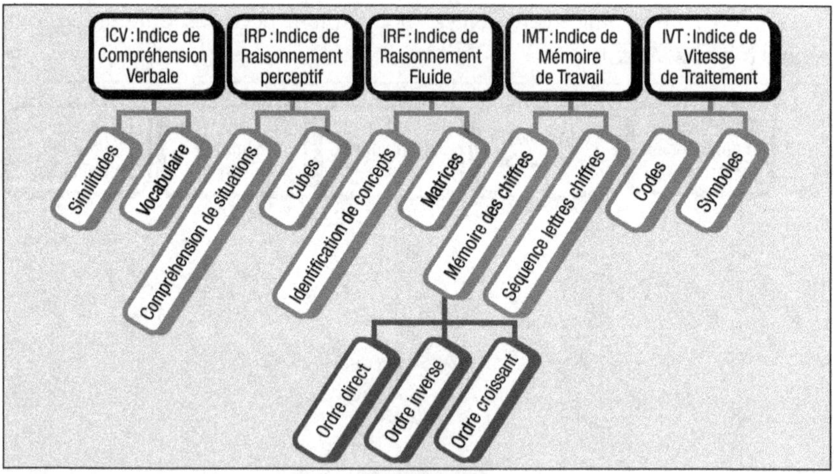

TABLEAU 22

Et voici ceux retenus pour le calcul du QI :

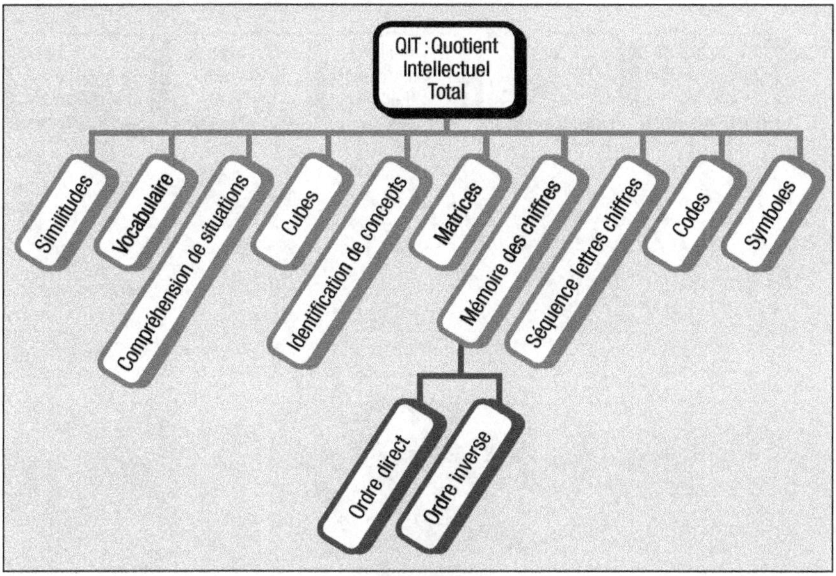

TABLEAU 23

Au WISC-V, voici les subtests obligatoires :

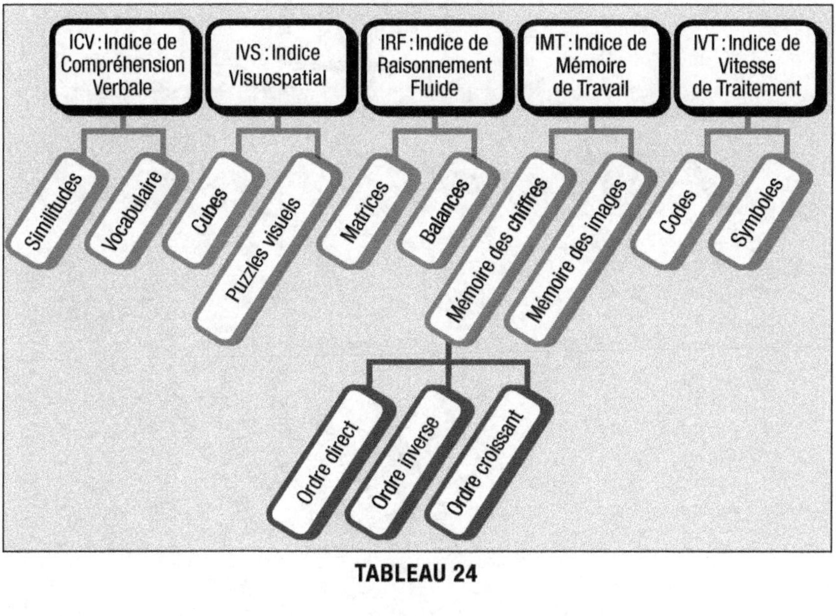

TABLEAU 24

Et voici ceux retenus pour le calcul du QI :

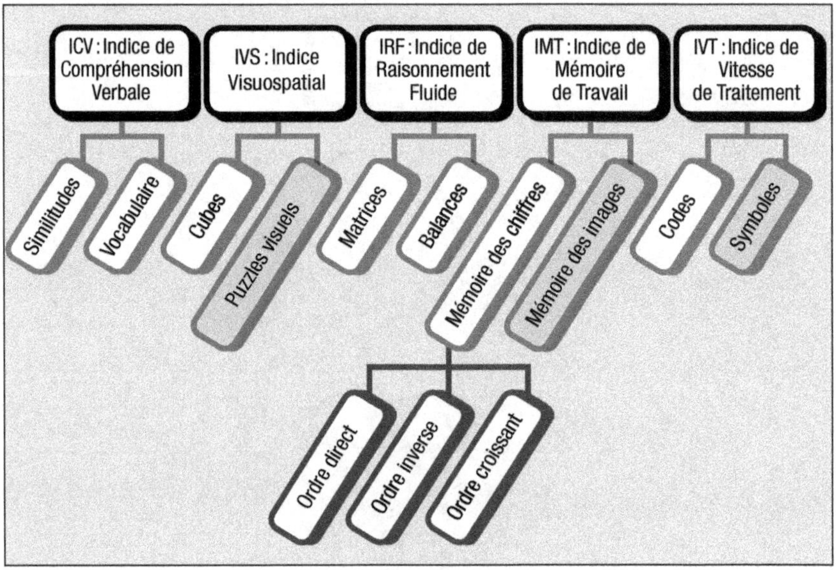

TABLEAU 25

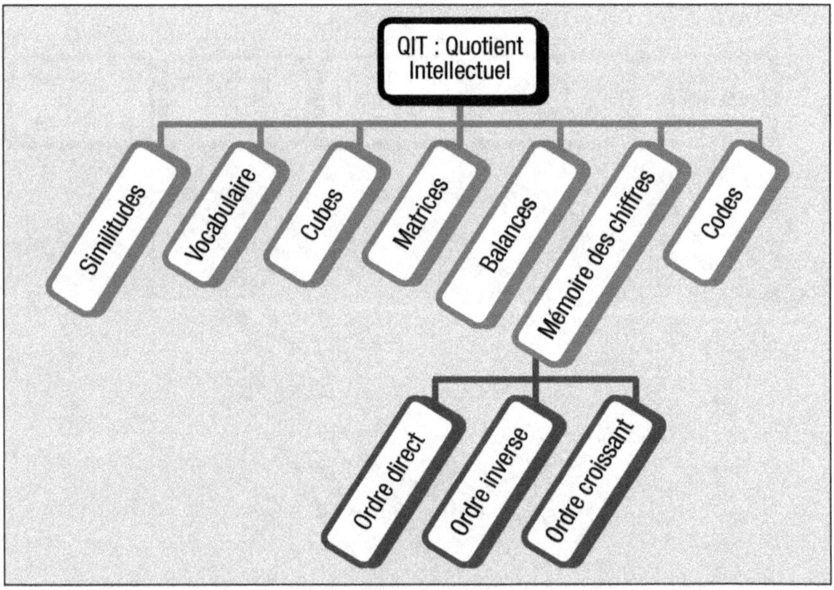

TABLEAU 26

Au WAIS-IV, voici les subtests obligatoires :

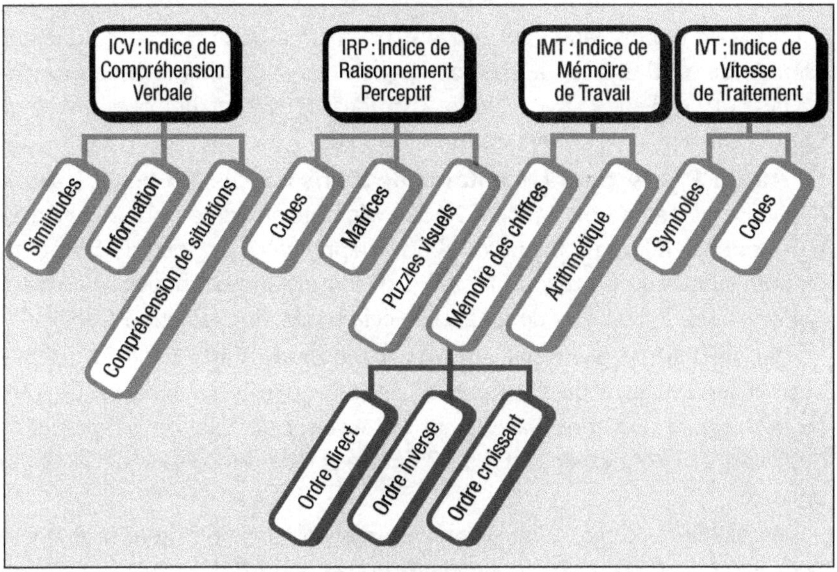

TABLEAU 27

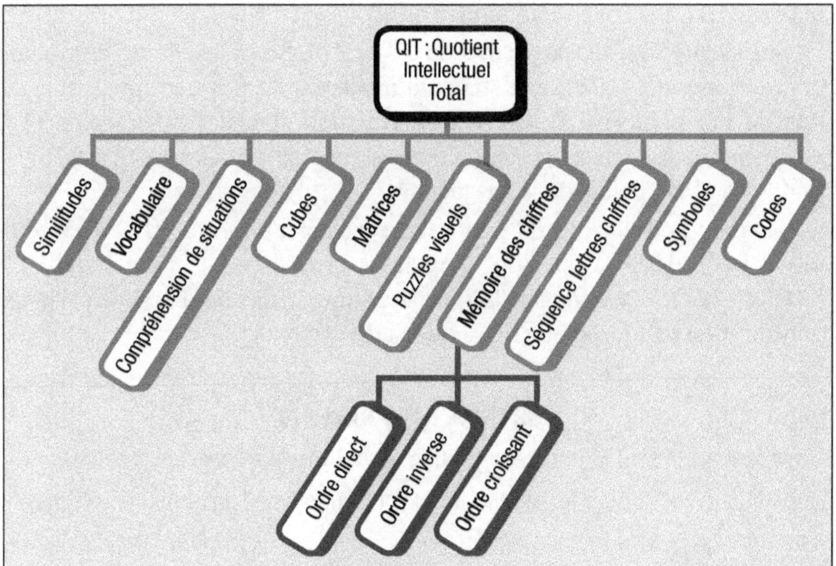

TABLEAU 28

2.3.6 Le QI : la norme

50 % de la population se trouve dans la zone de la courbe qui s'étend entre le QI à 90 et le QI à 109, zone que nous définirons comme « norme de la tranche d'âge ». Il y a donc 25 % des personnes qui obtiennent un QI < 90, et 25 % qui obtiennent un QI ≥ 110.

Au WPPSI-IV pour les enfants de 2 ans 6 mois à 3 ans 11 mois, il faut avoir obtenu un total de 43 points de note standard pour avoir un QI à 90 (note standard moyenne de 8,6 par épreuve) et un total de 58 points de note standard pour avoir un QI à 110 (note standard moyenne de 11,6 par épreuve). Il n'y a pas de QI à 109, cela passe directement à 108.

Au WPPSI-IV pour les enfants à partir de l'âge de 4 ans, il faut avoir obtenu un total de 53 points de note standard pour avoir un QI à 90 (note standard moyenne de 8,8 par épreuve) et un total de 67 points de note standard pour avoir un QI à 109 (note standard moyenne de 11,2 par épreuve).

Au WISC-V, il faut avoir obtenu un total de 61 points de note standard pour avoir un QI à 91 (note standard moyenne de 8,7 par épreuve) et un total de 79 points pour avoir un QI à 109 (note standard moyenne de 11,3 par épreuve). Il n'y a pas de score à 90.

Au WAIS-V, il faut avoir obtenu un total de 86 points de note standard pour avoir un QI à 91 (note standard moyenne de 8,6 par épreuve) et un total de 113 points pour avoir un QI à 109 (note standard moyenne de 11,3 par épreuve). Il y deux sommes de notes standards donnant un QI total (QIT) à 90 : 86 et 87 points de note standard.

Comme nous l'avons dit plus haut, cet intervalle entre 90 et 109 comprend 50 % de la population, mais nous arrondirons la note standard à 8/19 et 12/19 pour définir la norme de toute tranche d'âge, laquelle est donc un peu plus large que 50 % du fait de l'arrondi.

CE QU'IL FAUT RETENIR

- Il faut avoir 8/19 pour obtenir un QI à 90 (moyenne à l'arrondi inférieur).
- Il faut avoir 12/19 pour obtenir un QI à 110 (moyenne à l'arrondi supérieur).

2.3.7 Le QI hétérogène : un QI pas « analysable » ?

Un certain nombre de familles rapportent qu'un WPPSI-IV, un WISC-IV ou V a été passé par leur enfant et que le praticien leur a dit que le QI (le test complet et non simplement le chiffre de QI) n'était pas analysable car trop hétérogène. Il est étonnant que l'hétérogénéité ne puisse pas être analysée !

Faisons une analogie avec une analyse de sang : si les résultats sont dans la moyenne de la norme, alors votre médecin vous dira qu'il n'y a rien de particulier et que tout va bien. Si les résultats sont dans la norme mais aux extrêmes inférieurs ou supérieurs selon les items, alors il sera amené à s'interroger car ces écarts peuvent faire suspecter de légers dysfonctionnements/déséquilibres biologiques.

Mais si les résultats sont en-dessous de la norme pour certains dosages et au-dessus pour d'autres, alors ses soupçons de dysfonctionnements seront d'autant plus forts, et il préconisera probablement des examens complémentaires : c'est justement la présence des écarts qui justifie la nécessité d'une analyse clinique approfondie.

Il en va de même pour un test de QI : si toutes les épreuves obtiennent une note standard comprise entre 9 et 11, alors a priori tout va très bien[49]. Mais s'il existe des écarts de score par rapport à la norme de la tranche d'âge (entre 8/19 et 12/19), alors on doit faire des suspicions. Et si les écarts sont davantage marqués, les suspicions de troubles associés[50] sont encore plus fortes.

Ainsi, plus les résultats aux épreuves sont hétérogènes, et plus l'analyse doit être approfondie.

49. Nous écrivons « a priori » car derrière un score dans la norme peuvent se cacher des difficultés cognitives que seule peut dévoiler l'analyse du niveau maximum de difficulté résolue.

50 Trouble du langage, de l'attention, neurovisuel oculomoteur, etc.

2.4
LA RÉPARTITION DES SCORES

2.4.1 Le développement sous la norme de la tranche d'âge

QI < 60 : ce QI indique une déficience intellectuelle généralement suivie d'une orientation scolaire adaptée.

QI 60 – 70 : l'orientation scolaire sera généralement vers une ULIS primaire[51] (Unité localisée pour l'Inclusion scolaire).

QI 70 – 80 : cela situe la note standard en moyenne entre 04/19 et 07/19. L'orientation scolaire sera généralement vers une classe SEGPA[52] (Sections d'Enseignement général et professionnel adapté), sachant que cette orientation concerne des élèves « présentant des difficultés scolaires graves et durables auxquelles n'ont pu remédier les actions de prévention, d'aide et de soutien »[53].

Le niveau scolaire atteint est généralement celui de CE2 en fin de classe de CM2 avec une année de retard (un redoublement en école primaire), soit un retard de développement cognitif d'environ 3 ans par rapport à sa propre tranche d'âge.

D'après les observations de l'Éducation nationale, environ 10% de la population générale a un QI inférieur à 70, niveau qui signerait la déficience.

Ainsi, il semblerait que l'on puisse considérer qu'une note standard inférieure ou égale à 08/19 constitue déjà un signe fort d'alerte sur les fonctions cognitives mobilisées dans les épreuves, et pas seulement à les considérer comme situées dans la zone « moyenne faible ». Généralement, les tests sont administrés à des enfants ou adolescents chez qui on recherche la cause de difficultés cognitives ou d'apprentissage. Donc, dire que tel résultat se situe dans norme basse minimise les difficultés qui sont à l'origine de la passation du test.

---

51. Nouvelle appellation des CLIS (Classes pour l'Inclusion Scolaire) en primaire. http://eduscol.education.fr/cid53163/les-unites-localisees-pour-l-inclusion-scolaire-ulis.html

52. http://www.education.gouv.fr/cid94786/au-bo-du-29-octobre-2015-enseignements-adaptes-prix-non-au-harcelement-et-operation-pieces-jaunes.html&xtmc=segpa&xtnp=1&xtcr=2

53. http://www.esen.education.fr/?id=79&a=72&cHash=eca158ea41

2.4.2 Le développement dans la norme de la tranche d'âge

50 % de la population de toute tranche d'âge obtient un QI entre 90 et 109, zone dite « moyenne » au WISC-V. Cela représente la norme. Pour mieux nous guider dans l'analyse des limites des zones, voici la note standard moyenne qu'il faudrait obtenir à toutes les épreuves du test de QI pour atteindre un QI à 90 ou à 109[54] :

	Note standard pour un QI à 90	Note standard pour un QI à 109
WPPSI-IV	8,8/19	11,2/19
WISC-IV	8,9/19	11,1/19
WISC-V	8,7/19	11,3/19
WAIS-IV	8,7/19	11,3/19

TABLEAU 29

Cependant, obtenir un score de QI dans la norme peut cacher des écarts de scores entre les Indices en entre les subtests. Le QI dans la norme écarte des difficultés cognitives seulement si les résultats aux épreuves qui le constituent sont homogènes. L'expérience clinique montre qu'on peut commencer à suspecter des difficultés cognitives à partir de 3 points d'écart entre deux subtests.

2.4.3 Le développement au-dessus de la norme de la tranche d'âge

25 % de la population de toute tranche d'âge obtient un QI ≥ 110, avec un découpage en trois strates :

- 16,1 % de la population entre 110 et 119 ;
- 6,7 % de la population entre 120 et 129 ;
- 2,2 % de la population entre 130 et 160 : cette dernière strate est celle du « haut potentiel intellectuel » (HPI).

54. Le calcul se fait en prenant le nombre de points de « note standard » qu'il faut pour un QI à 90, et le diviser par le nombre d'épreuves retenues pour calculer le QI, ce qui donne la note standard moyenne à chaque épreuve pour un QI à 90. Idem à 109. Le QI à 110 est le seuil de la zone suivante.

2.5 LE COMPTE RENDU

Le compte rendu doit être oral, de préférence en montrant les épreuves dans le détail avec les réponses du patient. Cela aura alors un sens concret pour la famille et le patient adolescent ou adulte, et permettra une discussion éclairée avec le praticien.

Un écrit doit être laissé à la famille avec l'explication des fonctions cognitives évaluées (mesurées et observées) pour chaque subtest, les difficultés et forces du patient identifiées, et la notification claire de toutes les notes standards[55]. Et il faut bien entendu indiquer les Indices et le QI.

Des familles mentionnent que les scores du test de QI sont parfois gardés « secrets » par certains praticiens. Sachez qu'il n'y a rien de « secret » ou de « dangereux » à connaître le score sur une épreuve de mémoire ou de logique visuelle. Ce ne sont pas des analyses médicales (dont les résultats sont d'ailleurs communiqués au patient par le laboratoire) qui, elles, peuvent effectivement avoir une grande importance et être placées sous le sceau du secret médical qui est, de toutes façons, partagé avec le patient. **Le praticien doit absolument communiquer au patient les résultats détaillés des tests de QI qu'il lui a fait passer**, sauf à être incriminé de rétention d'information. Ce ne sont en aucun cas des « notes personnelles ».

De plus, un test de QI n'est pas soumis au secret médical puisqu'il n'est pas médical, et que des enseignants spécialisés peuvent les administrer[56]. Enfin, ne pas posséder les résultats détaillés de ses tests peut être très pénalisant pour la suite de la prise en charge du patient en cas de déménagement, de changement de praticien, ou tout simplement en cas de prise de la retraite ou de décès du praticien qui a fait passer les tests.

Par ailleurs, si le QI n'est pas toujours significatif, du fait d'une trop grande hétérogénéité entre les notes standards, il reste néanmoins toujours calculable car c'est simplement la somme des notes standards convertie, mais cela n'en garantit pas sa pertinence clinique. D'ailleurs, les logiciels

55. Y compris les sous-épreuves « mémoire des chiffres en ordre direct », « mémoire des chiffres en ordre inverse » et « mémoire des chiffres en ordre croissant » qui constituent le score global de « mémoire des chiffres ».

56. Voir chapitre 1.3, page 23.

de cotation des tests calculent systématiquement tous les scores, y compris le QI. **Il n'y a donc pas de QI « non calculable », mais parfois des QI non pertinents.**

Enfin, comme dans la plupart des cas un test de QI est passé pour comprendre la nature de difficultés cognitives, il doit donc proposer une analyse clinique neuropsychologique avec des hypothèses sur les troubles possibles : trouble du langage, neurovisuel et/ou oculomoteur, logique, attentionnel, graphomoteur, etc. Le cas échéant, cela conduira à des bilans complémentaires chez les spécialistes concernés. Plus les scores sont hétérogènes, plus il y a d'hypothèses à vérifier sur les écarts de réussite aux différentes épreuves.

3

LE NIVEAU MAXIMUM DE DIFFICULTÉ RÉSOLUE

Dans ce chapitre, nous développerons une proposition d'analyse qualitative des subtests, complémentaire mais non substituable à l'analyse habituelle des tests de QI. Elle a pour but d'enrichir l'analyse de la note standard puis de l'Indice et du QIT, en procédant à l'évaluation du « niveau maximum de difficulté résolue » dans le subtest.

Nous avons expérimenté cette évaluation depuis plusieurs années et sur plus de 600 tests, WPPSI-IV, WISC-IV ou V[57] et WAIS-IV confondus. L'expérience montre qu'elle fournit un réel outil pour l'aide au pré-diagnostic de troubles associés[58], et donc à la prise en charge finale des patients.

Cette évaluation est d'ailleurs cohérente avec les récentes informations communiquées dans la lettre en ligne d'A.N.A.E. du 16 janvier 2018[59], citant un extrait d'un ouvrage du professeur Jacques Grégoire, spécialiste des bilans neuropsychologiques et investi dans leur adaptation française. On peut y lire, à propos du WISC-V : « *Ce nouveau mode de calcul du QIT a d'importantes implications sur l'interprétation de ce score qui doit être traité de manière plus indépendante des résultats aux cinq Indices que par le passé. Il s'agit à présent d'évaluer la validité du QIT sur la base des performances à sept subtests.*

En particulier, l'homogénéité du QIT doit être appréciée en référence à la dispersion de ces sept subtests, et non plus de la dispersion des Indices. Il est, par conséquent, nécessaire de se dégager des anciennes pratiques et d'ajuster ses démarches de cotation et d'interprétation aux particularités du WISC-V. »

57. Avec environ 250 WISC-V administrés.

58. Trouble du langage, trouble neurovisuel oculomoteur, trouble du Déficit de l'attention avec/sans hyperactivité (TDA/H), etc.

59. http://www.anae-formations.com/QI-du-WISC-V-le-compte-est-bon-par-Jacques-Gregoire.html

De son côté, l'éditeur des tests nous éclaire aussi dans sa newsletter de septembre 2018[60] :

« *La fidélité des mesures repose sur la construction du test mais également sur l'application du professionnel à respecter la standardisation de l'évaluation qu›il propose.*

En effet, dans certains cas, les professionnels décident d'adapter la passation, de reformuler une consigne ou un item, d'accorder un point à une réponse qui ne remplit pas les critères, ou de dépasser le temps imparti de plusieurs secondes. De telles pratiques ne visent pas à avantager un individu, mais plutôt à l'évaluer le plus précisément possible. Dans ce cas, le professionnel devra être vigilant à décrire et étayer dans son compte-rendu tous les aménagements mis en place afin d'éviter des erreurs d'interprétation si des différences significatives devaient être observées au niveau des notes du même individu, en comparaison avec une seconde évaluation réalisée ultérieurement par un autre professionnel respectant strictement la standardisation. »

Notre proposition d'analyse complémentaire s'inscrit donc ici dans cette dynamique partagée par l'éditeur des tests et les spécialistes.

Ainsi, les cas cliniques qui seront présentés par la suite dans cet ouvrage auront tous une analyse normale des épreuves, plus une seconde analyse du niveau maximum de difficulté résolue. C'est une proposition ouverte à la réflexion et à la discussion que nous proposons ici, dans le but d'aider au mieux les patients qui viennent passer un test.

Cette analyse du « réel niveau maximum de difficulté résolue » est née du constat que les tests de quotient intellectuel sont conçus comme des bilans quantitatifs : chaque bonne réponse est cotée 1 ou 2 points selon le type de subtest. À la fin de l'épreuve, on additionne le nombre de points obtenus par les bonnes réponses[61] du patient pour obtenir une « note brute »[62]. Celle-ci est ensuite convertie en « note standard » entre 1 et 19 par le logiciel, en fonction de la tranche d'âge du patient. Puis le programme additionne les notes standards par domaine de fonctions cognitives (Compréhension verbale (ICV), Raisonnement fluide (IRF), etc.) et convertit cette somme pour

60. Éditeur des tests de QI, du NEPSY, du programme COGMED etc.

61. Les items sont classés par ordre croissant de difficultés sauf pour les épreuves de vitesse de traitement, de l'âge d'environ 2 ans ½ - 3 ans jusqu'à l'âge adulte haut potentiel.

62. La note brute est le nombre de points obtenus au subtest.

obtenir un score d'Indice. Enfin, il additionne une sélection des notes standards du test pour obtenir le QI.[63] Ces scores situent la personne par rapport à une courbe de « normalité » (courbe de Gauss) par rapport à la population générale[64] par tranche d'âge.

Par ailleurs, les items sont classés par ordre de difficulté croissante, allant du niveau cognitif d'un enfant d'environ 2 ans ½ - 3 ans jusqu'à celui d'un adulte à haut potentiel. Réussir l'item 3 n'indique donc pas le même niveau de raisonnement ou de mémoire que réussir l'item 10, ou 20, etc. Or, on observe que des personnes peuvent par exemple échouer à l'item 12, puis au 15, mais réussir ensuite les items 19, 20, 21 du même subtest… Cela conduit à se poser des questions sur le réel fonctionnement cognitif du patient.

Enfin, le protocole de passation indique que l'arrêt de l'épreuve doit intervenir après un nombre défini d'échecs successifs dans le même subtest (deux ou trois échecs, selon les subtests).

Cela nous conduit à faire deux remarques :

1. Le protocole de passation ne permet pas toujours d'évaluer le réel niveau de difficulté résolue par le patient car si on doit arrêter l'épreuve après deux ou trois échecs consécutifs, rien ne prouve que la personne soit réellement arrivée à son niveau maximum. En effet, pour de multiples raisons, et comme on vient de le voir ci-dessus, elle peut avoir échoué deux ou trois fois de suite, et réussir après. Cela est même assez fréquent, par exemple quand il y a un trouble attentionnel, même léger[65].

---

63. Le WPPSI-IV et le WISC-V ne retiennent pas la note standard de tous les subtests obligatoires pour calculer le QI, contrairement au WISC-IV (obsolète depuis 2016) et au WAIS-IV.

64. Par « population générale » on entend un ensemble des personnes prises au hasard, sans critère particuliers, considéré comme représentatif de la population générale. Une population clinique est un échantillon de personnes ayant en commun un même critère « clinique » de recrutement. Par exemple, faire passer un test de QI à 200 enfants TDA/H, ou 200 enfants dyslexiques etc. pour voir les caractéristiques qui peuvent se dégager à partir de ce trouble. À noter qu'il faut un échantillon d'au minimum 100 personnes pour commencer à pouvoir généraliser les éléments observés dans les tests. En effet, 20 personnes testées ne suffisent absolument pas à faire une généralisation statistique pour population générale ou clinique. J'ignore si les candidats recrutés pour passer les tests afin de valider les étalonnages ont été pris au hasard dans la population générale (annonce dans la presse, établissements scolaires etc.), ou bien s'ils ont été sélectionnés dans des cabinets de praticiens chargés de faire passer des tests, ce qui ne serait alors pas une population générale.

65. L'attention fluctuante est typique d'un trouble attentionnel : elle produit une rupture attentionnelle brève qui amène des erreurs d'inattention.

2. Le score obtenu à partir du nombre de bonnes réponses ne correspond pas nécessairement au niveau maximum de difficulté résolue. On peut obtenir 18 points et répondre correctement jusqu'à la l'item 22, mais en perdant des points en-dessous.

Au sujet de la première de ces remarques : le protocole de passation des tests exige que l'épreuve soit arrêtée après deux ou trois échecs consécutifs[66], selon les épreuves. Par ailleurs, en passant du WISC-IV au WISC-V, le nombre d'échecs consécutifs imposant la fin de l'épreuve a été abaissé. Cela a réduit *de facto* l'évaluation du fonctionnement cognitif des patients puisqu'on les « pousse » moins loin qu'auparavant avant d'arrêter l'épreuve.

Mais si on poursuit l'épreuve au-delà du protocole, justement pour les « pousser » au maximum de leur capacité, un certain nombre d'entre eux réussissent plusieurs items au-delà de cet arrêt protocolaire de l'épreuve.

Certes, on pourrait imaginer que réussir deux ou trois items après trois échecs consécutifs pourrait être dû au hasard, mais cela est peu probable. Réussir un seul item en donnant une réponse au hasard est possible, mais deux ou trois de suite l'est beaucoup moins. De plus, il suffit de demander au patient comment il a obtenu cette réponse, et on vérifie immédiatement si c'était par hasard ou non. Enfin, quand une personne échoue deux fois de suite à restituer 4 chiffres à l'envers et qu'elle réussit les deux séries à 5 chiffres, alors le hasard n'a pas sa place...

Ainsi, aller au-delà de l'arrêt protocolaire de l'épreuve permet de vérifier que le patient est réellement arrivé au maximum de sa capacité de réflexion ou de mémoire. Si tel n'est pas le cas, alors cela permet de suspecter un ou des troubles associés. Cette pratique de « pousser » le candidat au maximum nous est d'ailleurs suggérée dans le manuel d'administration et de cotation des tests de QI : « *il est important de ne pas cesser prématurément l'administration. Si le praticien a des doutes sur l'appréciation d'une réponse et qu'il ne peut déterminer rapidement s'il doit appliquer la règle de l'arrêt, il administre alors des items*

66. En passant à la version 5 du WISC, le nombre d'échecs consécutifs marquant la fin de l'épreuve a été revu à la baisse, s'arrêtant après 2 ou 3 échecs consécutifs plutôt que 3, 4 ou 5 selon les subtests du WISC-IV.

supplémentaires jusqu'à ce qu'il soit certain d'avoir atteint le critère d'arrêt. Ensuite, au moment de la cotation, les items administrés au-delà du critère d'arrêt ne seront pas comptabilisés, même si certaines des réponses auraient mérité des points.[67] »

C'est exactement ce que nous proposons avec l'évaluation du « niveau maximum de difficulté résolue » au-delà de l'arrêt protocolaire du subtest.

Notre second constat est qu'il est évidemment possible d'obtenir 10 points à une épreuve de logique en répondant de la question 1 à la question 10, ce qui revient à obtenir 10 points en atteignant le niveau de difficulté n°10.

Mais il est également possible d'obtenir 10 points, par exemple en répondant correctement à 10 questions entre la question 1 et la question 15, donc en atteignant le niveau de difficulté n°15, tout ayant perdu des points sur des questions précédentes d'un niveau de complexité inférieur. Dans ce cas, le nombre de points obtenus (note brute) qui servira au calcul de la note standard puis de l'Indice et du QI ne correspondrait pas au niveau maximum de difficulté résolue.

On peut comparer cela à une évaluation en mathématiques pour des élèves de classe de Seconde. On leur fait passer un examen avec deux points par problème réussi de niveaux CP, CE1, CE2, CM1, CM2, 6e, 5e, 4e, 3e et Seconde. Celui qui en réussissant de façon continue finit par obtenir 16 points, aura atteint un niveau maximum de difficulté correspondant à celui de la classe de 4e.

CP	CE1	CE2	CM1	CM2	6ème	5ème	4ème	3ème	2nde
2	2	2	2	2	2	2	2		

TABLEAU 30

Mais une autre personne pourra aussi obtenir 16 points mais résolvant des problèmes jusqu'à la classe de Seconde, tout en perdant des points sur

67. Manuel d'administration et de cotation du WPPSI-IV, page 41 ; du WISC-IV, page 33 ; du WISC-V, page 39 ; et du WAIS-IV, page 33.

des questions plus faciles, par erreur d'étourderie, mauvaise compréhension de la consigne, mauvaise expression écrite dans la démonstration, etc. :

CP	CE1	CE2	CM1	CM2	6ème	5ème	4ème	3ème	2nde
2	2	2	2	1	2	1	1	2	1

TABLEAU 31

Dans le premier cas, le nombre de points obtenus reflétera le niveau maximum de difficulté résolue, car le déroulement de l'épreuve a été homogène (réussite continue depuis le niveau CP jusqu'au niveau de la 4e). Mais dans le second cas, avec le même score final, le nombre de points obtenus masquera totalement un réel niveau de difficulté résolue, qui sera en fait supérieur de 2 années scolaires. Seule une analyse qualitative du déroulement de l'épreuve peut permettre de l'identifier et d'évaluer le réel niveau maximum de difficulté résolue atteint par la personne.

Notre expérience montre qu'il en va de même pour un test de QI. La note standard obtenue correspond au nombre de points obtenus (« note brute ») convertie en fonction de la tranche d'âge du candidat au test. Mais selon que le déroulement de l'épreuve aura été homogène (réussite continue puis échecs continus, même au-delà de l'arrêt protocolaire) ou hétérogène (alternance d'échecs et de réussites ou éventuellement même réussites au-delà de l'arrêt protocolaire), cette « note standard » indiquera, ou pas, le réel niveau maximum de difficulté résolue.

En cas de difficultés d'apprentissage, de trouble de l'attention, de trouble « dys », etc., il est fréquent que ces troubles cognitifs rendent hétérogène le déroulement des épreuves. Dans ce cas, au test de QI tout comme dans les apprentissages scolaires, les résultats peuvent être irréguliers et ne pas refléter le réel niveau du patient, ou de l'élève. Enseignants et parents le savent bien.

Et cela existe également pour des personnes ayant un haut potentiel intellectuel, en situation de réussite scolaire ou professionnelle. D'ailleurs, d'après la littérature scientifique consacrée à ce sujet, bon nombre d'enfants et d'adolescents à haut potentiel intellectuel présentent des difficultés d'attention, de concentration, de compréhension de certaines formes du langage (implicite, second degré) lors de consignes écrites/orales, etc., ce qui impacte non seulement leur réussite aux apprentissages, mais aussi aux scores des tests de QI.

Cela nous introduit donc à distinguer :

- **L'analyse quantitative** : elle indique le nombre de points obtenus selon le protocole ;
- **L'analyse qualitative** : elle indique le réel niveau maximum de difficulté résolue :
    1. en poussant le candidat au-delà de l'arrêt prévu par le protocole de passation, en conformité avec les préconisations officielles[68].
    2. en comparant le nombre de points obtenus dans le subtest et le niveau de difficulté des derniers items réussis.

Comme illustration, prenons deux exemples de mémoire car c'est un domaine où cela s'observe de la façon la plus nette. Un troisième exemple concernera une épreuve de raisonnement fluide (logique visuelle).

Le premier exemple sera tiré du cas d'un adolescent de 13 ans 0 mois testé au WISC-IV, avec un trouble du Déficit de l'attention diagnostiqué par un pédopsychiatre. Ce patient est donc sous traitement au méthylphénidate depuis plusieurs années. Son médecin a souhaité le faire tester de nouveau pour vérifier l'évolution de son développement cognitif afin d'ajuster éventuellement son traitement.

Il a été décidé que la passation de ce second WISC-IV[69] aurait lieu sous Concerta® 36 mg pour évaluer les difficultés attentionnelles qui subsisteraient en classe sous traitement. Ce contexte de passation permet de rapprocher au maximum le sujet de ce qu'il vit au collège afin de rendre le test le plus écologique possible[70].

À cette épreuve de l'indice de Mémoire de travail, cet adolescent doit restituer à l'envers des séries de chiffres qu'il vient d'entendre, en

68. Manuel d'administration et de cotation du WPPSI-IV, page 41 ; du WISC-IV, page 33 ; du WISC-V, page 39 ; et du WAIS-IV, page 33.

69. C'était avant la parution du WISC-V.

70. Un test de QI ou un bilan orthophonique n'est pas « écologique » : les réelles conditions de compréhension, de réflexion et de mémorisation d'une personne sont celles d'une salle de classe avec 25 autres élèves qui parlent, bougent etc. ou celles d'un *open space* avec des collègues travaillant à côté, des téléphones qui sonnent, etc. et non pas celles d'un bureau isolé avec un praticien. Ainsi, les tests sont donc toujours passés dans des conditions artificielles très favorables à la réussite : mais il est impossible de faire autrement.

commençant par des séries à deux chiffres. Voici le déroulement de son épreuve :

Item	Longueur des séries	Points gagnés	Note brute
Item 1	1-2	**1**	**2**
	1-2	**1**	
Item 2	1-2	**1**	**2**
	1-2	**1**	
Item 3	1-2-3	**1**	**2**
	1-2-3	**1**	
Item 4	1-2-3	**0**	**1**
	1-2-3	**1**	
Item 5	1-2-3-4	**0**	**1**
	1-2-3-4	**1**	
Item 6	1-2-3-4-5	**1**	**2**
	1-2-3-4-5	**1**	
Item 7	1-2-3-4-5-6	**0**	**0**
	1-2-3-4-5-6	**0**	
Item 8	1-2-3-4-5-6-7	**0**	**0**
	1-2-3-4-5-6-7	**0**	
		Note brute	**10**
		Note standard	**13/19**

TABLEAU 32

Le nombre de séries réussies donne 10 points pour la note brute, qui, convertie en fonction de sa tranche d'âge (de 13 ans à 13 ans 3 mois 30 jours), fournit une note standard à 13/19. Cette note est supérieure à la norme de sa tranche d'âge, qui est de 8/19 à 12/19. Si on s'en tient au seul score, on peut donc conclure que le traitement par Concerta® est très positif et réduit (voire, fait disparaître) ses difficultés attentionnelles. Cela augmente donc sa mémorisation.

Mais, on remarque en fait que ce patient a échoué une série sur deux aux items à 3 et 4 chiffres alors qu'il réussit ensuite les deux séries à 5 chiffres. Cela est le signe d'une attention fluctuante, en ligne avec le TDA/H dont il souffre, et que son traitement médicamenteux ne fait donc finalement pas totalement disparaître... contrairement au score supérieur à la norme de sa tranche d'âge qui nous le laissait croire.

Le premier constat est que derrière un score à 13/19 (supérieur à la norme) peuvent se cacher des difficultés attentionnelles importantes, et insoupçonnables à la lecture du seul score qui laisse plutôt penser que tout va bien.

Le second constat est que la note standard obtenue est inférieure au réel niveau maximum de difficulté résolue. En effet, si le sujet réussit à restituer 5 chiffres à l'envers, c'est qu'il est capable de réussir à 4 chiffres et à 3 chiffres, ce qu'il fait d'ailleurs mais seulement une fois sur deux à cause de son attention fluctuante malgré la prise de méthylphénidate.

Or, sans son attention fluctuante, avec une attention soutenue, il aurait réussi les deux séries à 3 et 4 chiffres et non une seule sur deux, d'autant qu'il réussit les deux séries à 5 chiffres... Sa « note brute » aurait alors été de 12 au lieu de 10, et sa « note standard » n'aurait pas été 13/19 mais 15/19, c'est-à-dire située dans la zone du Haut Potentiel Intellectuel[71] :

Item	Longueur des séries	Points gagnés	Note brute	Niveau maximum de difficulté résolue
Item 1	1-2	**1**	**2**	**2**
	1-2	**1**		
Item 2	1-2	**1**	**2**	**2**
	1-2	**1**		
Item 3	1-2-3	**1**	**2**	**2**
	1-2-3	**1**		
Item 4	1-2-3	**0**	**1**	**2**
	1-2-3	**1**		
Item 5	1-2-3-4	**0**	**1**	**2**
	1-2-3-4	**1**		
Item 6	1-2-3-4-5	**1**	**2**	**2**
	1-2-3-4-5	**1**		
Item 7	1-2-3-4-5-6	**0**	**0**	**0**
	1-2-3-4-5-6	**0**		
Item 8	1-2-3-4-5-6-7	**0**	**0**	**0**
	1-2-3-4-5-6-7	**0**		
		Note brute	**10**	**12**
		Note standard	**13/19**	**15/19**

TABLEAU 33

71. Le patient « modèle » qui aurait 15/19 à toutes les épreuves du WISC-IV aurait un QIT à 145. Le haut potentiel intellectuel va de 130 à 160.

Ainsi, une note standard supérieure à la norme de la tranche d'âge (13/19) peut cacher un niveau maximum de difficulté résolue situé dans la zone du Haut Potentiel Intellectuel, et des difficultés attentionnelles malgré une mise sous Concerta® 36 mg. Ces deux éléments ne sont pas observables à partir du seul score du QI mais après l'analyse du déroulement de l'épreuve, et l'évaluation du réel niveau maximum de difficulté résolue.

Un second exemple concernant la mémoire sera donné par l'épreuve *Mémoire des chiffres en ordre croissant* du WISC-V passée par un adolescent âgé de 13 ans et 3 mois. Le protocole de passation nous indique là aussi d'arrêter l'épreuve après un échec aux deux essais d'un même item :

Item	Longueur des séries	Points gagnés	Note brute
Item 1	1-2	**1**	**2**
	1-2	**1**	
Item 2	1-2-3	**1**	**2**
	1-2-3	**1**	
Item 3	1-2-3-4	**1**	**2**
	1-2-3-4	**1**	
Item 4	1-2-3-4-5	**0**	**0**
	1-2-3-4-5	**0**	
		Note brute	**6**
		Note standard	**7/19**

TABLEAU 34

Cet adolescent a répondu correctement à 6 séries et il obtient donc une « note brute » à 6 qui, convertie en fonction de sa tranche d'âge, donne une note standard à 07/19, c'est-à-dire déficitaire.

Or, en le « poussant » au-delà de l'arrêt prévu par le protocole, tel que préconisé par le manuel, on s'aperçoit qu'il réussit les deux essais suivants à 5 chiffres[72] :

Item	Longueur des séries	Points gagnés	Note brute	Niveau de difficulté résolue
Item 1	1-2	**1**	**2**	**2**
	1-2	**1**		
Item 2	1-2-3	**1**	**2**	**2**
	1-2-3	**1**		
Item 3	1-2-3-4	**1**	**2**	**2**
	1-2-3-4	**1**		
Item 4	1-2-3-4-5	**0**	**0**	**2**
	1-2-3-4-5	**0**		
Item 5	1-2-3-4-5	**1**	**2**	**2**
	1-2-3-4-5	**1**		
Item 6	1-2-3-4-5-6	**0**	**0**	**0**
	1-2-3-4-5-6	**0**		
Item 7	1-2-3-4-5-6-7	**0**	**0**	**0**
	1-2-3-4-5-6-7	**0**		
		Note brute	**10**	**12**
		Note standard	**07/19**	**12/19**

TABLEAU 35

Si on souhaite utiliser ce test pour évaluer ses réelles capacités de mémorisation, il faut alors considérer le fait qu'il réussit à 5 chiffres au-delà du protocole, car c'est la réalité, et donc faire l'analyse du réel niveau maximum de difficulté résolue. L'écueil serait au contraire d'en rester au nombre de points gagnés avant les deux échecs aux deux essais d'un même item.

En pratiquant cette analyse qualitative, on remarque que son niveau maximum de difficulté résolue aurait été évalué à 12/19 s'il avait eu une attention soutenue, et non à 07/19 comme la note standard nous le laisse penser. Cela change totalement le diagnostic, passant du déficit de mémoire à une suspicion de trouble attentionnel. La prise en charge sera donc elle aussi différente.

72. Au WISC-V, il y a quatre séries de 5 chiffres à mémoriser.

Comme troisième exemple, prenons celui de l'épreuve *Matrices,* présente dans tous les tests de QI. Voici la passation d'un enfant âgé de 11 ans 9 mois. Le protocole de passation au WISC-V indique que l'arrêt de l'épreuve intervient après trois zéros consécutifs, ce qui arrive aux items 19 à 21. Le nombre de points obtenus est alors de 18 (« note brute »), ce qui donne une « note standard » de 09/19 pour sa tranche d'âge :

Item n° 01	Réussi
Item n° 02	Réussi
Item n° 03	Réussi
Item n° 04	Réussi
Item n° 05	Réussi
Item n° 06	Réussi
Item n° 07	Réussi
Item n° 08	Réussi
Item n° 09	Réussi
Item n° 10	Réussi
Item n° 11	Réussi
Item n° 12	Réussi
Item n° 13	Réussi
Item n° 14	Réussi
Item n° 15	Réussi
Item n° 16	Réussi
Item n° 17	Réussi
Item n° 18	Réussi
Item n° 19	Echoué
Item n° 20	Echoué
Item n° 21	Echoué

TABLEAU 36

On peut donc en conclure que cet enfant a un niveau de logique situé dans le bas de la norme de sa tranche d'âge. Or, en poursuivant l'épreuve au-delà du protocole (après trois zéros consécutifs) pour le « pousser » au maximum, on découvre qu'après ces trois échecs il réussit 6 items consécutifs. Le hasard ne permet pas de donner 6 fois de suite une bonne réponse. De plus, il a su justifier correctement ses bonnes réponses après l'épreuve :

Item n° 01	Réussi
Item n° 02	Réussi
Item n° 03	Réussi
Item n° 04	Réussi
Item n° 05	Réussi
Item n° 06	Réussi
Item n° 07	Réussi
Item n° 08	Réussi
Item n° 09	Réussi
Item n° 10	Réussi
Item n° 11	Réussi
Item n° 12	Réussi
Item n° 13	Réussi
Item n° 14	Réussi
Item n° 15	Réussi
Item n° 16	Réussi
Item n° 17	Réussi
Item n° 18	Réussi
Item n° 19	Echoué
Item n° 20	Echoué
Item n° 21	Echoué
Item n° 22	Réussi
Item n° 23	Réussi
Item n° 24	Réussi
Item n° 25	Réussi
Item n° 26	Réussi
Item n° 27	Réussi
Item n° 28	Echoué
Item n° 29	Echoué
Item n° 30	Echoué
Item n° 31	Echoué
Item n° 32	Echoué

TABLEAU 37

Finalement, ce jeune patient résout donc les problèmes logiques jusqu'au niveau 27, et à son âge tout résoudre[73] jusqu'à ce niveau de difficulté correspond à une note standard de 16/19, située dans la zone du haut potentiel intellectuel[74], ce qui est ici le réel niveau maximum de difficulté qu'il atteint.

Là encore, l'analyse du niveau maximum de difficulté résolue permet d'identifier un haut potentiel masqué par les contraintes du protocole de passation. Cela arrive également dans des situations où la « note standard » laisse penser à une déficience intellectuelle, alors que le niveau maximum de difficulté résolue dans la norme de la tranche d'âge permet d'écarter cette conjecture. Les conséquences sont importantes pour l'orientation scolaire de l'enfant testé. L'analyse de ses trois items échoués permet de plus d'identifier les éléments cognitifs qui le mettent en difficulté, et pouvoir ensuite proposer une rééducation adéquate.

Soulignons qu'en passant du WISC-IV au WISC-V, le protocole de cette épreuve a été modifié et l'arrêt de l'épreuve ne se fait plus après quatre zéros consécutifs (comme au WISC-IV), mais trois. Sans le changement de ce protocole, la note standard obtenue aurait été de 24 au lieu de 18 car l'épreuve n'aurait pas été arrêtée à l'item 21. Et le réel niveau maximum de résolution aurait toujours été situé au niveau 27.

Ces trois exemples paradigmatiques, montrent que cette évaluation du niveau maximum de difficulté résolue permet d'affiner l'analyse neuropsychologique. Dans le premier cas, elle nous apprend que le niveau réel maximum de mémoire de travail du sujet n'est pas seulement supérieur à la norme de sa tranche d'âge, mais situé dans la zone du haut potentiel intellectuel. Dans le second cas, elle nous apprend que le réel niveau maximum de mémoire du sujet n'est pas déficitaire mais dans le haut de la norme de sa tranche d'âge. Dans le dernier cas, elle nous apprend que le niveau de raisonnement fluide de l'enfant testé n'est pas dans la norme basse de sa tranche d'âge, mais dans la zone du haut potentiel intellectuel.

73. Il échoue les items 19-21 mais résout ensuite les items 22-27, ce qui laisse conjecturer un trouble associé l'ayant parasité sur ces items. Reste que pour évaluer le niveau maximum de difficultés qu'il résout, il ne faut pas prendre en compte le nombre d'items réussis (27-3=24), mais le niveau des derniers items réussis.

74. Avoir 14,3/19 à chaque épreuve retenue pour le calcul du QI du WISC-V donne un QI à 130, début de la zone habituellement considérée comme haut potentiel intellectuel.

CE QU'IL FAUT RETENIR

- Le protocole de passation est trop restrictif dans certains cas.
- La note standard obtenue ne correspond pas toujours au réel niveau maximum de difficulté résolue.

4

IDÉES REÇUES SUR LES TESTS

4.1
LE SCORE INDIQUE LE NIVEAU DU PATIENT FAUX

La note standard de 1 à 19 indique le niveau obtenu par le patient[75]. Or, comme nous venons de le montrer dans le chapitre précédent, les épreuves de raisonnement logique et de mémoire se présentent avec des questions classées par ordre de difficulté croissante. Dès lors, il y a deux analyses possibles dès que le déroulement de l'épreuve est hétérogène[76]. Cela constitue la différence entre une analyse quantitative (nombre de points obtenus) et une analyse qualitative (niveau maximum de difficulté résolue) :

- **La note standard** est le résultat d'une **analyse quantitative** de l'épreuve. Elle est constituée de la somme des points obtenus (« note brute ») à un subtest, convertie en fonction de la tranche d'âge du patient. C'est le score indiqué par le manuel et les outils informatiques de cotation.
- **Le niveau maximum de difficulté résolue** est donné à l'issue d'une **analyse qualitative** du subtest quand il y a une alternance d'items échoués et d'items réussis[77] dans un même subtest. La note obtenue par cette méthode permet de compléter l'analyse liée à la note standard protocolaire.

---

75. Cela est également valable pour l'Indice et le QI puisqu'ils sont calculés à partir des notes standards obtenues aux subtests.

76. Le déroulement d'une épreuve est homogène quand le patient réussit de façon régulière, puis échoue continuellement au-delà d'un niveau de difficulté trop complexe pour lui. Le déroulement est hétérogène lorsque le patient échoue à des questions de logique ou de mémoire d'un certain niveau de difficulté, mais qu'il parvient néanmoins à résoudre ensuite des questions d'un niveau plus complexe.

77. La recherche des causes possibles de cette alternance constitue un aspect très important de l'analyse neuropsychologique clinique en permettant de suggérer la nature des troubles cognitifs qui font échouer à un niveau x alors que le patient réussit ensuite à répondre correctement à des questions d'un niveau supérieur. Cela conduit à faire des bilans complémentaires et préciser les rééducations adéquates qui en découlent.

4.2 LA MÉMOIRE DE TRAVAIL

L'empan mnésique est le nombre d'éléments qu'un patient peut restituer, donc avoir mémorisé. En mémoire auditivo-verbale, on donne des chiffres à mémoriser, ou des chiffres et des lettres. Quand un enfant mémorise trois chiffres, par exemple 2–7–1, et qu'il peut les restituer immédiatement, cela ne veut pas dire qu'il peut gérer trois consignes en même temps. Cela veut juste dire qu'il peut mémoriser et restituer 3 éléments (ici, trois phonèmes : en effet, trois chiffres sont trois sons). Les distractions internes (associations d'idées parasites) et externes (éléments présents dans l'environnement) sont dans ce cas potentiellement très réduites. L'enfant peut néanmoins avoir une attention fluctuante qui amènerait une rupture attentionnelle de quelques secondes, qui l'empêcherait de mémoriser ces trois chiffres mais de réussir à 4 chiffres quelques secondes après...

Ainsi, réussir à restituer trois chiffres n'implique qu'on puisse gérer trois consignes en même temps car une consigne est beaucoup plus complexe qu'un phonème. En effet, un enfant peut restituer 4 chiffres et être incapable gérer deux consignes en même temps... Prenons comme exemple ces deux consignes extrêmement basiques d'un exercice de français :

1. Soulignez en bleu le groupe sujet.

2. Soulignez en vert le groupe verbal.

À première vue, un enfant qui peut mémoriser des séries de 3 chiffres au test de QI devrait pouvoir gérer ces deux consignes. Or, quand il restitue une série de 3 chiffres, l'enfant ne fait que se souvenir de trois sons. On aurait aussi bien pu lui demander de répéter « ma – bout – chat ». Par contre, mémoriser ces deux consignes d'un exercice de français et, surtout, les exécuter correctement, nécessite de faire appel à d'autres fonctions cognitives qui ne sont pas évaluées aux épreuves de mémoire ; ci-après, leur liste non exhaustive :

- identifier la nature grammaticale des mots, donc les comparer entre eux ;
- maintenir en mémoire de travail la double consigne pendant qu'il fait la lecture du texte, puis l'identification de la nature grammaticale des mots ;
- résister aux « pièges » qui peuvent se présenter à lui avec d'éventuelles confusions grammaticales ;

- se concentrer dans la classe malgré du bruit autour de lui et des mouvements dans son champ visuel, alors qu'on n'a pas à résister à de tels distracteurs pour pouvoir restituer 3 chiffres dans le bureau d'un praticien lors d'un test de QI.

On le voit clairement : pouvoir restituer 3 phonèmes dans un test est très différent de pouvoir gérer en classe deux consignes en français ou en mathématiques.

Et c'est la même chose à la maison : demander à un enfant d'aller dans sa chambre pour rapporter une paire de ciseaux, ses vêtements sales et le verre qui traîne sur son bureau nécessite qu'il mémorise et planifie les tâches demandées. L'enfant va devoir se déplacer pour aller dans sa chambre et là, il va voir beaucoup d'autres choses qui peuvent attirer son attention : autant de distractions externes auxquelles il lui faudra résister. Et ces éléments peuvent le faire penser à autre chose : distractions internes. Au final, s'il présente un trouble attentionnel, il risque d'oublier la moitié de la consigne initiale, ou de se mettre à jouer ou à lire plutôt que de faire ce qu'on lui a demandé, ...

On voit ainsi que la mémoire évaluée dans un test de QI n'est pas nécessairement représentative de son application dans une tâche scolaire ou dans la vie quotidienne. Dans un test, la mémoire est évaluée hors contexte, isolée des autres tâches cognitives à exécuter en situation scolaire et domestique, ce qui ne constitue pas une évaluation « écologique »[78].

78. Une évaluation dans les conditions de vie « naturelles » de la personne : la salle de classe, le bureau de travail, la maison, etc.

4.3 VOCABULAIRE

Cette épreuve n'évalue pas le stock lexical du patient. En effet, en orthophonie, une épreuve de connaissance lexicale comprend environ quatre fois plus de mots que l'épreuve du test de QI à l'âge de 6 ans.

Dans une épreuve de QI, on évalue la capacité du patient à définir un concept par des éléments pertinents. On ne mesure pas non plus la qualité de l'expression verbale. Un patient peut avoir d'importantes difficultés d'expression à cause d'un trouble du langage, et réussir à donner les éléments de définition des concepts. Qualité d'expression et précisions de définition sont deux choses différentes. On peut donc avoir un trouble du langage et un score bas à *Vocabulaire*, mais aussi un score dans la norme ou supérieur à 12/19 à cette épreuve.

4.4
PAS DE TROUBLE DU LANGAGE SI L'ICV EST SUPÉRIEURE OU ÉGAL À LA NORME

FAUX

De même que l'épreuve *Vocabulaire* n'évalue pas le stock lexical du patient, l'Indice de Compréhension verbale (ICV) n'est pas conçu pour évaluer un éventuel trouble du langage. Bien entendu, si cet Indice est inférieur à 90, il faut s'interroger sur cette mesure et l'explorer lors de la remise du bilan avec la famille, puis orienter le sujet vers un bilan orthophonique si cela semble pertinent.

À noter qu'un trouble du langage pragmatique touchant l'implicite, le second degré et la métaphore peut être présent sans produire un Indice bas. Compte tenu de l'évolution des consignes et des attentes scolaires de l'école maternelle au lycée, ce trouble particulier et parfois discret met certains collégiens et lycéens en difficulté de compréhension alors qu'ils peuvent réussir correctement les subtests du WISC ou du WAIS. Il est même possible qu'ils ne paraissent pas présenter de difficultés de compréhension durant leur scolarité jusqu'au niveau de fin de lycée. L'année de la classe de 1ère est en effet souvent une étape qui vient révéler un tel trouble resté jusque-là très discret.

De plus, les subtests de l'Indice de Compréhension verbale (ICV) mesurent du raisonnement logique, et non la qualité de l'expression verbale. Un trouble du langage peut donc être présent avec un ICV supérieur à 90, ou même supérieur à 110.

4.5
IRP BAS = DYSPRAXIE FAUX

Un faible niveau de réussite aux épreuves de construction de *Cubes*, de *Puzzles visuels* ou d'*Identification de concepts* pour le WPPSI-IV et le WISC-IV, n'est pas toujours associé à un trouble des coordinations motrices de type dyspraxie. Il permet en revanche de suspecter un trouble de la perception visuospatiale, donc probablement un trouble neurovisuel et/ou oculomoteur qu'il faudra ensuite explorer au moyen d'un bilan orthoptique fonctionnel. Un trouble neurovisuel et/ou oculomoteur peut être impliqué dans un trouble dyspraxique, mais avec un Indice de Raisonnement perceptif dans la norme.

En revanche, on peut observer le maniement des *Cubes* (WPPSI-IV, WISC-IV ou -V, WAIS-IV), mais aussi le maniement du stylo (WISC-IV et -V, WAIS-IV), du tampon encreur, des cartes et pièces de *Puzzles* (WPPSI-IV) pour établir une suspicion de dyspraxie. On doit aussi interroger le patient sur ses facilités ou ses difficultés motrices dans la vie quotidienne.

4.6 IMT DANS LA NORME : PAS DE TDA/H POSSIBLE

FAUX

Des scores d'Indice de mémoire de travail dans la norme de la tranche d'âge, voire supérieurs à celle-ci peuvent être observés malgré un trouble du Déficit de l'attention avec/sans hyperactivité (TDA/H). En effet, il existe de nombreuses formes différentes du TDA/H, et certaines ne se traduisent pas par des scores déficitaires aux épreuves de mémoire, surtout quand un haut potentiel intellectuel vient masquer les difficultés attentionnelles.

Par exemple, une personne peut obtenir un score d'IMT à 12/19, soit dans le haut de la norme de sa tranche d'âge, tout en ayant échoué durant l'épreuve à une série sur deux à 6 chiffres, mais aussi à 5 et à 4 chiffres. Dans ce cas, elle obtient un score dans le haut de la norme laissant penser qu'elle n'a pas de symptôme de trouble attentionnel, pourtant elle présente une attention fluctuante qui l'a fait échouer une série sur deux à 4, 5 et 6 chiffres, ce qui fait fortement soupçonner un TDA/H. Cette attention fluctuante n'est pas visible dans la note standard de l'Indice, mais elle est flagrante dans l'analyse du déroulement de l'épreuve qui, elle, va évaluer le réel niveau maximum de difficulté atteint.

Autre cas de figure : une personne peut obtenir un score à 10/19 ou davantage à l'Indice de Mémoire de travail (IMT) qui comprend trois épreuves de mémoire différentes, ce qui peut laisser supposer qu'elle n'a pas de problèmes de mémoire, donc pas de TDA/H. Or, on voit des personnes qui obtiennent effectivement 10/19 à l'IMT, mais avec un score de 8/19 à l'épreuve de *Mémoire des chiffres en ordre direct*, et un score à 11 ou 12/19 à *Mémoire des chiffres en ordre inverse*, qui demande de restituer les chiffres à l'envers. Il est évident que la seconde tâche est cognitivement plus difficile que la première. Or, pourtant, le score obtenu est plus élevé.

Dans ce dernier exemple, la personne est en difficulté là où cela semble facile alors qu'elle réussit mieux là où c'est pourtant a priori plus difficile. Cette configuration des scores[79] indique une dysrégulation attentionnelle : face à une tâche simple, la personne mobilise moins d'attention que face à

79. Score plus faible en mémoire des chiffres « en ordre direct » comparé à en « ordre inverse ».

une tâche plus complexe. Et c'est une situation typique dans laquelle il faut d'abord suspecter un trouble cognitif (ici, un TDA/H avec dysrégulation attentionnelle) plutôt que donner une interprétation psychologisante du type « Ça l'intéresse davantage quand c'est plus difficile ».

4.7
LE STRESS FAIT ÉCHOUER

FAUX

Il arrive qu'une personne testée obtienne un bon niveau, voire un très bon niveau de réussite dans la plupart des subtests tandis qu'une ou deux épreuves soient plus basses. Quand ce sont les épreuves de vitesse de traitement, on suppose assez facilement que c'est à cause de problèmes oculomoteurs et d'attention visuelle.

Mais quand ce sont des subtests de mémoire ou de raisonnement verbal, la cause incriminée est souvent le stress : « *Il/elle a « stressé » à Similitudes et Vocabulaire, c'est pour cela que les notes standards sont 4-5 points inférieures au reste du test.* »

On peut naïvement se demander pourquoi la personne développerait du stress spécifiquement sur la deuxième épreuve (*Similitudes*) et la sixième épreuve (*Vocabulaire*) et pas sur la première, qui est *Cubes*, ou la troisième... Ou pourquoi serait-ce à la quatrième épreuve du WISC-V (*Mémoire des chiffres*) ou à la septième épreuve (*Séquence lettres-chiffres*) du WISC-IV que le stress apparaîtrait ?

Car, a priori, l'effet de découverte du test génère probablement plus de stress au début du test qu'à la seconde épreuve ou à la sixième (*Vocabulaire*) car la personne est alors un peu habituée à l'exercice de la passation du test de QI. L'erreur serait de proposer une cause psychobiologique (le stress) pour expliquer un moins bon résultat cognitif. Il y a là un glissement de paradigme du cognitif vers du psychologique qui nous égare probablement.

Cela amène la question de la cause et de la conséquence. L'hypothèse serait que le stress entraîne l'échec. Mais pourquoi cela arriverait-il au cours du test et souvent sur le même type d'épreuves, plutôt qu'en début de test ou de façon plus aléatoire ?

Pour illustrer la question de la cause et de la conséquence, et de l'égarement possible entre les deux, prenons une histoire « drôle » : des extraterrestres arrivent sur la planète Terre. Ils placent leur soucoupe volante en station au-dessus d'une gare. Ce qu'ils observent, ce sont des gens qui arrivent peu à peu plus nombreux, et quand leur attroupement sur le quai est assez important, alors un train arrive. La conclusion évidente que les Extraterrestres peuvent tirer de ce constat est que c'est le nombre de personnes sur le quai qui fait arriver le train. L'un précède l'autre, le lien de cause à effet est évident ! Mieux encore : l'observation est reproductible plus tard dans la même gare, et même dans une autre gare, etc. Or, nous savons bien qu'en fait c'est le contraire : c'est la perspective de l'arrivée du train qui fait que les gens arrivent sur le quai !

Si, dans un test de QI, on s'aperçoit que certaines **fonctions cognitives** (langage, mémoire) sont plus basses que les autres, alors il faut faire une hypothèse **cognitive**. Dans la partie consacrée aux analyses de tests, nous verrons qu'un trouble du langage n'est pas incompatible avec une réussite aux épreuves de l'Indice de Compréhension verbale (ICV) car cet Indice ne sert pas à diagnostiquer un trouble du langage, mais une capacité de raisonnement verbal. Et on peut raisonner à un haut niveau de logique et mal s'exprimer !

Seconde réflexion : quand, en vacances ou au travail, on est amené à s'exprimer dans une langue étrangère qu'on maîtrise mal, on peut avoir des difficultés d'expression verbale, mal construire ses phrases, chercher ses mots, hésiter, faire des périphrases, etc. Mais cela n'entache pas notre compétence de raisonnement. On a seulement des difficultés d'expression verbale, peut-être un peu comme un enfant qui a un trouble du langage. Et si une conversation dans cette langue étrangère que l'on maîtrise mal doit se dérouler pendant une partie de jeu d'échecs, ou alors qu'on fait une démonstration quelconque devant des collègues, alors on peut être très bon au jeu d'échec ou dans la démonstration, et s'exprimer avec difficulté en faisant des fautes, avec des hésitations.

Pourquoi dès lors ces mêmes difficultés devraient-elles être imputées au stress quand on passe un test de QI, alors qu'en vacances ou au travail elles découleraient tout simplement d'un manque de maîtrise de la langue étrangère ?

Un patient à qui son haut potentiel intellectuel permet de masquer un léger trouble du langage par son niveau de raisonnement peut obtenir un ICV dans la norme, voire au-dessus d'elle, mais inférieur dans des épreuves de raisonnement fluide et/ou visuospatial. L'analyse devient plus compliquée quand le sujet présente également un trouble neurovisuel et/ou oculomoteur car cela perturbe ces dernières épreuves.

Quand cet ICV est plus bas que les autres épreuves de raisonnement non verbal, on doit faire l'hypothèse d'un trouble du langage.

Même conclusion pour des subtests de mémoire plus bas que le reste : il ne faut pas aller chercher une explication liée au stress mais plutôt s'interroger sur l'éventualité d'un trouble attentionnel. Il existe des questionnaires de prédiagnostic[80] qui peuvent facilement et gratuitement explorer cette piste.

Donc, en présence d'une difficulté cognitive, explorons une cause cognitive, et méfions-nous des hypothèses psychologiques faciles qui ne sont ni mesurables, ni cohérentes, qui empêchent toute autre exploration de la difficulté observée et, surtout, qui ne proposent aucune solution.

Enfin, le patient ignore quel niveau de difficulté il a atteint à la fin du subtest. Ce n'est donc pas a priori un facteur de stress. On observe même que certains sujets sont en échec à un niveau faible alors qu'ils pensent avoir bien réussi tandis que d'autres pensent avoir échoué alors qu'ils sont nettement au-dessus de la norme de leur tranche d'âge.

CE QU'IL FAUT RETENIR

- La note standard est calculée à partir du nombre de bonnes réponses données mais pas à partir du niveau maximum de difficulté résolue. Ce niveau maximum de difficulté résolue peut être supérieur au score obtenu.
- Mémoriser 3 éléments à une épreuve de mémoire ne signifie pas qu'on peut gérer simultanément deux consignes différentes.
- Un Indice de compréhension verbale dans la norme ne permet pas d'exclure un trouble du langage.
- L'épreuve de Vocabulaire n'évalue pas le stock lexical du patient mais sa capacité à définir des concepts.
- Un Indice de Raisonnement perceptif (IRP), de Raisonnement fluide (IRF) ou un Indice visuospatial bas n'est pas systématiquement significatif d'un trouble dyspraxique.
- Un Indice de Mémoire de travail (IMT) dans la norme n'exclut pas un TDA/H.
- Un Indice de Compréhension verbale (ICV) ou de mémoire de travail (IMT) plus bas n'est pas nécessairement lié au stress, mais éventuellement à un trouble du langage ou un trouble de l'attention.

80. Critères de diagnostic du DSM-V développés dans le DIVA 2.0 sur l'enfance.

5

NOTIONS AVANCÉES SUR L'ANALYSE DES TESTS

5.1 DE LA SALLE DE CLASSE À LA SALLE DE TEST : UNE PASSATION DE TEST NON ÉCOLOGIQUE ?

Les tests de QI, tout comme les autres tests (attentionnel, orthophonique, etc.) ne sont jamais administrés dans des conditions « écologiques ». Cela signifie qu'ils ne respectent pas les conditions « naturelles » de réflexion, de mémorisation, de concentration, de lecture, de compréhension, d'écriture, etc. du sujet. En effet, les conditions de concentration dans le bureau de consultation d'un praticien sont très éloignées des conditions réelles de travail d'un enfant, d'un adolescent ou d'un adulte.

La réalité quotidienne des enfants et des adolescents les amène à devoir réfléchir, mémoriser, se concentrer, lire ou se livrer à tout autre activité cognitive dans une classe avec 25 ou 30 autres élèves qui bougent autour d'eux, parlent, font du bruit. Il y a aussi des affiches sur les murs de la classe et bien d'autres distracteurs possibles. Mobiliser sa mémoire de travail pour répéter des chiffres devant un praticien dans une pièce calme est très différent de faire appel à elle dans une salle de classe pour résoudre un problème dont l'énoncé a été dicté et que l'on doit écrire sans faute d'orthographe, tout en se souvenant des règles de grammaire et de mathématiques à utiliser, et sans être distrait par les bruits divers dans l'environnement.

Cela signifie que des scores dans la norme peuvent masquer des troubles qui se manifestent pourtant quand l'enfant est en classe, mais pas dans le bureau du praticien. Cela explique ces désaccords que l'on observe parfois en équipe éducative entre une orthophoniste qui dit que tel enfant ne présente pas de trouble du langage, alors que l'enseignante de primaire ou le professeur de français du collège constate clairement qu'en situation d'apprentissage en classe, cet enfant montre une réelle gêne, suffisamment lourde pour le mettre en difficulté, voire en échec. Seulement, précisément, c'est en classe que ces difficultés sont observables. Mais, il n'est évidemment pas concevable de faire passer un bilan orthophonique, un test de QI ou un bilan attentionnel dans une salle de classe pendant un cours…

Ainsi, l'orthophoniste et l'enseignant ont tous deux raison : au moment d'un bilan, seul avec l'orthophoniste, dans une pièce calme, sans devoir résoudre un problème de logique et sans distractions externes (bruits/ mouvements des autres élèves), cet enfant ne présente pas de difficultés (majeures). Mais en classe, la réalité peut être tout autre. Cela vaut pour les bilans orthophoniques, comme pour les bilans neuropsychologiques : test de QI, bilan attentionnel[81], etc.

Il faut donc parfois être très prudent et ne pas porter hâtivement un diagnostic qui exclurait la présence de troubles en s'appuyant sur le fait que les scores obtenus dans le bureau du praticien sont dans la norme, alors que l'enfant ou l'adolescent présente des difficultés d'apprentissage dans le cadre scolaire. D'ailleurs, le bon sens laisse penser que si cet enfant vient passer des bilans en se plaignant de difficultés d'apprentissage, c'est qu'il en a très probablement. Il appartient donc au praticien d'appliquer son expérience et ses connaissances à la recherche de ces difficultés et de leur cause.

CE QU'IL FAUT RETENIR

- Les tests ne sont pas « écologiques ».
- Il faut comparer les scores obtenus (analyse quantitative) avec le réel niveau maximum de difficulté résolue aux subtests (analyse qualitative) et avec les difficultés rapportées par le patient.
- mettre en perspective les scores obtenus (analyse quantitative) avec les difficultés observées en classe ou à la maison et durant les épreuves du test (analyse qualitative).
- Les conditions de passation du test de QI, artificiellement favorables, peuvent masquer des troubles éventuels.

81. Les scores obtenus sont fiables quand à la fois les résultats et le réel niveau maximum de difficulté résolue sont déficitaires puisque, dans des conditions artificiellement favorables, le sujet ne réussit pas au niveau attendu pour son âge. Mais lorsque les résultats obtenus sont dans le bas de la norme de sa tranche d'âge ou dans celle-ci, cela ne garantit pas l'absence de difficultés ou de troubles en classe. Il faut l'observation des enseignants et des parents qui voient l'enfant travailler à la maison etc. pour pouvoir faire une hypothèse diagnostique solide. Sinon, c'est prendre le risque d'un diagnostic borgne qui serait contredit par les faits, et qui ne serait donc pas de nature à aider l'enfant à réduire ses difficultés.

5.2 LES INDICES ET LE QI : QUELLE PERTINENCE ?

Le Quotient Intellectuel (QI) se calcule en faisant la somme de plusieurs épreuves, ce qui lisse les écarts entre les épreuves et diminue considérablement l'intérêt de l'analyse clinique du score. On peut comparer cela avec la moyenne de 10/20 d'un collégien qui aurait obtenu cette même note dans chacune de deux matières, avec celle d'une autre élève qui aurait eu 5 dans l'une et 15 dans l'autre ! On retrouve ce problème de lissage des écarts avec chaque Indice calculé à partir de deux ou trois notes standards au WISC-IV et au WAIS-IV, et de deux notes standards aux WPPSI-IV et WISC-V.

Le QI et les Indices donnent des scores qui constituent une analyse statistique situant le patient sur une courbe de normalité par rapport à la population générale. Cela ne nous apprend rien sur la nature des difficultés que le patient a pu rencontrer dans telle ou telle épreuve. Et si son score est déficitaire, cela peut être dû à un trouble/déficit cognitif qui parasite la réussite à cette épreuve[82]. Il peut également y avoir un trouble malgré des scores dans la norme. C'est donc davantage l'analyse de l'épreuve (« note standard », niveau maximum de difficulté résolue) qui sera pertinente, sauf dans le cas où le déroulement de l'épreuve aurait été homogène[83], bien évidemment.

De plus, quatre épreuves du WPPSI-IV et trois épreuves du WISC-V servant à calculer les Indices ne sont pas retenues pour le calcul du QI, ce qui réduit considérablement l'intérêt de ce dernier.

Quant aux Indices, ils ne peuvent être pertinents que si les scores obtenus sont homogènes entre eux, sans quoi ils lissent eux aussi les écarts entre les épreuves, et n'apportent pas d'informations détaillées sur les fonctions évaluées, voire aucune information.

---

82. Par exemple, un défaut d'inhibition avec impulsivité cognitive et distraction interne peut faire échouer un enfant à de très nombreux items de *Puzzles visuels* par perte de la consigne (« *utiliser 3 images pour refaire la figure* »), sans pour autant que son niveau maximum de résolution de problème soit altéré. Mais son score sera abaissé à cause des points perdus par perte répétée de la consigne. Cela fera l'objet d'une analyse détaillée dans les pages qui suivent.

83. Le niveau maximum de difficulté résolue correspond alors à la note standard obtenue.

Mais encore, le score obtenu à deux épreuves peut être homogène bien que l'on puisse observer une forte alternance d'items échoués et d'items réussis dans l'une des épreuves, et pas dans l'autre. En ce cas, l'analyse neuropsychologique est indispensable pour comprendre le fonctionnement cognitif du patient.

Par ailleurs, la sélection d'une épreuve sur deux aux Indices visuospatial (IVS), de Mémoire de travail (IMT) ou de Vitesse de traitement (IVT) du WISC-V pour le calcul du QI constitue un biais très important car un patient peut avoir des difficultés cognitives dans une épreuve qui ne serait pas prise en compte et qui n'impacterait donc pas le résultat de son QI. Inversement, si l'épreuve retenue lui pose des difficultés cognitives, cela impactera le résultat de son QI sans tenir compte de son bon niveau de fonctionnement dans l'autre épreuve.

Il existe une règle de substitution qui permet de changer un subtest retenu pour le calcul du QI par un autre subtest mieux réussi. Mais là encore, cela donne un score qui n'est pas réellement représentatif des difficultés mises au jour au cours du test.

Prenons par exemple la vitesse de traitement d'un adolescent âgé de 15 ans 2 mois présentant un haut potentiel intellectuel avec un trouble du déficit de l'attention sans hyperactivité. Il présente aussi un trouble neurovisuel et/ou oculomoteur expliquant certains écarts de score. Notons enfin que cet adolescent a deux ans d'avance dans sa scolarité.

Voici ses notes standards aux épreuves de vitesse de traitement :

SUBTESTS		Indice
Codes	10	126
Symboles	19	

TABLEAU 38

Il obtient un IVT (Indice de Vitesse de traitement) à 126, mais avec un score de 10/19 à *Codes*[84], et de 19/19 à *Symboles*[85]. S'il avait

84. Épreuve de copie de *Codes* selon un modèle, qui nécessite de faire des saccades oculaires verticales pour se référer au modèle en haut de la page.

85. Épreuve de discrimination de Symboles qui nécessite de faire des saccades oculaires horizontales.

eu 10/19 aux deux épreuves, il aurait eu un IVT à 100, et s'il avait eu 19/19 aux deux épreuves, il aurait eu 155.

Ici, le calcul du QI prend seulement en compte l'épreuve *Codes* où il obtient 10/19, ce qui fait que son QI est plus bas que s'il était calculé avec la note standard de *Symboles* où il a 19/19. Certes, on pourrait appliquer la règle de substitution, mais cela masquerait dans le QI la faiblesse du score de l'autre subtest. Et quelle valeur neuropsychologique aurait alors le QI si on ne cherche à retenir dans le calcul que les subtests aux scores les plus élevés ?

Prenons comme autre exemple le cas d'un enfant de 6 ans et 1 mois au moment de la passation du WISC-V. Il obtient un QI à 121. Les subtests qui n'ont pas été retenus pour le calcul du QI sont en grisé :

SUBTESTS		Indice	QI
Similitudes	09	98	121
Vocabulaire	10		
Cubes	14	108	
Puzzles visuels	09		
Matrices	17	123	
Balances	11		
Mémoire des chiffres	17	112	
Mémoire des images	07		
Codes	12	111	
Symboles	12		

TABLEAU 39

Si les subtests retenus pour le calcul de son QI avaient été inversés dans les Indices retenus (*Puzzles visuels* au lieu de *Cubes*, et *Mémoire des images* au lieu de *Mémoire des chiffres*), il aurait obtenu un QI à 104 :

SUBTESTS		Indice	QI
Similitudes	09	98	104
Vocabulaire	10		
Cubes	14	108	
Puzzles visuels	09		
Matrices	17	123	
Balances	11		
Mémoire des chiffres	17	112	
Mémoire des images	07		
Codes	12	111	
Symboles	12		

TABLEAU 40

Mais il aurait tout simplement pu avoir des difficultés cognitives inversées entre ces deux épreuves, ce qui aurait aussi donné les mêmes constats avec cette méthode de calcul du QI :

SUBTESTS avec difficultés inversées		Indice	QI
Similitudes	09	98	104
Vocabulaire	10		
Cubes	09	108	
Puzzles visuels	14		
Matrices	17	123	
Balances	11		
Mémoire des chiffres	07	112	
Mémoire des images	17		
Codes	12	111	
Symboles	12		

SUBTESTS		Indice	QI
Similitudes	09	98	121
Vocabulaire	10		
Cubes	14	108	
Puzzles visuels	09		
Matrices	17	123	
Balances	11		
Mémoire des chiffres	17	112	
Mémoire des images	07		
Codes	12	111	
Symboles	12		

TABLEAU 41

Ainsi, passer d'un QI de 121 situé dans la zone dite « élevée » à un QI à 104 situé dans la zone dite « moyenne » peut donner l'impression d'une forte chute, sauf que dans le cas présent, cela ne change absolument rien aux notes standards obtenues au test !

Lors de notre proposition d'analyse du niveau maximum de difficulté résolue (chapitre 3), nous avons évoqué un article du Professeur Jacques Grégoire. L'article complet indiquait que pour le WISC-V, il « *pourrait sembler logique de calculer le QIT sur la base des dix subtests servant au calcul des cinq Indices. Ce n'est pas le choix opéré par les concepteurs du WISC-V, qui ont observé que les cinq composantes du modèle CHC*[86] *mesurées par les différents Indices n'ont pas la même importance dans le fonctionnement intellectuel.*

L'intelligence cristallisée (Gc) et l'intelligence fluide (Gf) jouent en effet un rôle prépondérant dans l'efficacité du comportement intelligent, comme le montrent leur corrélation élevée avec les performances scolaires et professionnelles.

Il apparaît dès lors raisonnable de donner plus de poids à Gc et Gf dans le calcul du QIT en utilisant les deux paires de subtests qui permettent de les mesurer, alors que les trois autres facettes de l'intelligence ne contribuent à ce calcul que par un seul subtest.

Ce nouveau mode de calcul du QIT a d'importantes implications sur l'interprétation de ce score, qui doit être traité de manière plus indépendante des résultats aux cinq Indices que par le passé. Il s'agit à présent d'évaluer la validité du QIT sur la base des performances à sept subtests.

En particulier, l'homogénéité du QIT doit être appréciée en référence à la dispersion de ces sept subtests, et non plus de la dispersion des Indices. Il est, par conséquent, nécessaire de se dégager des anciennes pratiques et d'ajuster ses démarches de cotation et d'interprétation aux particularités du WISC-V. »

86. Le modèle de Cattell-Horn-Carroll (CHC) est une théorie des aptitudes cognitives qui décrit l'intelligence sous forme d'une structure hiérarchique dans laquelle des facteurs étroits prédisent des facteurs cognitifs plus larges, qui eux-mêmes prédisent un facteur général d'intelligence, élément commun à tous les tests d'intelligence. Ce modèle suggère qu'il existe un assez grand nombre de différences dans les capacités cognitives chez un même individu et que les relations entre ces différences peuvent être classées en trois strates : la strate I, qui comprend les capacités « étroites » ou spécifiques ; la strate II, qui correspond aux « capacités cognitives larges » ; et la strate III, consistant en une « capacité générale » (ou facteur g).

Nous savions déjà que la sélection des épreuves (subtests) entrant dans le calcul du QI écartait d'autres formes de l'intelligence du fait qu'il ne prend plus en compte :

- l'épreuve de mémoire visuelle, qui existe depuis le WISC-V et peut pourtant sembler importante dans les apprentissages scolaires ;
- une épreuve visuospatiale ;
- une épreuve de vitesse de traitement.

Cela indique également qu'un QI évalué au WISC-V n'est pas de même nature qu'un QI évalué au WISC-IV car il n'est pas constitué des mêmes éléments (7 subtests contre 10 précédemment). Les résultats à ces deux tests ne sont donc pas comparables... Et cela nous invite à nous interroger sur la validité d'un diagnostic de haut potentiel à partir d'un QI ≥ 130 au WISC-V, alors que les domaines d'évaluation et de mesure ne sont plus les mêmes qu'au WISC-IV.

CE QU'IL FAUT RETENIR

- La note standard indique un niveau de difficulté atteint qui peut être imprécis (l'analyse du niveau maximum de difficulté résolue apparaît alors nécessaire).
- Un Indice est la somme de 2 ou 3 résultats d'épreuves différentes.
- Un Indice constitue une sorte de « moyenne » non pertinente en cas d'hétérogénéité des résultats des subtests qui le constituent.
- Le QI n'est calculé qu'avec une partie des scores des subtests obligatoires au WPPSI-IV et au WISC-V, et n'est donc pas représentatif de tous les éléments évalués.
- Le QI constitue une sorte de « moyenne » non pertinente quand les subtests sont hétérogènes (dans leur déroulement ou entre eux).
- L'analyse neuropsychologique la plus pertinente semble être celle de chaque subtest plutôt que celle des indices ou du QI.

5.3 LE WISC-V : PLUS D'ANALYSE STATISTIQUES ET MOINS D'ANALYSE CLINIQUE

Outre l'éclatement en deux de l'*Indice de Raisonnement perceptif* (IRP), remplacé par un *Indice visuospatial* (IVS) et un *Indice de Raisonnement fluide* (IRF), le WISC-V propose cinq Indices complémentaires :

- L'Indice de Raisonnement quantitatif (IRQ), composé de *Balances* et d'*Arithmétique*.
- L'Indice de Mémoire de travail auditive (IMTa), composé de *Mémoire des chiffres* et de *Séquence lettres-chiffres*.
- L'Indice non-verbal (INV), composé de *Cubes*, *Puzzles visuels*, *Matrices*, *Balances*, *Mémoire des Images* et de *Codes*.
- L'Indice d'Aptitudes générales (IAG), composé de *Similitudes*, *Vocabulaire*, *Cubes*, *Matrices* et *Balances*.
- L'Indice de Compétences cognitives (ICC), composé de *Mémoire des chiffres*, *Mémoire des images*, *Codes* et de *Symboles*.

Les subtests développent eux aussi de nouvelles notes, comme à l'épreuve de construction de *Cubes*. Au WISC-IV, on avait une note pour la réalisation des figures prenant en compte la majoration du score liée à la vitesse de construction des derniers items, et une note qui ne tenait pas compte de cette vitesse de construction. Cela permettait d'établir un score de construction visuospatiale sans tenir compte d'une lenteur qui, dans la limite du temps imparti[87], pouvait être due à un trouble neurovisuel ou un trouble oculomoteur. Au WISC-V, on calcule en plus une note prenant en compte le nombre de cubes corrects dans une figure incorrecte.

Cela dit, un enfant présentant un trouble neurovisuel et/ou oculomoteur[88] ayant pour effet une lenteur de traitement pourra quand même

87. Un trouble neurovisuel oculomoteur peut ralentir la construction de la figure au-delà du délai imparti et donc amener un « échec ».

88. Peu connu des familles et des enseignants, ces troubles sont très fréquents dans la population clinique (les personnes qui viennent consulter pour des difficultés) et peuvent avoir de nombreuses conséquences sur les apprentissages, le graphisme, l'habileté ou la maladresse et le confort de vie des personnes (céphalées, migraines, etc.). Chez l'enfant en bas âge, ils peuvent par exemple retarder l'acquisition de la marche autonome. Chez l'adulte, ils peuvent impacter la qualité de la conduite automobile qui nécessite une bonne perception des distances, etc.

dépasser de quelques secondes le temps limité à cause de son trouble alors qu'il n'a pas de difficulté de raisonnement en logique visuospatiale. Il sera donc considéré comme en échec car il aura dépassé le délai imparti et il n'obtiendra pas de points pour la figure réalisée. Et si cela lui arrive deux fois de suite, par exemple aux deux derniers items à 4 cubes, l'épreuve sera terminée pour lui.

Pour que le WISC-V intègre ces troubles dans le calcul du score de cette épreuve, l'idéal pour valider le test aurait été de le faire passer à plusieurs garçons et filles de chacune des 33 tranches d'âge du WISC-V, ayant tous un trouble neurovisuel ou oculomoteur diagnostiqué par un orthoptiste après un bilan fonctionnel, mais pas encore rééduqué. Et on aurait alors pu établir des scores moyens et des temps moyens de construction pour cette population clinique spécifique. On comprend aisément combien un tel travail est impossible à réaliser pour tous les troubles connus ![89]

Cela signifie que pour un enfant ayant un trouble neurovisuel ou oculomoteur, au minimum les subtests obligatoires *Cubes*, *Puzzles visuels*, *Matrices*, *Balances*, *Codes* et *Symboles* sont potentiellement impactés par ce trouble. Les scores, et surtout le déroulement de l'épreuve, peuvent donc nous faire suspecter cet éventuel trouble.

Il semble évident de supposer que le score que l'enfant risque alors d'obtenir sera inférieur à ses réelles capacités de raisonnement par rapport au score qu'il aurait obtenu au terme d'une passation du WISC qui aurait eu lieu après une rééducation orthoptique fonctionnelle.

CE QU'IL FAUT RETENIR

- Le WISC V contient davantage d'Indices et de notes standards que le WISC IV.
- Un trouble peut impacter le déroulement d'une épreuve et donc son score.
- Il faut faire la distinction entre un faible niveau de développement cognitif en raisonnement logique, en mémoire ou en vitesse de traitement, et un trouble qui limite sa réussite.
- À l'issue d'une rééducation adéquate d'un trouble donné, les scores aux subtests mobilisant la fonction rééduquée sont potentiellement améliorés.

89. Une table de référence est proposée au WISC-V pour la population clinique (HPI, TDA/H, trouble du langage, ...) mais pour le subtest entier et non pour les items, cela sans distinction d'âge, et de plus à partir de données américaines.

5.4
LE TEST DE QI : DAVANTAGE FAIT POUR CEUX QUI N'ONT PAS DE DIFFICULTÉS

À côté du développement de notes standards et d'Indices, le protocole du WISC a réduit le nombre d'échecs autorisés avant l'arrêt de l'épreuve :

SUBTEST	WISC-IV	WISC-V
Cubes	3 échecs consécutifs	2 échecs consécutifs
Similitudes	5 échecs consécutifs	3 échecs consécutifs
Matrices	4 échecs consécutifs	3 échecs consécutifs
Vocabulaire	5 échecs consécutifs	3 échecs consécutifs
Information	5 échecs consécutifs	3 échecs consécutifs
Compréhension	4 échecs consécutifs	3 échecs consécutifs
Arithmétique	4 échecs consécutifs	3 échecs consécutifs

TABLEAU 42

Du fait de la réduction du nombre d'erreurs consécutives autorisées, l'incidence de cette modification se traduit par un WISC-V évaluant beaucoup moins bien les patients présentant des difficultés cognitives. En effet, l'épreuve s'arrête plus tôt dans l'évaluation alors que le patient pourrait peut-être résoudre d'autres items après ces deux ou trois échecs consécutifs. C'est ce que nous avons développé plus haut dans notre chapitre consacré au niveau maximum de difficulté résolue. Au WISC-V, l'évaluation est donc moins précise sur l'aspect du fonctionnement neuropsychologique.

Cette question se retrouve aussi au niveau de la consigne elle-même. Par exemple, au WPPSI-IV, l'épreuve *Symboles* consistait à tamponner tel dessin figurant dans la ligne où il est proposé en modèle dans la marge à gauche. Or, un enfant ayant un trouble neurovisuel risque de sauter une ligne. Cette erreur doit être un signe clinique important à noter pour orienter ensuite le patient vers un orthoptiste en vue d'un bilan fonctionnel. Surtout si l'erreur se reproduit plusieurs fois.

Or, les consignes de passation spécifient que si l'enfant saute une ligne, alors il faut pointer la ligne et lui dire « *Fais attention de ne pas en sauter ! Fais celui-là maintenant* ». On réduit hélas ainsi la possibilité d'observer « naturellement » les difficultés d'attention et oculomotrices de l'enfant puisque :

1. On le corrige afin qu'il puisse mieux réussir.
2. On l'amène à concentrer davantage son attention sur cette consigne, masquant ainsi l'attention qu'il serait susceptible d'y porter naturellement.

On masque le trouble !

CE QU'IL FAUT RETENIR

- En passant du WISC-IV au WISC-V, le nombre d'échecs consécutifs spécifié par le protocole avant l'arrêt de l'épreuve a diminué dans plusieurs subtests.
- Cette diminution du nombre d'échecs consécutifs avant l'arrêt de l'épreuve réduit la qualité de l'évaluation neuropsychologique.

5.5 LE WISC-V ET SA REPRÉSENTATIVITÉ CLINIQUE

Le nombre de personnes d'une même tranche d'âge testées pour établir des statistiques sur un trouble est généralement de quelques dizaines de personnes, rarement une centaine ou plusieurs centaines. Or, pour calculer un pourcentage correct, il est préférable de travailler sur un échantillon d'au moins une centaine de sujets.

Certaines études publiées portent sur un échantillon de patients composé de moins de dix enfants d'une même tranche d'âge, ce qui ne peut évidemment pas être représentatif d'une population générale ou clinique. En médecine, on voit même des expériences thérapeutiques avec seulement quelques patients.

L'intérêt de montrer qu'un trait précis peut s'observer chez des patients est une étape importante de la recherche. Mais ce n'est pas parce que l'on a trouvé la présence de tel trait chez cinq enfants de 8 ans ayant une dyslexie (ou un TDA/H, un HPI ou tout autre trouble), que cela pourra s'appliquer à tous les dyslexiques, etc. D'autant que le cerveau de ces enfants étant en plein développement il faudrait prévoir une étude longitudinale pour observer ce qu'il en sera de ce trait 3 ou 6 ans plus tard, etc.

Le WISC-V distingue 11 années de développement entre 6 ans et 16 ans 11 mois, avec trois tranches d'âge par année, soit un total de 33 tranches d'âges. Or, pour étalonner et valider statistiquement les scores du test, on s'est basé sur un échantillon de 1100 enfants. Soit à peine 34 enfants par tranche d'âge, donc 17 garçons et 17 filles si on a pris soin de respecter la parité. De plus, on ignore combien parmi les enfants recrutés pour l'échantillon étaient dyspraxiques ou dyslexiques ou TDA/H, etc., ou porteurs d'un trouble neurovisuel et/ou oculomoteur non diagnostiqué dont on sait pourtant qu'ils sont susceptibles d'impacter potentiellement le niveau de réussite des épreuves. On ne sait pas non plus comment les 1100 enfants de l'échantillon ont été sélectionnés : au hasard, dans des établissements scolaires ? Ou sont-ils entrés dans le programme car ils venaient passer un test de QI chez un praticien pour tenter de comprendre l'origine de leurs difficultés cognitives ?

Compte tenu de toute cette complexité, laissons de côté les enfants avec un trouble nécessitant des bilans complémentaires en orthophonie, orthoptie, neuropsychologie, etc., et prenons le cas des enfants ayant un haut potentiel intellectuel.

Notre référence sera celle du QI ≥ 130, avec pour base arrondie à 2 % selon la courbe de Gauss livrée par l'éditeur des tests pour le nombre de personnes présentant un haut potentiel intellectuel dans la population générale de chaque tranche d'âge. En testant 100 enfants de CP pris de façon équilibrée dans la population générale, nous pourrions a priori en repérer deux.

Sur les trois tranches d'âge au WISC nécessaires pour couvrir la période d'un an de CP avec le décalage des dates de naissance[90] sur l'année, il faudrait tester 100 enfants par tranche d'âge, donc 300 enfants de 6 ans en CP pour trouver potentiellement 2 enfants HPI par tranche d'âge. Cela permettrait donc de repérer 6 enfants à HPI en CP sur un échantillon total de 300 élèves testés. Et sommes-nous certains de trouver un garçon et une fille à HPI par tranche d'âge, ou même de repérer réellement deux enfants à HPI par tranche d'âge ?

Est-ce qu'un échantillon de 6 enfants suffit pour établir des généralités sur un fonctionnement cognitif qui serait évalué à partir de 10 subtests différents ? Nous n'en sommes pas certains...

En élargissant l'étude à 1000 enfants de CP sur les trois tranches d'âge de calcul comprises entre 6 et 7 ans, nous pourrions espérer repérer environ 20 enfants à HPI, peut-être 10 garçons et 10 filles, ce qui ferait 3,33 garçons et filles par tranche d'âge. Là encore, peut-on faire des généralités à partir d'un si faible échantillon ?

Il faudrait alors tester 5 000 enfants de CP âgés de 6 ans à 6 ans 11 mois 30 jours pour espérer rencontrer 100 enfants à HPI (2 % d'une population générale de 5000 enfants « tout venant ») et pouvoir commencer à établir des statistiques, des pourcentages autorisant la généralisation.

Rappelons encore une fois que le WISC-V a été étalonné sur un échantillon de 1100 enfants « tout venant » âgés de 6 à 16 ans 11 mois. Soit, pour couvrir les trois tranches d'âge du CP et les deux sexes, une moyenne de 102 enfants de 6 ans, dont a priori 2 enfants à HPI.

90. Enfants nés à partir de janvier, de mai et de septembre.

De son côté, l'INSEE indique qu'il y a eu 822 000 naissances en 2012. Sur toutes ces naissances, la courbe de Gauss du WISC nous indique qu'il y *a priori* 2% d'enfants HPI, soit 16 440 enfants. Peut-on estimer que 100 enfants à HPI testés sont représentatifs des 16 440 nés en 2012 ?, et cela d'autant qu'il n'y a pas de bilans complémentaires dans le recrutement de ces enfants pour repérer la sous-catégorie de ceux qui sont à HPI avec un TDA/H, et/ou un trouble DYS, etc., ce qui impacte pourtant très fortement les scores d'un test de QI.

L'idéal serait donc de construire une étude longitudinale, et de tester ces mêmes 100 enfants à HPI identifiés parmi 5 000 enfants testés par exemple en 6ème puis en classe de Seconde pour observer leurs évolutions cognitives. Mais la durée d'usage des tests étant d'environ 10 ans, l'étude se terminerait au moment où le test devrait être remplacé par une nouvelle version !

Cette question se pose évidemment de façon identique pour les TDA/H, les dyslexiques, etc. et pour les associations « trouble dys + TDA/H », « HPI + dyslexie », etc.

L'étalonnage qui nous est proposé est une grille de référence statistique qui a bien évidemment toute son utilité : WPPSI-IV, WISC-V et WAIS-IV permettent de déceler de nombreux troubles cognitifs et d'aider chaque année des milliers d'enfants, d'adolescents et d'adultes à mieux réussir dans leurs études, leurs examens, leur travail, à se sentir mieux, et vivre mieux.

Mais comme tous tests, ils ont aussi leurs limites, notamment en matière de généralisation. Il faut donc privilégier l'analyse individuelle, avec une analyse fine du déroulement des épreuves pour observer le fonctionnement cognitif en action, plutôt que se fonder sur un score d'épreuve qui ne rend pas toujours compte de son déroulement (Cf. chapitre 3).

Enfin, le fait de « connaître son QI » est un peu comme savoir si on attend un garçon ou une fille après une échographie. C'est parfois bien de le savoir, mais ce n'est pas le but de cet examen.

CE QU'IL FAUT RETENIR

- 1 100 enfants et adolescents ont été testés pour étalonner et valider le WISC-V.
- L'échantillon comportait en moyenne 17 garçons et filles testés par tranche d'âge.
- L'échantillon comportait en moyenne 0,34 enfant HPI par tranche d'âge testée.
- Cette représentativité générale est donc très faible.
- Néanmoins, les tests de QI permettent de bâtir des hypothèses cliniques indispensables pour aider des patients.

6

DEUX CAS PARTICULIERS

6.1
LA TRIADE PSYCHOLOGIQUE : CONFIANCE EN SOI, ESTIME DE SOI ET ANTICIPATION ANXIEUSE

Les troubles cognitifs peuvent être à l'origine d'une triade psychologique : manque de confiance en soi, faible estime de soi, et anticipation anxieuse.

L'enfant qui oublie régulièrement ses affaires de classe ou qui recopie un signe « - » au lieu d'un signe « + » peut développer d'abord un manque de confiance en soi puisqu'il commet des erreurs d'étourderie qui lui font constater qu'il ne peut pas compter sur lui-même pour des choses simples. Il peut même s'entendre dire « *On ne peut pas/jamais compter sur toi* » pour des choses aussi simples qu'apporter son carnet de liaison au collège, etc.

Cette situation peut également faire naître un sentiment de dévalorisation. Il peut se dire que pour recopier un signe « - » à la place d'un signe « + », il faut vraiment « être nul ». Là encore, il peut s'entendre dire quelque chose du genre « *Mais t'es bête, ou quoi... ?* ».

Enfin, si cela se reproduit suffisamment souvent, il peut finir par avoir peur d'oublier, se dire à l'avance qu'il ne va pas être capable de faire tel problème, de gérer telle tâche, ou de comprendre la consigne écrite lors du prochain devoir dont il connaît pourtant le cours. C'est ainsi que va se manifester l'anticipation anxieuse.

Chez l'adulte, nous rencontrons des situations comme celle de cette personne qui met à chauffer une casserole d'eau pour se faire une tisane et qui va faire autre chose en attendant, et qui oublie l'eau qui bout ! Elle retrouve sa casserole presque vide, voire elle ne pense à sa casserole que lorsqu'elle sent le brûlé... Il est probable qu'en partant de chez elle, elle ira désormais vérifier plutôt deux fois qu'une, voire trois fois, si elle a bien éteint le gaz... À la question « *Avez-vous des rites de vérification ?* », elle sera tentée de dire « oui ». Or, il faut faire la différence avec le fait d'aller vérifier plusieurs fois que le gaz est bien éteint avant de partir de chez soi parce qu'on ne sait plus si on l'a fait, ou parce qu'on a appris qu'on peut oublier de l'éteindre, ce qui nous rend anxieux (probable déficit attentionnel).

Voici un autre exemple : celui d'un adulte, cadre à la tête de dizaines de salariés dans une grande entreprise. Il se plaint de ne pas écouter les autres lors des discussions, et de leur couper sans cesse la parole, ce qui agace son entourage et donne de lui une mauvaise image au travail et dans sa vie personnelle. Le programme Cogmed[91] lui a permis de développer ses capacités attentionnelles et de mémoire. Depuis, il ne perd plus le fil de ses idées et peut focaliser son attention sur le discours d'autrui. Et comme il n'a plus peur de perdre le fil de ses idées, il a donc naturellement cessé d'interrompre les autres. Son impulsivité a baissé et la qualité de son management s'en est trouvée améliorée, tout comme ses relations sociales en général.

Ces exemples montrent que les causes des difficultés rencontrées ne sont pas forcément psychologiques, liées à l'éducation parentale ou au complexe d'Œdipe comme cela est parfois avancé par certains praticiens. Des mécanismes cognitifs peuvent eux aussi induire une faible estime de soi, un manque de confiance en soi et une anxiété d'anticipation. Des causes cognitives sont souvent à la source de ces difficultés.

Augmenter les capacités attentionnelles pour commettre moins d'oublis et avoir une meilleure organisation, donnera une expérience positive répétée à la personne qui reprendra confiance en elle, développera une meilleure estime d'elle-même et sera moins anxieuse.

---

91. Cogmed est un programme de remédiation cognitive destiné aux enfants à partir de l'âge de 4 ans, adolescents, adultes et seniors, avec un entraînement intensif et spécifique de la mémoire de travail, de l'attention auditive et de l'attention visuelle.
https://www.cogmed.com/francais et https://www.college-de-france.fr/media/stanislas-dehaene/UPL2812985053430393578_Cours_2_Fondements_cognitifs_des_apprentissages_scolaires_v6.pdf

6.2 LE HAUT POTENTIEL INTELLECTUEL

6.2.1 Terminologie

La littérature « grand public » sur le sujet parle aussi bien d'enfant « précoce », « surdoué » ou de « haut potentiel intellectuel ». Si par exemple un enfant de 8 ans résout des problèmes logiques situés dans la norme de la tranche d'âge d'un enfant de 11-12 ans ou plus, il est alors évident qu'il est « en avance » sur sa tranche d'âge pour ce type de raisonnement du WISC-IV ou V. Seulement, quand il aura un peu grandi et que son développement cognitif aura atteint sa maturité, on ne pourra plus dire qu'il est « en avance ». En effet, à 35 ans il ne résoudra pas des problèmes logiques du WAIS habituellement résolus à 45 ou 50 ans. Donc, le terme de « précocité » ne semble pas approprié de façon générale. C'est inadéquat pour un enfant, mais plus encore pour l'adulte.

D'autres auteurs parlent de « surdoué », et certains citent des « particularités » qui permettraient de qualifier de « surdouée » la personne ayant un QI ≥ 130. Voici d'après la littérature sur le sujet une série de traits caractéristiques qu'auraient les « surdoués » :

- Ils ne décodent pas ou mal l'implicite, prennent les mots au pied de la lettre (pas de second degré), ne décodent pas ou mal la polysémie, etc.
- Ils parviennent pas à se concentrer s'ils ne font qu'une seule chose à la fois : ils doivent gigoter pour se concentrer, ils ont sans cesse des associations d'idées qui les éloignent du sujet de départ, etc.
- Ils sont en décalage émotionnel avec l'ensemble des personnes de leur entourage, à cause d'affects inadéquats ou d'intensité mal adaptée à la situation.
- Ils peuvent avoir des peurs (telles celles des loups ou des monstres sous leur lit).
- Ils sont souvent isolés, n'arrivent pas à trouver des sujets d'intérêt communs avec les autres.
- Ils sont impatients, rationnalisent ou suivent un protocole de fonctionnement, une règle de conduite et ils n'arrivent pas (ou difficilement) à l'adapter au contexte dans lequel ils se trouvent.
- Ils ont une hypersensorialité.
- Etc.

On peut faire plusieurs remarques à propos de cette liste (non exhaustive) de traits réputés caractéristiques des personnes HPI :

1. La plupart de ces particularités qui nous sont présentées comme caractéristiques du « surdoué » ne sont pas issues des tests de QI : pas de résolution de problèmes de logique verbale, spatiale ou de raisonnement fluide. Or, a priori, ce qui définit généralement le « surdoué » aujourd'hui dans l'opinion commune, c'est qu'il a un QI ≥ 130.
2. Cette particularité ne semble pas être un « don » mais plutôt quelque chose qui handicape la personne.
3. Nombre de ces descriptions cliniques ne sont absolument pas spécifiques des personnes ayant un haut potentiel intellectuel. Par exemple, les difficultés de décodage du second degré, de l'implicite, etc. peuvent aussi bien être retrouvées chez une personne ayant une déficience intellectuelle (QI < 70).
4. Beaucoup de ces éléments sont des symptômes de troubles cognitifs bien connus et largement décrits dans la littérature médicale et paramédicale : trouble du langage pragmatique, trouble du déficit de l'attention avec/sans hyperactivité, trouble de la perception sociale, trouble du spectre de l'autisme, etc. On les retrouve aussi bien chez des patients avec un QI ≥ 130, que chez ceux avec un QI entre 80 et 130.

Ainsi, toute la question qui se pose à nous est celle du **diagnostic différentiel**. Il nous semble essentiel de relever ces éléments cliniques pour voir dans quels troubles ils peuvent s'inscrire, pour pouvoir ensuite les prendre en charge de façon précise, et non à l'aveuglette. Le pire serait de penser que tel trait est « normal » parce que la personne est « surdoué(e) », et la laisser avec ses difficultés alors qu'il serait possible de les réduire dès lors qu'elles seraient diagnostiquées.

La clinique différentielle montre qu'un nombre non négligeable de personnes avec un QI ≥ 130 présentent des troubles associés qui ne sont pas diagnostiqués, ce qui leur pose des difficultés.

Enfin, cela éviterait à certaines personnes adultes de demander à passer un test de QI pensant qu'ils sont « surdoués » parce qu'ils ne se sentent pas comme les autres, qu'ils ont des difficultés dans leurs relations sociales, qu'ils ont du mal à se concentrer s'ils ne font pas deux choses en même temps, qu'ils comprennent trop souvent au premier degré, qu'ils ne supportent pas l'injustice, etc. et qui repartent déçus après avoir obtenu un résultat de QI inférieur à 120, voire à 110, mais avec une suspicion d'un trouble de Déficit de l'attention, et/ou d'un trouble du Spectre de l'autisme de type syndrome d'Asperger.

6.2.2 Le Haut Potentiel Intellectuel : QI ≥ 130?

Nous avons vu précédemment qu'au WPPSI-IV[92], le QI est calculé à partir de 6 subtests obligatoires sur les 10, et au WISC-V[93] à partir de 7 subtests sur les 10 obligatoires. Il n'y a qu'au WISC-IV (obsolète depuis 2016) et au WAIS-IV que le QI est calculé à partir des 10 subtests obligatoires. Même si le choix des subtests retenus pour le calcul du QI a été fait selon des critères scientifiques, il n'en reste pas moins que cela introduit un premier biais puisque le QI est différent selon le score obtenu à l'un ou l'autre des deux subtests d'un même Indice, alors que les Indices restent les mêmes :

SUBTESTS		Indice	QI
Similitudes	13	121	131
Vocabulaire	15		
Cubes	15	119	
Puzzles visuels	12		
Matrices	16	131	
Balances	15		
Mémoire des chiffres	13	115	
Mémoire des images	11		
Codes	14	123	
Symboles	13		

SUBTESTS avec note standard inversée à l'IVS, IMT, et IVT		Indice	QI
Similitudes	15	121	126
Vocabulaire	13		
Cubes	12	119	
Puzzles visuels	15		
Matrices	15	131	
Balances	16		
Mémoire des chiffres	11	115	
Mémoire des images	13		
Codes	13	123	
Symboles	14		

TABLEAU 43

Le second biais est que la note brute découlant du nombre de points obtenus dans l'épreuve ne garantit pas systématiquement le niveau maximum

92. De l'âge de 2 ans 6 mois à 7 ans 7 mois.

93. De l'âge de 6 ans à 16 ans 11 mois et 30 jours.

de difficulté résolue (voir à ce sujet le chapitre 3). Or, le haut potentiel est lié à la résolution de problèmes de logique, de mémoire et de vitesse de traitement dont le niveau de difficulté n'est atteint que par 2 % de la population générale. Et l'expérience prouve que l'on peut atteindre ce niveau de difficultés résolues sans pour autant obtenir un score de QI à 130 à cause d'un déroulement d'épreuve hétérogène.

Pour rappel, les items des subtests sont classés par ordre croissant de difficulté, sauf aux deux épreuves de vitesse de traitement dans lesquelles il s'agit simplement d'en faire le maximum en un temps limité. Ainsi, un enfant de 10 ans 8 mois peut gagner 21 points en répondant correctement à *Matrices* de la question 1 à la question 21, ce qui fait que les 21 points obtenus correspondent au niveau 21 de difficultés résolues. Mais il peut aussi obtenir 21 points en répondant jusqu'à la question 26, mais en ayant perdu des points sur des items plus simples que les derniers réussis[94]. Dans ce cas, la note brute est également 21, mais le niveau de difficultés résolues est 26 et non 21. Le score est donc inférieur au réel niveau maximum de difficulté résolue par le patient, et donc de nature à masquer un niveau situé dans la zone du haut potentiel.

Le troisième biais est lié à l'intervalle de confiance sur les Indices et le QI. Par exemple, un score de QI à 130 se situe dans un intervalle de confiance s'étendant de 123 à 134. Donc, pour être sûr d'être « réellement » avec un haut potentiel intellectuel, il faudrait que le score le plus bas de l'intervalle de confiance soit à 130. En ce cas, il faut un résultat de QI ≥ 138 :

Quotient Intellectuel	Intervalle de confiance 90 %	Intervalle de confiance 95 %
138	131 – 141	130 – 142

TABLEAU 44

94. Avec un TDA/H, le patient peut réussir des items complexes et échouer dans des items plus simples qui mobilisent peu d'attention. On observe souvent cela dans les épreuves de mémoire, mais on le constate également dans des épreuves de raisonnement logique. Dans ce cas, il ne faut pas chercher à expliquer de façon psychologique en pensant que « *C'est plus dur, donc ça ne l'intéresse plus* » et qu'une dysrégulation attentionnelle fait qu'il consacre peu d'attention sur une tâche évaluée comme simple, alors que sur une tâche estimée complexe il « *fait attention* ». C'est là une des causes de l'erreur d'inattention. N'oublions pas que les tests de QI sont des tests qui permettent de mesurer et d'observer le fonctionnent cognitif, et non psychologique. Utilisons donc les résultats et observations de la restitution de séries de chiffres ou des suites d'images à compléter pour faire des hypothèses cognitives, plutôt que glisser vers des hypothèses de motivation ou de stress qui seraient les explications psychologiques à tout score plus bas dont le praticien ne saurait pas analyser la cause…

Le quatrième biais est qu'un trouble cognitif peut faire chuter considérablement le résultat d'un QI. Par exemple, un trouble du langage peut[95] conduire à obtenir des notes standards de 6-7 aux deux épreuves de l'ICV (Indice de Compréhension verbale) et donc faire baisser le score de QI alors que tous les autres subtests sont peut-être dans la zone du haut potentiel intellectuel. D'ailleurs, si l'on calculait l'Indice Non Verbal (INV) qui, pour éliminer l'impact d'un éventuel trouble du langage, retient les épreuves *Cubes*, *Puzzles visuels, Matrices, Balances, Mémoire des images* et *Codes*, ce même enfant obtiendrait un QI de 137 !

SUBTESTS		Indice	QI
Similitudes	06	86	122
Vocabulaire	07		
Cubes	16	127	
Puzzles visuels	14		
Matrices	15	131	
Balances	16		
Mémoire des chiffres	17	132	
Mémoire des images	15		
Codes	14	126	
Symboles	15		

TABLEAU 45

Le cinquième biais continuera à se présenter tant que tous les praticiens n'auront pas acquis le WISC-V[96]. En effet, avec un patient « modèle » qui aurait obtenu en moyenne la même note standard à chaque épreuve, le score du QI a baissé en passant du WISC-IV au WISC-V.

95. Mais nous verrons que cela n'est pas systématique.

96. Au moment où j'écris ce livre, je lis des comptes rendus de psychologues qui font encore passer le WISC-III alors qu'il a été remplacé par le WISC-IV en 2005, et par le WISC-V en 2016…

De ce fait, la note standard moyenne requise dans chaque épreuve pour obtenir le même QI a augmenté :

Note standard moyenne à chaque épreuve	QI WISC-IV	QI WISC-V	Baisse du QI
10	100	100	X
11	109	107	- 2 pts
12	117	115	- 2 pts
13	126	122	- 4 pts
14	136	129	- 7 pts
15	145	135	- 10 pts
16	150	142	- 8 pts
17	155	149	- 6 pts
18	160	156	- 4 pts
19	160	160	X

TABLEAU 46

Cela signifie qu'en passant du WISC-IV au WISC-V, le nombre de personnes atteignant un QI dans la zone du haut potentiel est moindre puisqu'avec la même note standard obtenue, le QI perd jusqu'à 10 points.

Par exemple, un enfant qui aurait cumulé 95 points de note standard en 7 épreuves du WISC-V (note standard moyenne de 13,57/subtest) obtient un QI à 126. Avec une note standard à 13,6/subtest au WISC-IV, il aurait obtenu un QI de 130 et serait dans la zone du haut potentiel…

Explorons cela plus en détail.

Si la personne testée obtient en moyenne une note standard de 14/19 à chaque subtest, elle a un QI à :

- 130 au WPPSI-IV
- 136 au WISC-IV
- 129 au WISC-V
- 129 au WAIS-IV

Et les Indices varient de 121 à 128 avec une note standard moyenne à 14/19 à chaque subtest :

TEST	WPPSI-IV	WISC-IV	WISC-V	WAIS-IV
QI	130	136	129	129
Indice de Compréhension Verbale (ICV)	124	124	121	124
Indice Visuospatial (IVS)	123	X	122	X
Indice de Raisonnement Fluide (IRF)	126	X	123	X
Indice de Raisonnement Perceptif (IRP)	X	128	X	124
Indice de Mémoire de Travail (IMT)	124	124	122	123
Indice de Vitesse de Traitement (IVT)	123	124	123	123

TABLEAU 47

Avec une note standard à 15/19 à chaque subtest, le QI est à :

- 137 au WPPSI-IV
- 145 au WISC-IV
- 135 au WISC-V
- 136 au WAIS-IV

Et les Indices varient de 127 à 135 selon les Indices et les tests passés :

TEST	WPPSI-IV	WISC-IV	WISC-V	WAIS-IV
QI	137	145	135	136
Indice de Compréhension Verbale (ICV)	130	130	127	129
Indice Visuospatial (IVS)	129	X	129	X
Indice de Raisonnement Fluide (IRF)	132	X	128	X
Indice de Raisonnement Perceptif (IRP)	X	135	X	130
Indice de Mémoire de Travail (IMT)	130	130	127	128
Indice de Vitesse de Traitement (IVT)	128	131	129	129

TABLEAU 48

Avec une note standard en moyenne à 16/19 à chaque subtest, le QI est à :

- 145 au WPPSI-IV
- 150 au WISC-IV
- 142 au WISC-V
- 146 au WAIS-IV.

Et les Indices varient de 132 à 142 selon les tests passés :

TEST	WPPSI-IV	WISC-IV	WISC-V	WAIS-IV
QI	145	150	142	146
Indice de Compréhension Verbale (ICV)	136	138	133	135
Indice Visuospatial (IVS)	135	X	135	X
Indice de Raisonnement Fluide (IRF)	138	X	134	X
Indice de Raisonnement Perceptif (IRP)	X	142	X	136
Indice de Mémoire de Travail (IMT)	137	136	132	134
Indice de Vitesse de Traitement (IVT)	134	137	135	134

TABLEAU 49

On remarque qu'avec les mêmes notes standards (15/19) à chaque épreuve, il y a un écart de 10 points entre le WISC-IV et le WISC-V, ce qui interroge sur la pertinence qu'il peut avoir à mettre en avant le seul score du QI pour faire valoir le Haut Potentiel Intellectuel. À cela, s'ajoute l'intervalle de confiance qui, lui aussi, relativise le score obtenu.

Et voici maintenant la note standard exacte qu'il faut obtenir en moyenne à chaque subtest pour justifier un QI à exactement 130[97] :

WPPSI-IV	14/19	en moyenne à chaque épreuve.
WISC-IV	13,6/19	en moyenne à chaque épreuve.
WISC-V	14,3/19	en moyenne à chaque épreuve.
WAIS-IV	14,1/19	en moyenne à chaque épreuve.

97. Nous avons pris le QI à 130, puis regardé le nombre de points en note standard qu'il faut pour l'obtenir, et divisé par le nombre d'épreuves retenues pour calculer le QI pour voir quelle note standard il faut avoir dans le cas de scores homogènes.

Cette note moyenne est donc un indicateur qui permet de situer le patient. Par ailleurs, on peut avoir un QI ≥ 130 en ayant une plusieurs notes standards à 11/19 ou 12/19. Retire-t-on alors le diagnostic de HPI, alors que le patient obtient un QI ≥ 130 ? Il nous semblerait alors cohérent de proposer de qualifier à « haut potentiel intellectuel hétérogène » ou à « profil à haut potentiel intellectuel » un patient qui obtiendrait une ou plusieurs notes standards ≥ 14/19 sans obtenir un QI ≥130.

Cette baisse du QI serait liée à l'« effet Flynn », augmentation du niveau de développement cognitif au fil des années au cours du XXe siècle. Il faudrait alors ajuster une baisse des scores pour conserver toujours le même pourcentage de 2 % de la population obtenant 130 et au-delà. Cela nous interroge alors sur la constitution du groupe des personnes à haut potentiel.

Mais cet effet Flynn est paradoxal. En effet, certaines enquêtes[98] semblent indiquer que le niveau scolaire des élèves français baisse[99] alors que le niveau du QI de ces mêmes élèves aurait augmenté et nécessiterait des ajustements pour conserver les 2 % de la courbe de Gauss !

Pour ce qui est de notre expérience clinique, après avoir administré plus de deux cents WISC-V depuis sa publication française, notre cabinet n'a pas rencontré un seul résultat de QI ≥ 130 au WISC-V. La population clinique testée aurait-elle changé en même temps que la sortie du WISC-V ?

6.2.3 Le Haut Potentiel Intellectuel : une avance de développement ?

Revenons à la question de cette avance de développement intellectuel dans la résolution de problèmes logiques. Nous avons vu que dans le cadre d'un test aux résultats homogènes, il faut obtenir en moyenne 14,3/19 aux deux épreuves de chaque Indice du WISC-V pour obtenir un QI à 130.

Faisons alors la comparaison entre la « note brute » obtenue par un enfant de 8 ans à haut potentiel intellectuel, c'est-à-dire sur le nombre de points obtenus suite au nombre de bonnes réponses dans un subtest, et voyons à quel âge un enfant sans HPI obtiendrait le même nombre de points au même subtest.

98. https://www.demaintouscretins.com

99. https://www.insee.fr/fr/statistiques/2527122?sommaire=2527266 et autres.

Prenons l'exemple de *Matrices* où, pour obtenir une note à 15/19 dans la tranche d'âge de 8 ans à 8 ans 3 mois, il faut obtenir 21 ou 22 points. Or cela correspond au développement dans la norme de la tranche d'âge qui s'étend de 12 ans 8 mois à 16 ans 11 mois, c'est-à-dire à un niveau de développement d'un quasi adulte [100].

Prenons maintenant un enfant qui obtiendrait aussi une note standard de 15/19 à *Matrices*, mais à 6 ans. Il lui faudrait obtenir 16 points en « note brute » durant l'épreuve pour avoir cette note standard à 15/19. Or, avoir 16 points à *Matrices* correspond à un développement dans le milieu de la norme de la tranche d'âge qui s'étend de 8 ans et 8 mois à 8 ans et 11 mois. Cela fait donc un peu moins de 3 ans « d'avance » au lieu de plus de 8 ans « d'avance » dans le premier exemple. Et si on prend maintenant l'épreuve *Matrices* du WPPSI-IV pour un enfant de 4 ans qui obtiendrait aussi une note standard à 15/19, cela fait moins de 2 ans « d'avance ».

Ainsi, avec la même note standard de 15/19 à *Matrices*, on passe de moins de 2 ans d'« avance » à l'âge de 4 ans, à presque 3 ans d'« avance » à l'âge de 6 ans, et à un niveau de développement quasi adulte à l'âge de 8 ans. Aborder la question des scores en termes d'années d'avance est donc très relatif à l'âge de l'enfant pour la même note standard à la même épreuve.

Or, ces notes standards servant ensuite à calculer le QI, celui-ci serait donc lui aussi soumis à ces variations ?

Mais dans le cas d'un patient avec un trouble associé (neurovisuel et/ou oculomoteur, attentionnel, dyspraxique, du langage ou un trouble du Spectre de l'autisme du type syndrome d'Asperger typique ou atypique, autisme de haut niveau, etc.), ce ou ces troubles parasitent le déroulement de l'épreuve et le score obtenu en est impacté. Ainsi, une personne ayant un Haut Potentiel Intellectuel avec trouble(s) associé(s) peut obtenir des Indices et un QI inférieurs à ces références statistiques, tout en ayant un Haut Potentiel, mais masqué.

100. Note standard qui est au milieu de la norme de toute tranche d'âge, comparable au milieu de la courbe de croissance dans un carnet de santé. À noter ici que le niveau de résolution de problème est le même sur cette épreuve entre 12 et 17 ans, soit l'âge adulte.

7

BILANS COMPLÉMENTAIRES

Précédemment, nous avons indiqué que les épreuves de raisonnement verbal (ICV) et visuel (IRP ou IVS et IRF) mobilisent des fonctions cognitives qui ne sont pas seulement liées à des résolutions de problèmes logiques. Certaines d'entre elles sont évaluées et chiffrées au test de QI, telles la mémoire auditive à court terme et la mémoire de travail (WISC-V et WAIS-IV) en simple et double tâche, la mémoire visuelle (WPPSI-IV et WISC-V) et la vitesse de traitement.

D'autres sont seulement observables lors de la passation des tests de QI : compréhension et expression verbale, attention auditive/visuelle, fonctionnement neurovisuel, planification, organisation, flexibilité, inhibition, etc. Toutes ces fonctions sont pourtant essentielles dans les apprentissages scolaires, tout comme dans une activité professionnelle, de loisir etc. Aussi, s'arrêter à la seule évaluation que propose un test de QI est une évaluation borgne puisqu'il faut aussi mobiliser d'autres fonctions lors de la réflexion logique.

Et à cela, il faut ajouter la capacité de résistance du sujet à deux types de distractions :

- distractions internes : idées qui s'associent dans l'esprit de la personne et auxquelles elle ne peut pas résister. Par exemple, un élève de CE2 se met à penser à ses vacances d'été au bord de la mer quand l'enseignante utilise la phrase « *Nous nous promenions sur la plage, les enfants jouaient sur le sable* » pour illustrer l'imparfait.
- distractions externes : bruits, mouvements, paroles prononcées dans l'environnement. Par exemple, ne pas pouvoir s'empêcher d'écouter son voisin qui raconte ses vacances quand l'enseignante donne pour exemple « *Nous nous promenions* etc. ».

Or, quand ces fonctions cognitives sont altérées, elles impactent négativement les scores (notes standards, Indices et QI total), donc la réussite de la personne aux épreuves des tests de QI, tout comme ses résultats scolaires et professionnels. Pour pouvoir y remédier il ne faut pas s'arrêter à un score d'Indice ou de QI dans la norme de la tranche d'âge, ou dans le bas de celle-ci.

Chez l'enfant et l'adolescent, il semble donc prudent d'associer systématiquement à un test de QI un bilan attentionnel et des fonctions exécutives du type NEPSY 2. Nous verrons à travers quelques exemples que très peu d'éléments cliniques peuvent parfois s'observer au test de QI, et que l'éventuelle difficulté scolaire n'est dans ces cas explicable que par l'analyse fournie par le NEPSY 2.

Enfin, on constate que ces fonctions cognitives s'activent grâce à des neurotransmetteurs qu'il est possible de doser et de rééquilibrer avec des compléments alimentaires (neurobiologie préventive), car ils se synthétisent à partir de notre système digestif et de notre microbiote, donc à partir de ce que nous mettons dans notre assiette. La recherche médicale et psychiatrique sur l'alimentation, le microbiote intestinal et ses conséquences sur le développement cérébrales et les fonctions cognitives est en plein essor.

7.1
NEPSY 2
« ATTENTION ET FONCTIONS EXÉCUTIVES » ET « PERCEPTION SOCIALE »

Il existe plusieurs tests d'attention. Notre choix s'est porté sur le test NEPSY 2 car il est récent et très large. Mais d'autres tests peuvent être utilisés à la place de celui-ci.

Les deux batteries d'épreuves de la NEPSY 2 sont administrées de 5 à 16 ans 11 mois. La batterie « Attention et fonctions exécutives » est proposée aux patients souffrant d'un trouble du Déficit de l'attention avec/sans hyperactivité (TDA/H) avec des scores obtenus dans la moyenne, et la batterie « Perception sociale » à ceux souffrant d'un trouble du Spectre de l'autisme (TSA). Cette comparaison avec une population clinique est évidemment très utile, même si l'échantillon de patients retenus pour ces calculs est faible (quoiqu'il ne soit pas inférieur à l'échantillon d'enfants HPI choisis pour étalonner les WPPSI, WISC et WAIS).

Les scores s'échelonnent de 1 à 19 comme aux tests de QI, mais il n'y a pas de répartition de la population sur la courbe de Gauss comme il en existe pour ces derniers. Nous devons donc nous référer à la moyenne des patients présentant le trouble, généralement avec des scores inférieurs à 9/19.

Il faut se souvenir que la comorbidité entre TSA et TDA/H est élevée : selon les différentes études, entre 30 % à 80 % des personnes avec un TSA présenteraient également un TDA/H (souvent non diagnostiqué si le premier diagnostic porté a été celui de TSA), et 20 % à 50 % des TDA/H présenteraient des signes cliniques de TSA (également souvent non diagnostiqués) notamment dans la communication et les relations sociales[101].

Par ailleurs, cette situation de « trouble associé non diagnostiqué » peut également se retrouver chez les patients présentant des troubles « DYS ». Cela tient au fait que le premier diagnostic obtenu est généralement effectué par un spécialiste d'un seul trouble (orthophoniste, Centre Ressources Autisme, service TDAH, etc.), et que la pratique du diagnostic d'éventuelles comorbidités par d'autres professionnels n'est pas systématique.

---

101. Les chiffres varient selon les études car les populations enquêtées ne sont pas les mêmes, ni sélectionnées avec les mêmes critères d'évaluation, etc. Voir *Aider son enfant autiste*, de Delphine De Hemptine, Nathalie Fallourd et Emmanuel Madieu, édition de Boeck supérieur, 2017.

Par exemple, on remarque que des enfants recevant un diagnostic orthophonique de trouble du langage de type dyslexie ont des difficultés de concentration rapportées par l'école, par la famille, et parfois par l'orthophoniste elle-même, mais sans que cela conduise systématiquement à une exploration d'un éventuel TDA/H et de sa prise en charge thérapeutique. Pourtant, réduire un TDA/H quand il y a un trouble DYS est essentiel. Parfois, on observe même une « pseudo dys » qui disparaît dès que le TDA/H est pris en charge car c'est à la base du fonctionnement cognitif.

7.1.1 Description des épreuves d'attention et des fonctions exécutives

7.1.1.1 Attention auditive

Attention auditive sélective (sur un mot cible), et tâche d'inhibition simple sur stimulus oral pour la première épreuve. Même principe mais en double consigne avec tâche d'inhibition complexe à partir de 7 ans.

Il y a un score de bonnes réponses, qui permet de mesurer les ruptures attentionnelles (attention fluctuante) et des rangs percentiles pour les types d'erreurs commises. Cela permet de mesurer un éventuel déficit d'attention auditive et d'observer une dysrégulation attentionnelle.

7.1.1.2 Attention visuelle

Attention visuelle sélective (lecture d'une alternance de deux figures géométriques) et tâche d'inhibition, puis à partir de 7 ans double consigne dont tâche d'inhibition.

Les scores qui nous semblent les plus intéressants sont ceux de la vitesse de lecture (épreuve chronométrée) et le rang percentile des erreurs commises. Cela permet de mesurer un éventuel déficit d'attention visuelle en tâche de lecture « basique », et d'avancer une hypothèse de troubles neurovisuels/oculomoteurs.

7.1.1.3 Catégories : flexibilité cognitive sur stimuli visuels

8 cartes d'images d'animaux sur fond de paysages sont présentées au patient qui doit les regrouper en deux groupes : dans chaque groupe, 4 cartes

ont un point commun. Temps limité : 6 minutes. L'analyse macroscopique (analyse globale) et microscopique (des détails) sont cotées. Là aussi, il y a un score de bonnes réponses, un rang percentile pour les deux types d'erreurs possibles, et une note composite (bonnes réponses et nombre d'erreurs). Cela permet de mesurer un éventuel déficit de la flexibilité cognitive sur stimuli visuels.

7.1.1.4 Fluidité de dessins : planification des tâches en autonomie

Le patient doit relier entre 2 et 5 points à l'intérieur d'un carré pour faire une figure. Le score mesure la vitesse de prise d'initiative (nombre de figures réalisées en une minute). On a une analyse qualitative de la planification de la tâche, du tracé (suspicion de dysgraphie possible) et du ciblage (suspicion de trouble neurovisuel possible). Cette épreuve ne s'administre que jusqu'à 12 ans.

7.1.1.5 Horloges : planification des tâches sur consignes orales

Cette épreuve administrée à partir de 7 ans consiste à dessiner des horloges sur consignes orales, puis recopier des horloges d'après un modèle, et enfin à lire sur des horloges. Le but de l'épreuve n'est pas la maîtrise de la lecture de l'heure car il n'y a que très peu de points attribués à la justesse de l'heure, ni même la maîtrise du temps, mais bien la planification[102]. Cela permet de contribuer au prédiagnostic d'un trouble neurovisuel et/ou oculomoteur, dysgraphique, et des fonctions exécutives.

7.1.2 Description des épreuves de perception sociale

7.1.2.1 Reconnaissance d'affects

Le patient doit associer des visages qui expriment le même affect parmi les affects suivants : tristesse, colère, peur, neutralité, contentement, dégoût. On ne demande pas de nommer les affects. La complexité augmente à mesure que l'épreuve progresse.

102. Par exemple, l'exactitude de l'heure rapporte seulement 3 points sur 15 aux items 1 et 2.

7.1.2.2 Théorie de l'esprit

Le patient doit répondre à des questions sur des histoires nécessitant de se mettre à la place d'autrui, de décoder des métaphores et de l'implicite, de résister à de fausses croyances, etc.

Ces deux épreuves, « reconnaissance d'affects » et « théorie de l'esprit » permettent de diagnostiquer un trouble de la perception sociale, très fréquemment présent dans les troubles du Spectre de l'autisme, même de type « syndrome d'Asperger ». Mais il est également parfois présent dans le trouble du Déficit de l'attention avec/sans hyperactivité, particulièrement au niveau des difficultés d'interactions sociales. Cela permet également de suspecter un trouble du langage pragmatique (implicite, second degré, métaphore), qui peut également s'observer dans de nombreuses situations au cours du WPPSI, WISC ou WAIS, et du NEPSY 2 « Attention et fonctions exécutives ».

7.2
DOSAGE DES NEUROTRANSMETTEURS

Le trouble du Déficit de l'attention avec/sans hyperactivité (TDA/H) implique la voie dopaminergique (dopamine, noradrénaline et adrénaline et leur passage synaptique). En France, les seuls médicaments autorisés contre le TDA/H sont le méthylphénidate (dérivé d'amphétamines). Ces médicaments agissent sur la dopamine pendant une durée de 3 à 4 heures. Il existe une version du médicament à libération prolongée (version LP) dont la durée d'action est de 7 à 8h. Ce médicament ne peut être délivré que par un médecin pédiatre, neuropédiatre ou pédopsychiatre hospitalier. Il n'y a pas d'autorisation de mise sur le marché (AMM) pour l'adulte, comme si le TDA/H disparaissait une fois que le patient est devenu majeur.

Généralement, ce médicament laisse une hyperactivité cognitive le soir, que le médecin prescripteur freine avec de la mélatonine. Jusqu'à 1,9 mg, cette dernière est en vente libre en pharmacie ou dans des magasins de compléments alimentaires, et sur ordonnance au-delà.

Les effets secondaires du méthylphénidate sont nombreux. Parfois, ils empêchent la mise sous traitement, même si celui-ci est parfois absolument nécessaire pour éviter un échec scolaire lié aux difficultés d'attention et de mémorisation, ou d'hyperactivité associée. C'est un traitement palliatif, comme le paracétamol pour une carie : on a moins mal pendant 4 heures mais on a toujours une carie !

De nombreuses recherches en France (CNRS, INSERM, etc.) et dans le monde étudient aujourd'hui les liens entre le microbiote intestinal et le développement cognitif avec son (dys)fonctionnement. Les résultats vont globalement tous dans le même sens : il existe un lien direct et de grande importance entre les deux. On entend même parler du système digestif comme d'un « second cerveau », voire le premier cerveau[103].

En France, le laboratoire Barbier, spécialisé en biologie fonctionnelle et préventive[104] propose un dosage urinaire des neurotransmetteurs (dopamine, noradrénaline, adrénaline, sérotonine et leur passage synaptique). C'est un dosage « officiel », remboursé à 85% par la sécurité sociale. Ce dosage est encore très peu connu et très peu pratiqué en France, l'expérience

---

103. Sur l'importance du système digestif, lire *Le charme discret de l'intestin*, de Giulia Enders.

104. http://laboratoirebarbier.com/neuro.html

clinique montre pourtant qu'il est quasiment toujours concordant avec les symptômes relevés à l'anamnèse et aux bilans neuropsychologiques pour un TDA/H, les trouble du comportement, l'agressivité, un *burnout*, une dépression, de l'anxiété, etc.

Bien loin d'être très récente, cette influence de l'alimentation sur le fonctionnement cognitif était déjà soulignée dans un article, *Neurobiologie de l'impulsivité, de l'agressivité et de la violence*[105] en 2008.

Suite au dosage des neurotransmetteurs, une préconisation de compléments alimentaires peut être faite par un praticien spécialisé. Il n'est pas nécessaire qu'il soit médecin, mais il doit absolument être formé par des médecins, des biologistes ou des pharmaciens spécialisés dans ce domaine.

Ces compléments alimentaires sont en vente libre et ne sont pas remboursés. Attention ! Une prise de compléments alimentaires de L-Tyrosine ou d'omégas 3 à l'aveugle, sans dosage préalable, sans contrôle et sans suivi par un praticien formé en micronutrition et à l'analyse du dosage des neurotransmetteurs, peut s'avérer dangereuse. Mais, bien encadré, cela permet de rééquilibrer la voie dopaminergique et/ou sérotoninergique. Des effets thérapeutiques satisfaisants sont observés, même si la recherche médicale en est encore à ses débuts sur ce sujet.

105. *La Lettre du Psychiatre*, vol. IV, n° 3-4, mai-juin-juillet-août 2008.

8

EXEMPLES CLINIQUES

8.1
PRÉAMBULE

Les exemples de tests de QI qui vont être présentés dans ce chapitre sont représentatifs de situations rencontrées en vue de bilans. Seule la répartition garçon/fille n'est pas représentative car, dans notre expérience clinique, les demandes de bilans sont faites à 80 % pour des garçons. Attention ! Il ne faut pas en conclure pour autant que les filles sont moins touchées ! Cela indique seulement qu'il y a quatre garçons pour une fille demandant la passation d'un test. En discutant avec les enseignants travaillant avec des dizaines d'élèves toute la journée, ce qui est beaucoup par rapport à des psy ou des orthophonistes, il semblerait que les filles soient globalement plus « discrètes » que les garçons. Elles attireraient moins l'attention sur elles et sur leurs difficultés. Aussi, pour savoir si les filles sont effectivement moins touchées que les garçons, il faudrait réunir une cohorte de 200 ou 300 élèves, par exemple de classe de CE2, de 5ème et de 1ère, avec autant de garçons que de filles, et les tester au WISC/WAIS, NEPSY et ADOS 2, et également leur faire passer des bilans orthophoniques, neurovisuels et graphomoteurs, etc. pour avoir une première idée de la répartition des troubles selon les âges de développement et selon les sexes. Ensuite, il faudrait ajouter une étude longitudinale qui permettrait de retester ces élèves de CE2 une fois arrivés en 5ème, puis en 1ère. Malheureusement, une telle étude n'est pas envisageable.

Les exemples de tests qui vont suivre sont donc tirés de ce que l'on appelle une « population clinique ». C'est-à-dire que 100 % des personnes dont les tests vont être présentés connaissent des difficultés cognitives et/ou relationnelles, et/ou scolaires, et/ou professionnelles, et qu'elles ont pensé qu'un test de QI pourrait les aider à en comprendre la cause et leur permettrait de trouver des remédiations adéquates.

Le plus étonnant serait de tester un enfant ou un adolescent à HPI en pensant que, puisqu'il est à HPI, ses difficultés pour décoder l'implicite et le second degré sont normales, et qu'il est normal aussi qu'il doive faire deux choses en même temps pour parvenir à se concentrer.

Pourquoi ne pas savoir décoder l'implicite et le second degré serait-il normal chez un enfant à HPI alors que c'est un trouble du langage pragmatique pour ceux qui n'ont pas de HPI, est que c'est un trouble très fréquemment observé chez les sujets avec un trouble du Spectre de l'autisme de type syndrome d'Asperger ?

Pourquoi devoir effectuer deux actions en même temps serait normal pour un jeune à HPI alors qu'un enfant/adolescent/adulte sans HPI mais avec TDA/H peut aussi (et surtout ?) avoir besoin d'effectuer plusieurs actions en même temps pour pouvoir se concentrer ?

Quand, pour faire passer un test de QI à leur enfant au sujet duquel l'école les alerte parfois depuis plusieurs années, un père et une mère posent une journée de congé, sont souvent amenés à faire 300 ou 400 km et de prendre la veille une chambre d'hôtel, est-ce pour s'entendre dire que l'enfant a sans doute été soudainement stressé pendant l'épreuve de mémoire ? Ou que gigoter ou dessiner pour parvenir à se concentrer et ne pas pouvoir décoder l'implicite et le second degré est normal pour leur enfant à HPI, alors que ç'aurait été un trouble si son QI avait été de 110 ?

Ne paraît-il pas logique au contraire, dans un cabinet de praticien, de penser à suspecter d'éventuels troubles associés lors des demandes de passation de tests de QI ?

Les mêmes causes produisant les mêmes effets, les exemples cliniques que nous allons analyser peuvent être représentatifs de divers (dys)fonctionnements cognitifs typiques.

Notre expérience clinique se fonde sur le passage quasi-systématique d'un NEPSY 2 « Attention et fonctions exécutives » et « Perception sociale » en complément de chaque test de QI quand l'âge du patient le permet[106]. Cela permet d'explorer le plus grand nombre possible de fonctions cognitives mobilisées dans une tâche de mémorisation, de réflexion logique ou de lecture, etc. N'examiner que le niveau de réflexion (test de QI) sans les fonctions attentionnelles et exécutives qui permettent de réfléchir (NEPSY 2) reviendrait à réaliser une évaluation borgne.

106. Le NEPSY 2 s'administre de 5 ans à 16 ans 11 mois.

Notre expérience porte sur plus de six cents tests passés dans ces conditions, et environ un millier de test de QI au total.

Notre méthode de passation est d'administrer le test en une seule fois, ainsi que le prescrit le manuel d'administration et de cotation[107]. De plus, comme le suggère ce même manuel, nous poursuivons l'épreuve au-delà de l'arrêt protocolaire du subtest[108] pour nous assurer que la personne a réellement atteint son niveau maximum de difficulté résolue.

Bien entendu, la note standard est donnée en respectant scrupuleusement le protocole de passation habituel. Mais, si elle diffère de la note standard obtenue, l'évaluation du niveau maximum de difficulté résolue sera inscrite en gris pour compléter l'analyse neuropsychologique.

Enfin, les questionnaires de prédiagnostic du TDA/H selon le DSM-5 et développés par le DIVA 2.0 sont remplis avant les tests par les patients (et leurs parents dans le cas d'enfants/adolescents), ce qui permet aussi de se référer aux critères internationaux de diagnostic[109] et pas seulement à l'évaluation par les tests.

Notre expérience montre que la quasi-totalité des personnes testées, y compris dans la population à haut potentiel intellectuel, présentent au minimum des difficultés d'attention fluctuante ou de dysrégulation attentionnelle aux subtests de mémoire. N'oublions pas qu'il s'agit d'une **population clinique**, et non d'une population générale, et que ces patients demandent la passation d'un test parce qu'ils ont des difficultés et qu'ils attendent des réponses fondées sur des examens spécifiques !

Enfin, contrairement à d'autres praticiens, nous ne faisons pas de passations de tests de QI uniquement destinées à valider un haut potentiel intellectuel sans difficultés cognitives. C'est la limite de notre expérience. Par contre, nous avons testé des lycéens, têtes de classe, obtenant la mention « Très Bien » au baccalauréat et qui, parvenus en classe préparatoire ou en grande école, sont mis en difficulté d'apprentissage par des difficultés attentionnelles révélées par l'alourdissement de la charge cognitive désormais exigée.

107. Manuel d'administration et de cotation du WPPSI-IV, page 41 ; du WISC-IV, page 33 ; du WISC-V, page 39 ; et du WAIS-IV, page 33.

108. Manuel d'administration et de cotation du WPPSI-IV, page 41 ; du WISC-IV, page 33 ; du WISC-V, page 39 ; et du WAIS-IV, page 33.

109. Ils ne constituent pas une liste exhaustive des symptômes, mais ceux qui sont les plus fréquents, ce qui comporte des biais. Mais c'est déjà un bon guide.

Nous développerons peu ici l'anamnèse familiale. En effet, connaître les difficultés familiales, la position de l'enfant dans la fratrie ou les conditions de l'allaitement n'a pas d'incidence sur une dyslexie, une dysgraphie, un trouble attentionnel, un trouble neurovisuel et/ou oculomoteur ou un trouble du Spectre de l'autisme, etc. Ce sont des troubles cognitifs dont la cause est probablement cognitive.

En revanche, il est très fréquent que des troubles cognitifs aient des conséquences psychologiques parmi lesquelles l'apparition d'une triade « manque de confiance en soi-manque d'estime de soi-anticipation anxieuse » signalée plus haut (§ 6.1). On peut suivre des années de psychothérapie ou de divan pour un manque de confiance en soi consécutif à un TDA/H. Mais, si on cherche ses mots, si on n'arrive pas à se concentrer sur ce qu'autrui nous dit, si on se distrait tout le temps, si on recopie un signe « + » au lieu d'un signe « - », si on égare ses clefs une fois sur deux, etc., alors on conservera son manque de confiance en soi, sa faible estime de soi et son anticipation anxieuse malgré la psychothérapie. Et aucune psychothérapie ne développera la mémoire de travail en double tâche.

Dans les analyses de cas qui vont être présentées, il ne nous a pas semblé possible de classer ces exemples en fonction d'un thème unique : un test de QI pour une dyslexie, un test de QI pour un trouble du Déficit de l'attention avec/sans hyperactivité, un autre pour un trouble du Spectre de l'autisme, etc. En effet, l'expérience du diagnostic différentiel montre qu'il n'existe que très peu ou pas de trouble isolé. Cela tient au simple fait qu'une même tâche mobilise de nombreuses fonctions cognitives différentes. Ces fonctions doivent toutes être efficientes pour que la tâche s'accomplisse correctement. Par exemple, en CE2 écrire le texte d'un problème de mathématiques sous la dictée nécessite :

- de l'attention auditive,
- une bonne compréhension des mots,
- une capacité de conversion phonèmes – graphèmes,
- de la mémoire de travail,
- de l'attention visuelle,
- de l'attention divisée (pour commencer à écrire tout en se rappelant ce qu'il faut écrire et en écoutant ce qui continue d'être dicté, et éventuellement tout en commençant à réfléchir au problème posé),
- un bon système neurovisuel et/ou oculomoteur (pour écrire),

- de la motricité fine (pour écrire),
- un « réservoir attentionnel » suffisant (pour effectuer toutes ces tâches tout en se souvenant de l'orthographe lexicale pour écrire les mots et des règles de l'orthographe grammaticale pour respecter les divers accords, y compris ceux qui ne s'entendent pas (pluriels...)),
- du contrôle exécutif (pour vérifier que l'on a bien fait tout ce qu'il fallait faire),
- de l'inhibition (pour ne pas tomber dans les pièges[110] et résister aux distractions internes et externes[111]).

C'est ce que Jamy explique dans le numéro de *C'est pas sorcier* consacré aux troubles « dys »[112] avec l'exemple de l'enfant dyspraxique qui n'arrive pas à écrire (correctement) et comprendre en même temps ce qu'il écrit. En effet, toute son attention est mobilisée par la tâche d'écriture, qui n'est pas automatisée, et il n'a plus assez de capacité d'attention pour gérer les autres tâches. En plus de rééduquer son graphisme, il faudra donc au minimum tester ses capacités attentionnelles, de mémoire et, le cas échéant, les développer. Et si on lui donne un ordinateur pour qu'il n'ait plus à écrire avec un stylo, cela ne va pas pour autant résoudre son éventuel problème d'attention divisée et de mémoire de travail...

Le risque est donc qu'un enfant reçoive un diagnostic initial de dyspraxie ou de dyslexie, etc. sans faire évaluer par des bilans complémentaires chez d'autres professionnels les autres fonctions cognitives impliquées dans la lecture et l'écriture. Dans ce cas, les rééducations seront moins efficaces puisqu'on traitera seulement ce qui est en bout de chaîne, c'est-à-dire des conséquences et non des causes.

Selon l'INSERM, 40 % des enfants présentant des troubles « dys » ont d'autres troubles associés[113]. Notre pratique clinique sur plusieurs centaines de tests avec des bilans complémentaires systématiques indique même un taux nettement supérieur.

---

110. Par exemple : quel est le plus lourd : un kilo de plumes ou un kilo de plomb ?

111. Ne pas repenser à sa salle de bains quand l'enseignante dicte l'énoncé d'un problème de calcul avec une baignoire qui se remplit, ou ne pas écouter son voisin qui raconte la fuite d'eau chez sa grand'mère.

112. https://www.youtube.com/watch?v=7jaeNhjz2rQ&t=672s à la 22e minute.

113. https://www.inserm.fr/information-en-sante/dossiers-information/troubles-apprentissages_

Dans nos analyses de tests, nous suivrons le même plan pour chaque test de QI : présentation du score du QI car c'est souvent le chiffre demandé par les familles, et parfois celui que certains professionnels retiennent. Puis viendra la présentation des Indices et les hypothèses qu'ils permettent de dégager. Enfin, suivra l'analyse des subtests. Pour cette dernière partie, nous commencerons par les épreuves de mémoire [114] et de vitesse de traitement. Cela permettra d'examiner si le patient a des difficultés attentionnelles et/ou neurovisuelles avant d'analyser les épreuves de logique verbale, visuelle et de raisonnement fluide qui mobilisent fortement l'attention, la mémoire et le système neurovisuel.

En effet, si on observe des difficultés attentionnelles lors des épreuves de mémoire, et/ou des difficultés neurovisuelles oculomotrices lors des tâches de vitesse de traitement, alors les épreuves de raisonnement logique (IVS et IRF/IRP) mobilisant ces fonctions seront très probablement impactées.

Enfin, nous examinerons le réel niveau maximum de difficulté résolue quand il diffère de la note standard, ainsi que les éléments qualitatifs du déroulement de chaque épreuve [115]. Le cas échéant, cela nous conduira à faire des hypothèses de troubles associés et à préconiser des bilans/consultations complémentaires : orthophoniste, orthoptiste, graphothérapeute, médecin pédiatre/pédopsychiatre, etc. puis les rééducations ad hoc [116].

Il faut avoir à l'esprit qu'un test de QI est un examen cognitif de base qui constitue la première étape d'une prise en charge réfléchie, et non une fin en soi. Souvent, des familles se demandent à quoi sert d'avoir fait passer un test de QI. Nous devons leur répondre que cela sert à pratiquer un examen cognitif général et à en déduire d'éventuelles hypothèses sur la présence de

114. Au WISC-V, nous avons choisi d'ajouter systématiquement le subtest *Séquence lettres-chiffres*, devenu optionnel en passant du WISC-IV au V. Or, il permet d'évaluer la mémoire de travail par reclassement sur deux systèmes de codes en même temps (double tâche). Au WPPSI-IV, nous avons remplacé *Information*, qui est une épreuve de connaissances générales, par *Vocabulaire*. Et au WAIS-IV, nous avons remplacé *Information* par *Compréhension de situation*, et *Arithmétique*, qui est une épreuve de calcul mental par *Séquence lettres-chiffres*.

115. Par exemple, ne pas se contenter de compter le nombre de codes recopiés pour avoir la note standard, mais examiner la qualité du graphisme pour éventuellement suspecter un trouble dysgraphique, et la localisation des codes dans la case pour un éventuel trouble neurovisuel et/ou oculomoteur. La vitesse de traitement, la qualité du graphisme et sa localisation sont liées dans l'analyse.

116. Dans les analyses de tests qui suivent, tous les prénoms ont été modifiés.

troubles. Un peu comme fait un médecin généraliste avant d'orienter son patient vers un spécialiste. C'est donc à cela que nous allons répondre, à l'aide d'exemples détaillés.

Les trois tests de QI étant à peu près construits sur les mêmes types d'épreuves, il peut être intéressant de ne pas s'en tenir aux analyses du WAIS-IV si vous êtes adultes, ou du WISC si votre enfant a passé ce test, mais de lire aussi les cas proposés avec d'autres tests.

Enfin, il est **fortement déconseillé de lire ces analyses de tests** si vous souhaitez en passer un vous-même car cela pourrait influencer votre passation. Cette partie s'adresse donc aux parents qui vont faire passer un test de QI à leur enfant, afin qu'ils comprennent bien l'enjeu de ces tests et ce qu'il est possible d'y découvrir pour pouvoir mieux agir ensuite. Elle s'adresse aussi aux enseignants et aux professionnels paramédicaux et médicaux ayant en charge des enfants ou des adolescents qui ont déjà passé un test. Enfin, elle s'adresse aux adultes qui ont déjà passé le test.

8.2
WPPSI-IV : 2 ANS 6 MOIS

8.2.1 Garçon de 2 ans 8 mois

Ce petit Gabriel est le plus jeune patient auquel nous avons eu l'occasion d'administrer un test de QI. L'école refusait de le scolariser sans test de QI, malgré la présence d'éléments d'avance cognitive : par exemple, son acquisition de la phrase simple (sujet-verbe-complément) à 21 mois au lieu de 36 en moyenne. Durant la consultation, ce petit garçon discute aussi bien qu'un enfant en fin d'école maternelle.

Pour rassurer l'école, nous avons donc accepté de le tester au WPPSI-IV avec la batterie d'épreuves réservées aux enfants de 2 ans 6 mois à 3 ans 11 mois.

Le QI à 108 apparaît dans la norme de sa tranche d'âge. Cependant, on note d'importants écarts entre les Indices, avec notamment un Indice de Mémoire de travail (IMT) supérieur à la norme de sa tranche d'âge (112), et un Indice de Compréhension verbale (ICV) à 132, nettement situé dans la zone du haut potentiel intellectuel. L'Indice visuospatial (IVS) est à 91, dans le bas de la norme de sa tranche d'âge. On peut donc formuler l'hypothèse d'un éventuel trouble neurovisuel et/ou oculomoteur qui devrait être confirmée ou infirmée par un bilan orthoptique fonctionnel.

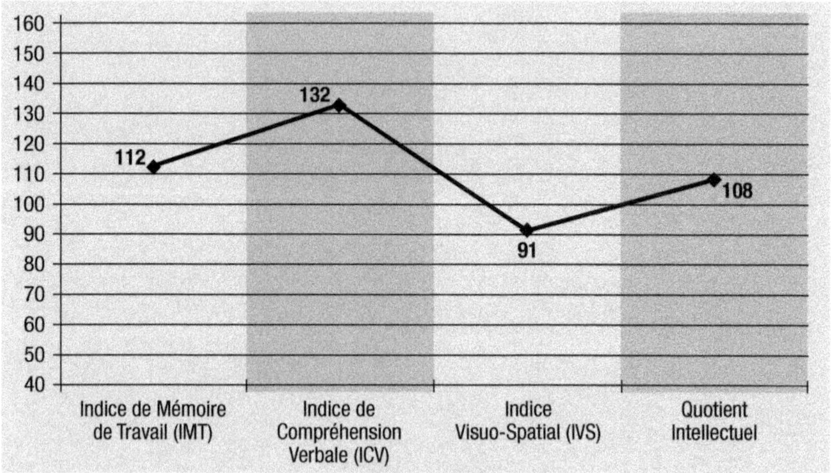

TABLEAU 50

La lecture des notes standards indique une forte hétérogénéité entre les subtests des Indices de Mémoire de travail (IMT), de Compréhension Verbale (ICV), et de logique Visuospatiale (IVS). La note standard est en noir, l'analyse du niveau maximum de difficulté résolue en gris.

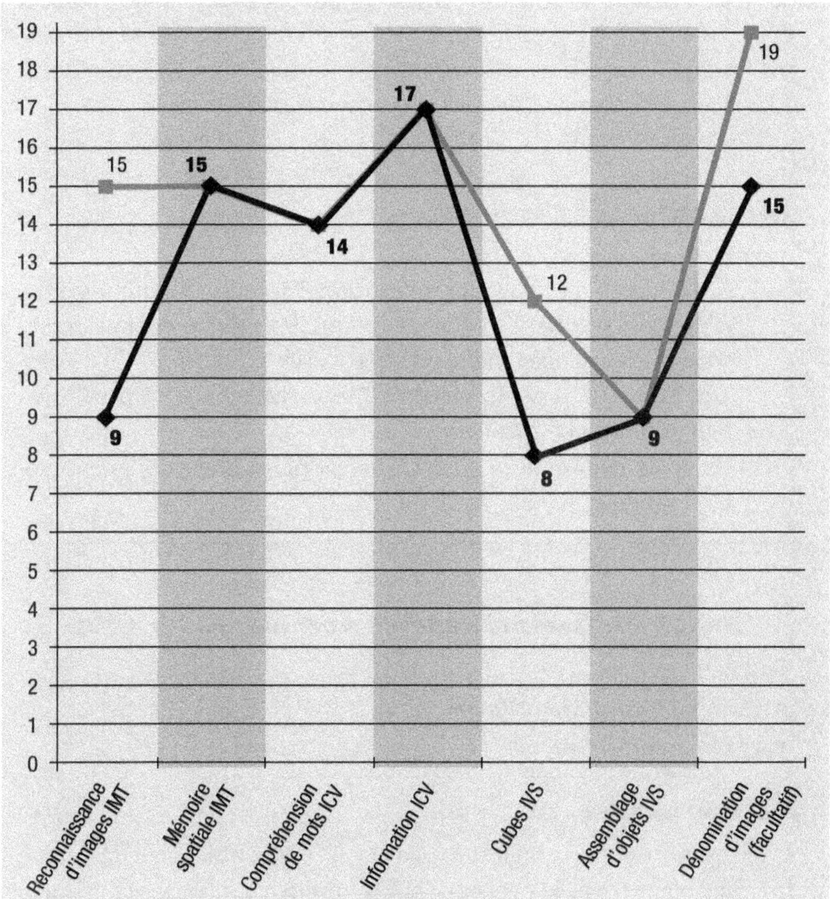

TABLEAU 51

Indice de Mémoire de travail (IMT = 112)

Le sujet obtient :

- 09/19 à *Reconnaissance d'images.*
- 15/19 à *Mémoire spatiale.*

Pour aller plus loin...

En *Reconnaissance d'images*, la note standard de Gabriel (9/19) est située dans le bas de la norme de sa tranche d'âge. On note une alternance d'items échoués et réussis sur des séries de même longueur d'images à mémoriser, ce qui indique une attention fluctuante. Ainsi, le réel niveau maximum de difficulté résolue du sujet aurait pu être évalué à 15/19 si son attention avait été soutenue de façon régulière.

D'ailleurs, à l'épreuve de *Mémoire spatiale*, il mobilise cette attention soutenue et la note standard obtenue de 15/19 est située dans la zone du haut potentiel intellectuel.

On peut ainsi émettre une double hypothèse :

1. Les distracteurs qui sont introduits dans l'épreuve *Reconnaissance d'images* parasitent sa concentration. Ils l'obligent à effectuer un tri entre les images mémorisées et celles présentées. Cela introduit la question de la résistance aux distractions et donc d'un éventuel trouble attentionnel.
2. La tâche de *Mémoire spatiale* lui est plus aisée car il peut associer des images à une localisation.

Indice de Compréhension verbale (ICV = 132)

Il obtient :

- 14/19 à *Compréhension de mots*.
- 17/19 à *Information*.

Pour aller plus loin...

Gabriel obtient une note standard (14/19) située au début de la zone du haut potentiel intellectuel pour la *Compréhension de mots*. Rien de particulier durant cette épreuve.

Il obtient une note standard nettement située dans la zone du haut potentiel intellectuel en *Connaissances générales*.

Cela concorde avec son développement précoce du langage.

Indice visuospatial (IRP = 91)

Il obtient :

- 8/19 à *Cubes*.
- 9/19 à *Assemblage d'objets*.

Pour aller plus loin…

8/19 en construction de *Cubes* se situe dans le bas de la norme de sa tranche d'âge. Gabriel a échoué à des items simples et réussi des items plus complexes. Le réel niveau maximum de difficulté résolue l'amènerait alors en haut de la norme de sa tranche d'âge (12/19), mais il est masqué. On peut conclure à des difficultés visuo-spatiales et suspecter un trouble neurovisuel et/ou oculomoteur avec un impact possible sur l'attention visuelle. Un bilan orthoptique fonctionnel sera proposé.

À l'épreuve d'*Assemblage d'objets*, il obtient une note standard (9/19) située dans le bas de la norme de sa tranche d'âge. Cela indique des difficultés visuo-spatiales à comparer au *Raisonnement verbal*.

CONCLUSION

Le test de QI administré à ce garçon de 2 ans 8 mois indique un profil à haut potentiel intellectuel hétérogène (hétérogène uniquement dans le domaine verbal). On note des difficultés en logique spatiale permettant de soupçonner un trouble neurovisuel et/ou oculomoteur. L'attention fluctuante oriente l'hypothèse vers un trouble de Déficit de l'attention qu'il faudrait explorer après que Gabriel aura 7 ans. Si des difficultés se développent, le programme Cogmed[117] peut être une bonne aide, ainsi que le dosage des neurotransmetteurs et leur éventuel rééquilibrage.

8.2.2 Garçon de 3 ans 6 mois

Louis, qui a acquis la phrase simple vers l'âge de 2 ans[118] est un petit garçon possédant un très bon niveau de langage. Pendant la consultation,

117. Programme de remédiation cognitive de la mémoire de travail. https://www.cogmed.com/francais.
Voir aussi https://www.college-de-france.fr/site/stanislas-dehaene/p8400556916311082_content.htm

118. La phrase simple (sujet – verbe – complément) est généralement acquise vers 3 ans.

on constate une forte instabilité motrice, observée également à la maison et à l'école. On note aussi que sa lassitude arrive très vite dans ses activités.

Ce petit garçon s'est très bien intégré pendant le premier mois de sa scolarisation en petite section de maternelle, puis il a cessé de participer aux activités de jeux avec les autres enfants et il a développé des douleurs abdominales. L'école attend de lui « qu'il s'adapte » et qu'il apprenne à jouer avec les autres. Par ailleurs, l'enseignante, tout en étant défavorable à l'idée d'un passage anticipé en CP, a conseillé à la famille de lui apprendre à lire à la maison pour satisfaire son désir de lecture.

À la maison, il préfère jouer avec les enfants plus jeunes ou plus âgés que lui. Seul, il ne joue pas et préfère s'occuper avec des livrets d'activités.

Son résultat au test de QI est 102, dans la norme de sa tranche d'âge. Cependant, on note d'importants écarts entre les Indices : Indice de Mémoire de travail (IMT) supérieur à la norme de sa tranche d'âge (112), Indice de Compréhension verbale (ICV) supérieur à la norme de sa tranche d'âge[119] à 116, et Indice visuospatial (IVS) à 82, inférieur à la norme de sa tranche d'âge[120].

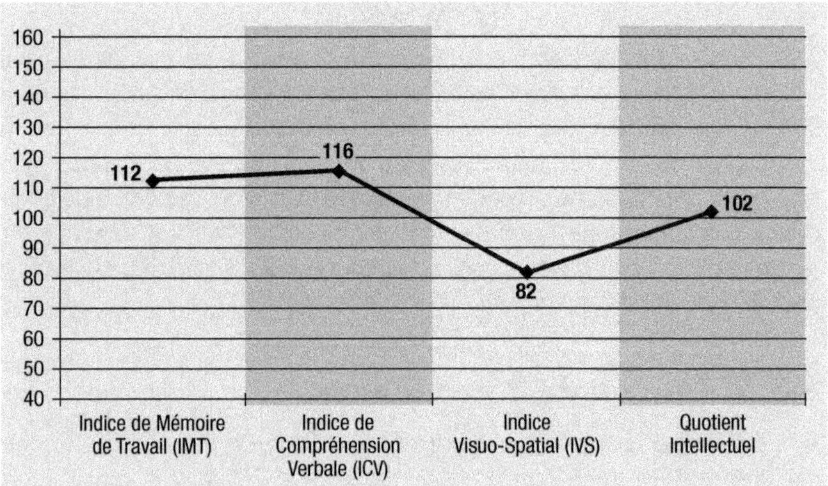

TABLEAU 52

119. Seuls 25 % de la population générale obtiennent un QI > 110.

120. 88 % de la population générale obtiennent cet Indice > 82.

La lecture des notes standards indique une forte hétérogénéité entre les subtests de l'Indice de Compréhension verbale (ICV) et de l'Indice visuospatial (IVS). La note standard est en noir, l'analyse du niveau maximum de difficulté résolue en gris :

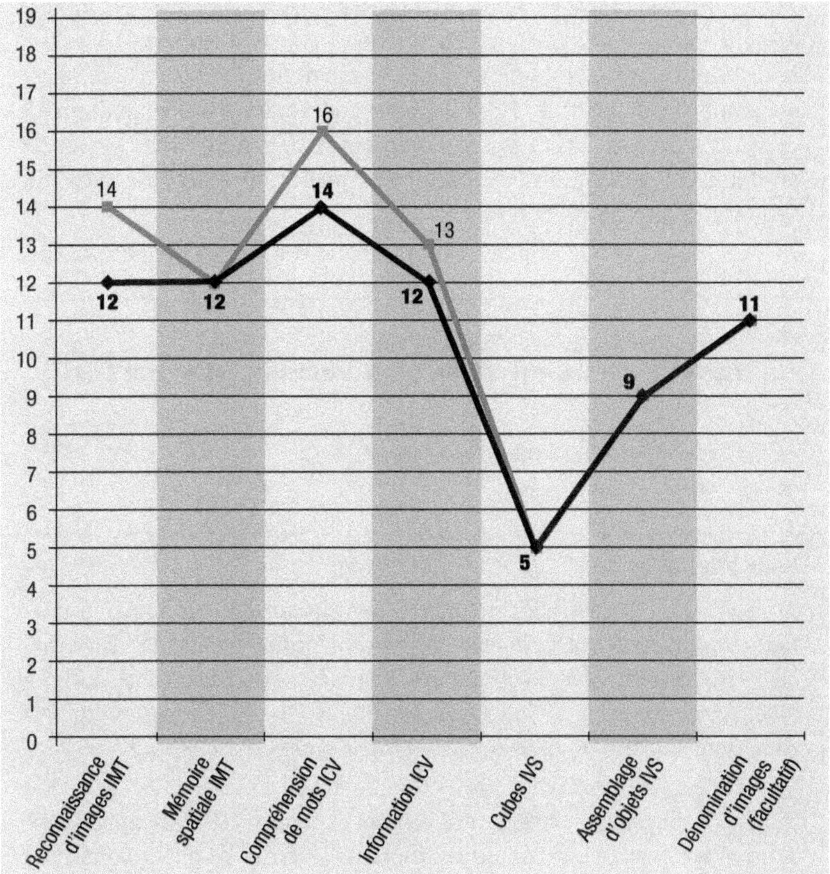

TABLEAU 53

Indice de Mémoire de travail (IMT = 112)

Il obtient :

- 12/19 à *Reconnaissance d'images.*
- 12/19 à *Mémoire spatiale.*

Pour aller plus loin...

Le déroulement de l'épreuve *Reconnaissance d'images* est marqué par une attention fluctuante qui fait échouer Louis aux items 10 et 11 à deux images, alors qu'il réussit ensuite les items à 3 images jusqu'à l'item 16 (sauf item 15 échoué). Ainsi, il obtient 13 points pour la note brute alors qu'il atteint réellement le niveau 16. La note standard[121] est donc à 12/19, mais son réel niveau maximum de difficulté résolue, l'item 16, correspond à une note standard située au début de la zone du haut potentiel intellectuel (14/19), dans une situation d'attention soutenue.

Rien de particulier à relever à propos du subtest *Mémoire spatiale*.

Indice de Compréhension verbale (ICV = 116)

Il obtient :

- 14/19 à *Compréhension de mots*.
- 12/19 à *Information*.

Pour aller plus loin...

Son score de 14/19 au subtest Compréhension de mots situe ce petit garçon au début de la zone du haut potentiel intellectuel. Bien qu'il aille jusqu'à l'item 23, il échoue aux items 12, 16 et 20. Ainsi, son réel niveau maximum de difficulté résolue (items 21, 22, 23) est nettement situé dans la zone du haut potentiel intellectuel (16/19) pour son âge.

Au subtest Information, le déroulement de l'épreuve est très légèrement hétérogène : Louis réussit jusqu'à l'item 19 mais après avoir échoué à l'item 8 à cause de distractions internes[122] puis à l'item 18. Ainsi, la note standard obtenue (12/19) est située dans le haut de la norme de sa tranche d'âge. Cependant son réel niveau maximum de difficulté résolue est supérieur à celle-ci.

---

121. Note brute convertie selon sa tranche d'âge

122. Association d'idée hors sujet.

Indice visuospatial (IVS = 82)

Il obtient :

- 5/19 à *Cubes*.
- 9/19 à *Assemblage d'objets*.

Pour aller plus loin...

On note d'importantes difficultés aux constructions de *Cubes*, où il échoue à partir de l'item 5/17. Cela fait suspecter un trouble neurovisuel et/ou oculomoteur. Un bilan orthoptique fonctionnel est préconisé.

Au subtest *Assemblage d'objets*, il obtient une note standard située dans le bas de la norme de sa tranche d'âge (9/19). Il réussit jusqu'à l'item 7, après avoir échoué à l'item 6, un puzzle représentant un animal pourtant bien familier aux enfants de son âge.

Ces deux épreuves font fortement suspecter un trouble neurovisuel et/ou oculomoteur.

CONCLUSION

Ce petit garçon de 3 ans ½ présente un profil d'enfant à haut potentiel intellectuel hétérogène et masqué, avec une entrée précoce dans le langage, un intérêt marqué pour les apprentissages d'un niveau supérieur à son âge. Cependant, on note des éléments évoquant un trouble du Déficit de l'attention avec hyperactivité mixte, caractérisé par la rapidité de survenue de sa lassitude[123], son attention fluctuante et son instabilité motrice. On note également des éléments qui conduisent à suspecter fortement un trouble neurovisuel et/ou oculomoteur.

Une prise en charge rééducative peut être mise en œuvre suite à un bilan orthoptique fonctionnel, et le programme Cogmed[124] pourra lui être proposé à partir de ses 4 ans afin de développer son attention. Une réévaluation serait souhaitable après que Louis aura 7 ans, avec le WISC-V et le NEPSY 2 « Attention et fonctions exécutives »[125] et « Perception sociale ».

123. Implication de la voie dopaminergique.

124. https://www.cogmed.com/francais et https://www.college-de-france.fr/media/stanislas-dehaene/UPL2812985053430393578_Cours_2_Fondements_cognitifs_des_apprentis sages_scolaires_v6.pdf

125. Les épreuves en simple tâche démarrent dès l'âge de 5 ans, mais la double tâche à partir de 7 ans.

8.2.3 Fillette de 3 ans 5 mois

Cette fillette est amenée par sa maman car elle rencontre des difficultés de comportement à l'école : Pauline tape beaucoup les autres enfants, parfois sans motif ; en passant à côté d'elle, elle peut même taper une élève avec laquelle elle s'entend bien. Au bout de 3 jours de classe, l'enseignante a dit qu'elle était « différente et atypique ». Après un mois en petite section, l'enseignante a précisé que Pauline lui faisait penser à un enfant avec un haut potentiel intellectuel car elle savait compter jusqu'à 10 et savait reconnaître toutes les lettres de l'alphabet. (En fait, elle sait les lire depuis qu'elle a 2 ans.)

On observe les mêmes difficultés à la maison : elle tape beaucoup en cas de désaccord avec ses parents, et elle est très émotive. En cas de frustration, il lui est arrivé de jeter les chaises. Ses parents la décrivent également comme étant fort empathique, avec un important besoin d'attention de la part des adultes.

Durant la consultation, on observe qu'elle parle d'elle à la troisième personne, en disant par exemple : « *Le téléphone de papa il n'a pas pris dans la main de Pauline* » (elle-même). On relève beaucoup de répétitions écholaliques de phrases d'adultes. En parlant de son doudou et d'elle dit : « *Oui c'est le doudou de Pauline, la tétine de Pauline* ». Elle a six exemplaires du même doudou : l'un est « doudou gentil », l'autre « doudou méchant ». Les six doivent être présents mais elle n'en utilise que deux. Elle les range et les compte dans le lit. Si cela n'est pas bien fait, elle les jette. Lorsqu'elle joue, on remarque son regard vague et figé quand elle pousse des cartes et qu'elle les voit tomber en volant. Elle fait glisser une carte, sa maman dit : « *Oh ben chérie, tu l'as fait glisser de l'autre côté* », elle répète : « *Oh ben chérie, tu l'as fait glisser de l'autre côté* ».

Ces éléments, déjà relevés lors de la consultation qui avait précédé la passation du test de QI, font suspecter un trouble du Spectre de l'autisme (TSA), qui sera en effet diagnostiqué quelques mois plus tard par une pédopsychiatre spécialiste de ces troubles. Compte tenu de l'évidence des signes cliniques, il a été décidé de ne pas administrer l'ADI-R[126] et l'ADOS 2 maintenant, mais plutôt de se consacrer à la prise en charge. La fillette a été

126. Entretien permettant de rechercher les symptômes de l'autisme dans les trois domaines fonctionnels : relations sociales, communication, comportements restreints stéréotypés et répétitifs

suivie par une orthophoniste du cabinet, spécialisée sur les TSA, notamment formée au Québec sur le programme Denver.

Puis, ce sera ensuite son père qui viendra passer un WAIS-IV et l'ADOS 2, lesquels indiqueront un profil à haut potentiel intellectuel hétérogène[127], et un TSA de type syndrome d'Asperger.

Quant à Pauline, son QI est à 75, nettement inférieur à la norme de sa tranche d'âge : le rang percentile est 5, ce qui signifie que 95 % des enfants de sa tranche d'âge ont un QI supérieur au sien. On pourrait suspecter une déficience intellectuelle alors qu'elle présente au contraire incontestablement une avance de développement, au point que son enseignant s'interrogeait sur un éventuel haut potentiel intellectuel.

Toutefois, on note des écarts entre les Indices : Indice de Mémoire de travail (IMT) déficitaire à 67 ; Indice de Compréhension verbale (ICV) à 86, inférieur à la norme de sa tranche d'âge ; et Indice visuospatial (IVS) lui aussi inférieur à la norme de sa tranche d'âge à 79.

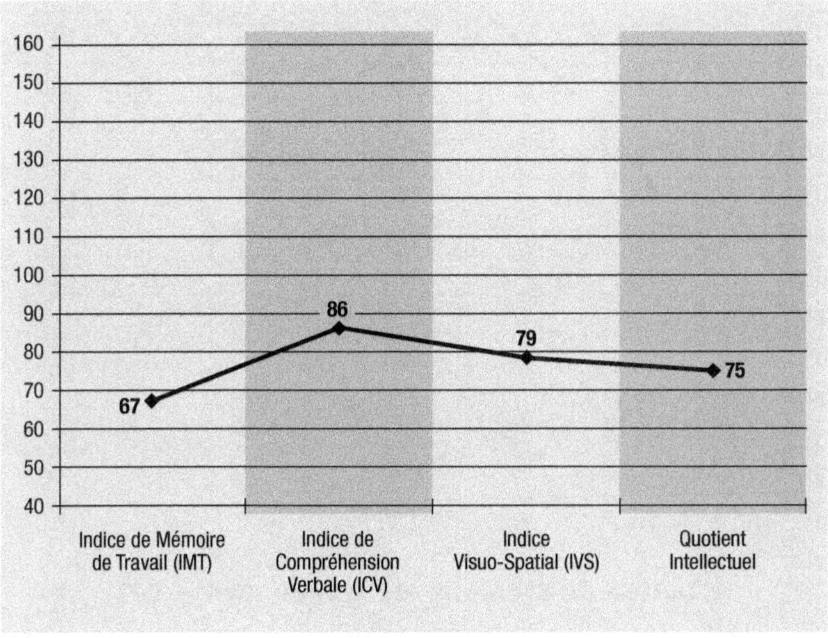

TABLEAU 54

127. Il avait plusieurs subtests avec une note standard >15/19.

La lecture des notes standards indique une forte hétérogénéité entre les subtests. La note standard est en noir, l'analyse du niveau maximum de difficulté résolue en gris :

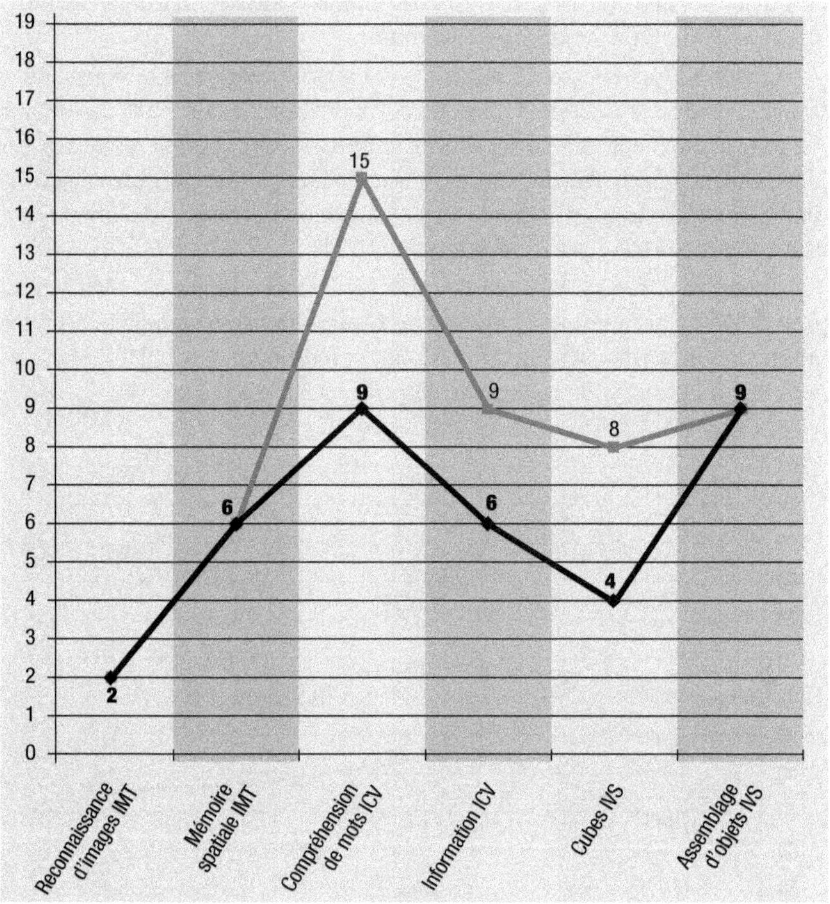

TABLEAU 55

Indice de Mémoire de travail (IMT = 67)

Elle obtient :

- 2/19 à *Reconnaissance d'images*.
- 6/19 à *Mémoire spatiale*.

Pour aller plus loin...

Le score de cet Indice est déficitaire. Pauline ne réussit aucun item à *Reconnaissance d'images*, malgré la réussite de l'item d'apprentissage de la tâche. Nous avons néanmoins choisi de conserver cette note pour calculer un Indice, tout en indiquant le problème qui confirme probablement davantage ses difficultés de compréhension verbale que son niveau de mémoire. Mais on aurait aussi pu décider de ne pas prendre en compte ce subtest.

À *Mémoire spatiale*, elle obtient 6/19, ce qui, là encore, est déficitaire. Là, elle comprend la consigne. On note néanmoins une difficulté pour en comprendre la partie implicite, ce qui oriente vers une suspicion de trouble du langage pragmatique, très fréquent dans les TSA.

Indice de Compréhension verbale (ICV = 86)

Elle obtient :

- 9/19 à *Compréhension de mots.*
- 6/19 à *Information.*

Pour aller plus loin...

Elle obtient 9/19 au subtest *Compréhension de mots*, ce qui la situe dans le bas de la norme de sa tranche d'âge. Le déroulement de l'épreuve est très hétérogène, avec une forte alternance d'items échoués et réussis. De plus, elle échoue à trois items de suite (n°14, 15 et 16), ce qui, selon le protocole de passation, doit marquer l'arrêt de l'épreuve. Or, en poussant cet enfant au-delà de l'arrêt protocolaire pour vérifier qu'elle était bien arrivée au maximum de ses connaissances, conformément aux préconisations données pour l'administration des tests[128], on note qu'elle réussit ensuite les items 18, 19 et 21. Ainsi, son réel niveau maximum de difficulté résolue n'est pas l'item 13 comme le laisserait croire le strict respect du protocole, mais l'item 21. Cela fait qu'elle atteint un niveau de difficulté situé dans la zone du haut potentiel pour

128. Manuel d'administration et de cotation du WPPSI-IV, page 41 ; du WISC-IV, page 33 ; du WISC-V, page 39 ; et du WAIS-IV, page 33.

son âge (15/19). Cela concorde avec le soupçon de haut potentiel formulé par l'enseignante. Enfin, comme pour l'épreuve de mémoire, on note des difficultés de compréhension de la consigne.

Au subtest *Information*, le déroulement de l'épreuve est hétérogène. Pauline échoue aux items 7, 8 et 9, marquant ainsi l'arrêt de l'épreuve selon le protocole de passation. Or, elle réussit ensuite les items 10 et 11, ce qui marque son réel niveau maximum de difficulté résolue. Ainsi, la note standard obtenue (6/19) est inférieure à la norme de sa tranche d'âge, et le réel niveau maximum de difficulté résolue est dans le bas de celle-ci (9/19). On note aussi qu'elle donne quatre réponses écholaliques.

Indice visuospatial (IVS = 79)

Elle obtient :

- 4/19 à *Cubes*.
- 9/19 à *Assemblage d'objets*.

Pour aller plus loin...

On relève d'importantes difficultés aux constructions de *Cubes*. Elle échoue aux items 4 et 5, marquant l'arrêt de l'épreuve selon le protocole de passation. Or, en la poussant là encore au-delà de l'arrêt protocolaire, on s'aperçoit qu'elle réussit la figure 6 qui est plus complexe que les précédentes. Ainsi, son réel niveau maximum de difficulté résolue est situé dans le bas de la norme de sa tranche d'âge (8/19) au lieu d'être déficitaire à 4/19. Par ailleurs, on note qu'elle ne comprend pas la partie implicite de la consigne. De nouveau, on peut soupçonner un trouble du langage, notamment du langage pragmatique.

Au subtest *Assemblage d'objets*, elle obtient une note standard située dans le bas de la norme de sa tranche d'âge (9/19).

Ces deux épreuves conduisent à suspecter fortement un trouble neurovisuel et/ou oculomoteur. Un bilan orthoptique fonctionnel sera préconisé.

CONCLUSION

Chez cette enfant ayant un trouble du Spectre de l'autisme (TSA) de type « Syndrome d'Asperger » (ce prédiagnostic sera par la suite validé une pédopsychiatre), le QI à 75 ferait soupçonner une déficience intellectuelle alors qu'elle présente une nette avance de développement en numération et en lecture. La présence de ce TSA avec un trouble du langage (dont le langage pragmatique) diagnostiqué plus tard par son orthophoniste, un trouble neurovisuel et/ou oculomoteur lui aussi diagnostiqué par la suite, impactent à la baisse la réussite de ce test de QI. Ainsi, dans ce cas, afin d'éviter une erreur de diagnostic, le score du QI doit être pondéré par l'anamnèse et la prise en compte des indices de troubles associés.

Nous verrons, plus loin, avec d'autres exemples cliniques, que des QI et des Indices bas ne sont pas toujours indicatifs d'un retard de développement intellectuel mais qu'ils peuvent indiquer un sévère trouble des apprentissages.

Pauline a commencé par une rééducation orthoptique et orthophonique puis on lui a conseillé un groupe d'habiletés sociales.

8.3
WPPSI-IV : 4 ANS

8.3.1 Garçon de 4 ans 6 mois

Voici le test de QI d'un petit garçon amené en consultation par sa maman. Elle décrit son enfant à la limite du « *burnout* » à la rentrée de septembre en moyenne section avec, pour cet âge, une très longue journée passée en dehors de la maison[129] et un déficit de sommeil lié à un trouble de l'endormissement. Son médecin lui a prescrit un traitement d'Atarax® pendant six semaines et il prend maintenant un élixir de fleurs de Bach.

La mère explique que Jules développe des crises de refus de l'autorité, ne supporte pas la frustration et qu'il est dans l'opposition et la provocation. À l'école, m'explique-t-elle, ce qu'il fait est soit « parfait », soit totalement raté. En situation d'échec, il peut s'énerver ou, pour éviter un risque d'échec, refuser d'effectuer une activité scolaire. Il perturbe les autres enfants pendant leurs activités, joue avec les scratchs de ses chaussures pendant que l'enseignante leur apprend la comptine. Inscrit au baby-basket, il peut parfois décider de ne jouer qu'en marchant ou de ne pas toucher le ballon, etc.

Sa maman consulte un psychologue pour elle-même et pense avec celui-ci que Jules présente un haut potentiel intellectuel. Mais, comme ce psychologue ne fait pas passer de tests, elle a cherché un autre praticien.

Lors de la première consultation, la description qu'elle fait de son fils, l'observation et l'échange avec celui-ci ne font pas penser à un haut potentiel intellectuel, mais plutôt à un trouble d'Opposition et de provocation (TOP), avec un trouble du Déficit de l'attention avec/sans hyperactivité (TDA/H) pour ce qui est des apprentissages scolaires.

Le QI de l'enfant est à 107, dans le haut de la norme de sa tranche d'âge. Les Indices de Mémoire de travail (IMT) et de Vitesse de traitement sont à 100, là aussi dans la norme, tout comme l'Indice de Compréhension verbale (ICV). Les Indices Visuospatial (IVS) et de Raisonnement fluide (IRF) sont respectivement à 109 et 111. A priori, il n'y a pas de profil à haut potentiel intellectuel. On note cependant une meilleure performance en raisonnement visuel et spatial que verbal.

129. Grande ampleur du temps, scolaire et périscolaire, en activité collective.

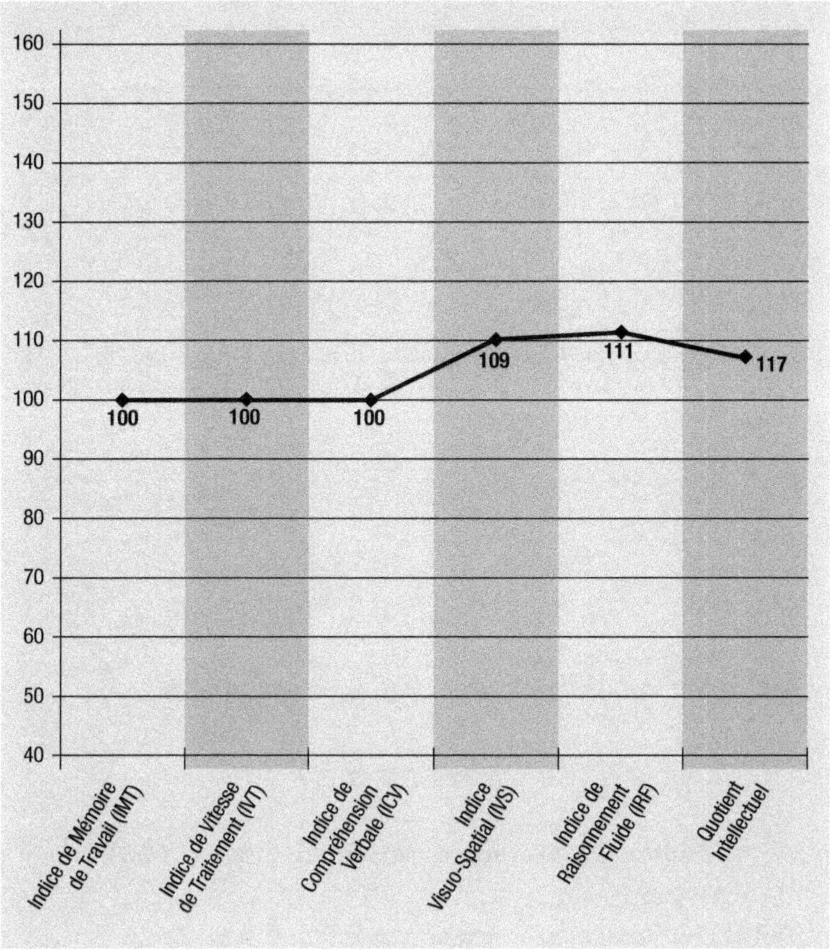

TABLEAU 56

Pour rappel, le calcul du QI ne prend pas en compte toutes les épreuves obligatoires pour les Indices. Jules obtient un QI supérieur à la moyenne et à quatre Indices sur cinq. Cela laisse supposer qu'une des deux notes standards de plusieurs Indices pourrait être nettement supérieure à l'autre. Le détail des notes standards montre en effet qu'il y a une hétérogénéité des scores à l'Indice de Mémoire de travail (IMT) et à l'Indice Visuospatial (IVS).

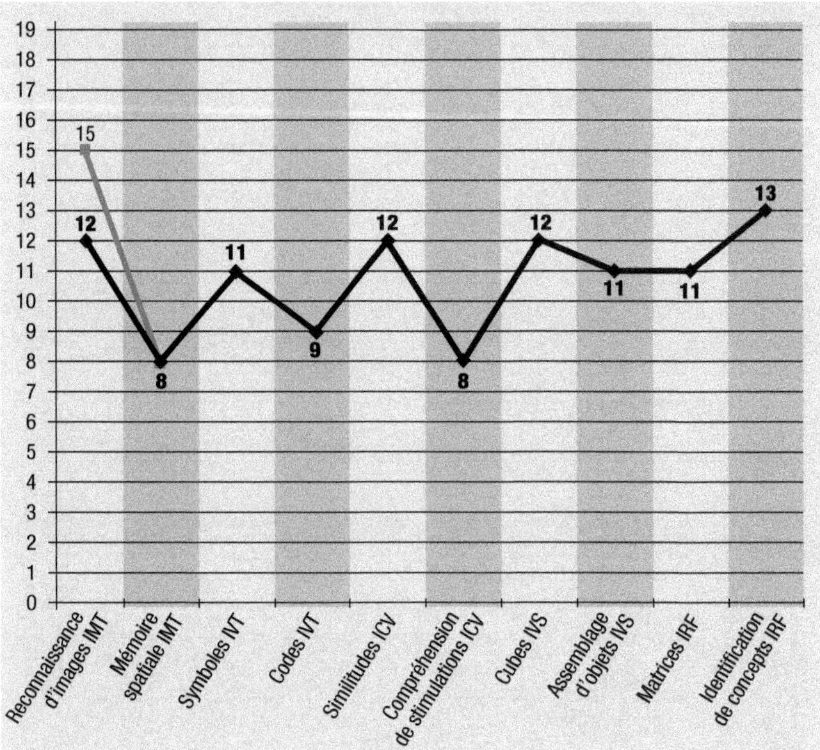

TABLEAU 57

Indice de Mémoire de travail (IMT = 100)

Le sujet obtient :

- 12/19 à *Reconnaissance d'images.*
- 8/19 à *Mémoire spatiale.*

Pour aller plus loin...

Le déroulement de l'épreuve *Reconnaissance d'images* est marqué par une attention fluctuante de Jules, qui le fait échouer à 3 images et 2 distracteurs, puis à 3 images et 3 distracteurs, 3 images et 5 distracteurs, alors qu'il réussit sans difficulté la première série à ce même niveau de difficulté. Ainsi, le niveau maximum de difficulté résolue

(3 images + 5 distracteurs) avec une attention soutenue donnerait une note standard à 15/19, c'est-à-dire située dans la zone du haut potentiel intellectuel pour sa tranche d'âge.

À *Mémoire spatiale*, sa note standard (8/19) est dans le bas de la norme de sa tranche d'âge. On note que son attention décroche à partir de l'item 11. On peut supposer qu'il est fatigué car c'est le 9e subtest à suivre, donc après plus d'une heure de test. Mais il obtient 11/19 au subtest suivant, ce qui contredit cette hypothèse et laisse plutôt penser que c'est une tâche cognitive qui lui est difficile.

Indice de Vitesse de traitement (IVT = 100)

Il obtient :

- 11/19 à *Symboles*.
- 9/19 à *Codes*[130].

Pour aller plus loin...

Le déroulement de l'épreuve *Symboles* indique une vitesse de traitement dans le haut de la norme de sa tranche d'âge.

L'examen des *Codes* à tamponner selon le modèle situé en haut de page indique une vitesse dans le bas de la norme de sa tranche d'âge.

Il n'y a rien de particulier à relever à propos de ces deux subtests, sinon peut-être que les saccades oculaires horizontales sont plus aisées que les verticales.

Indice de Compréhension verbale (ICV = 100)

Il obtient :

- 12/19 à *Similitudes*.
- 8/19 à *Compréhension de situations*[131].

130. Nous avons décidé de substituer *Codes à Barrage* pour avoir une épreuve aux saccades oculaires verticales et une aux saccades oculaires horizontales, sur le modèle du WISC et du WAIS.

131. Nous avons décidé de substituer *Compréhension de situations* au subtest Information qui est composé de connaissances générales.

Pour aller plus loin...

Au subtest *Similitudes,* la note standard se situe dans le haut de la norme de sa tranche d'âge.

À *Compréhension de situations*, la note standard (8/19) est située dans le bas de la norme de sa tranche d'âge.

Le déroulement de l'épreuve est très hétérogène, avec des échecs à des items simples et des réussites d'items plus complexes. Cela peut être dû à des difficultés attentionnelles ou de compréhension, ou de connaissance des situations.

Indice visuospatial (IVS = 109)

Il obtient :

- 12/19 à *Cubes*.
- 11/19 à *Assemblage d'objets*.

Pour aller plus loin...

Le niveau de Jules pour les constructions de *Cubes* (12/19) est dans le haut de la norme de sa tranche d'âge. On note une rotation de 90° à l'item 5. Pas de suspicion particulière, vu le jeune âge du sujet.

À l'épreuve de spatialisation, Jules obtient une note standard également dans le haut de la norme de sa tranche d'âge (11/19).

Indice de Raisonnement fluide (IRF = 111)

Il obtient :

- 11/19 à *Matrices*.
- 13/19 à *Identification de concepts*.

Pour aller plus loin...

Il obtient 11/19 à l'épreuve de *Matrices* (complétement de suites d'images), note située dans le bas de la norme de sa tranche d'âge.

Il obtient 13/19 à *Identification de concepts*, ce qui est supérieur à sa tranche d'âge. À noter que c'est un proche équivalent de *Similitudes* où il obtient 12/19, ce qui est cohérent.

CONCLUSION

Les Indices sont très homogènes, ce qui laisserait supposer qu'il n'y a rien de particulier à dire. Or, en fait, cette homogénéité des Indices dissimule une hétérogénéité des notes standards entre les subtests qui les composent, notamment aux Indices de mémoire, de Compréhension verbale et, dans une moindre mesure, de Vitesse de traitement.

Les écarts entre les subtests de mémoire évoquent un trouble attentionnel. Ceux entre les subtests de compréhension verbale peuvent être dus à des difficultés attentionnelles ou de compréhension, ou de connaissance des situations. Les légers écarts en vitesse de traitement pourraient faire suspecter un trouble oculomoteur.

L'hypothèse de la maman et de son psychologue était celle d'un haut potentiel intellectuel, ce que la passation du test de QI ne confirme pas. Par contre, le trouble de l'endormissement présenté par Jules est fréquent dans le trouble du Déficit de l'attention avec/sans hyperactivité (TDA/H), et le fait d'être dans l'opposition et la provocation évoque un trouble d'Opposition et de provocation (TOP), lui aussi fréquemment associé au TDA/H.

Le NEPSY 2 ne se faisant passer qu'à partir de 5 ans, nous n'avons pas pu évaluer les capacités attentionnelles de ce petit garçon.

Notre hypothèse s'oriente plutôt vers un TDA/H avec TOP, ce qu'il faudra évaluer idéalement à partir de 7 ans pour accéder aux épreuves d'attention en double tâche du NEPSY 2 jumelé avec un WISC-V. Pour l'instant, une guidance parentale est préconisée pour aider à l'éducation de cet enfant, ainsi qu'une thérapie comportementale et un dosage des neurotransmetteurs[132] à côté de l'Atarax® prescrit par le médecin. Pour l'endormissement, à la place de l'Atarax®, la mélatonine faiblement dosée peut également être une aide en complément alimentaire : la mélatonine est en effet souvent prescrite contre le trouble de l'endormissement dans le cadre d'un TDA/H car le temps de sommeil est important et le déficit de sommeil rend irritable et moins attentif.

---

132. Cf. article de *La Lettre du Psychiatre* - Vol. IV - n° 3-4 - mai-juin-juillet-août 2008 sur les liens entre agressivité et neurobiologie de type préventive, notamment sur la sérotonine et la fluidité membranaire.

8.3.2 Fillette de 5 ans 3 mois

Il s'agit d'une fillette scolarisée en maternelle en classe de moyenne section. Sa maman pense qu'elle a un haut potentiel intellectuel.

Emma montre des difficultés de comportement. Dès l'âge de 18 mois, tant dans sa famille qu'à la crèche, elle criait au contact des autres. Aujourd'hui, elle tape sur les autres enfants et coopère difficilement. Elle est souvent dans l'opposition, que ce soit à la maison ou à l'école. Elle a des accès de violence dès qu'elle est frustrée et frappe alors volontairement. Ainsi, si sa mère lui demande de sortir de la baignoire, elle refuse, et si sa mère la prend dans ses bras pour la faire sortir, alors elle la frappe au visage. Elle est également très obstinée. Plus jeune, il fallait la contenir lors de ses crises de violence.

Elle est ritualisée, notamment sur l'hygiène, avec des procédures complexes qui nécessitent la présence de sa maman pour se laver et s'habiller. Il faut la prévenir assez longtemps à l'avance pour les activités et les sorties. Elle pose beaucoup de questions, de façon incessante, et à propos de tout. Ce dernier point conduit ses parents à penser à un haut potentiel intellectuel.

Ce que nous observons en consultation et en questionnant les parents, est en fait que cette fillette ne décode pas l'implicite, ce qui l'amène à s'interroger sur beaucoup de points qui sont « évidents » pour les autres. Ce qui pourrait s'interpréter comme une soif de savoir, signe d'un haut potentiel, semble donc être ici davantage dû à un manque de décodage de l'implicite.

Emma présente un trouble de l'endormissement. Elle est mise au lit entre 20h et 20h30 et ne s'endort que vers 22h, lorsque ses parents sont couchés. Elle se lève spontanément entre 6h30 et 8h, ce qui laisse supposer qu'elle ne manque pas de sommeil malgré son jeune âge.

Elle mange de tout en quatre repas par jour, mais réclame un biberon de 250 ml de lait après le dîner, sans le boire systématiquement : c'est un rituel, et elle entre dans une crise de colère si elle ne l'a pas.

Elle a acquis la phrase simple (sujet-verbe-complément) à 2 ans ½. À l'école, elle n'exécute pas les activités demandées et reste donc pendant la récréation pour les réaliser, et les finit parfois à la maison. C'est malheureusement un exemple de cette « double peine » souvent observée chez les enfants en difficulté à l'école. C'est une enfant perfectionniste qui s'énerve ou abandonne quand elle n'arrive pas à réaliser une tâche.

Elle est décrite comme hypersensible et très empathique. Malgré son âge, elle se lèche encore la peau, a besoin de toucher et mord encore parfois quand ses émotions sont trop fortes. Elle masque souvent ses émotions et se renferme. Enfin, ses émotions sont souvent en décalage, soit par leur nature (émotions inadaptées à la situation), soit dans leur intensité (émotions trop fortes ou inexistantes).

Pendant les épreuves, on note son absence d'inhibition sociale : Emma s'écrie « *Allez !* » d'un ton ferme pour inciter à tourner la page du livret, veut poser les « devinettes » à la place de l'examinateur, refuse de coopérer sur plusieurs activités, tape sur la table en disant qu'elle en a assez et qu'il faut finir là, et grogne quand elle n'arrive pas à réaliser un item d'*Assemblage d'objets*. Elle prend les affaires du praticien et se fâche s'il le lui interdit. Elle imite le lion pendant l'épreuve. Sans demander, elle tourne des pages du manuel d'administration du praticien pour récupérer des post-it collés sur les pages.

Le questionnaire du DSM-5 indique un trouble d'Opposition et de provocation (TOP).

Ces éléments sont davantage en faveur de l'hypothèse d'un trouble du Spectre de l'autisme de type « syndrome d'Asperger » avec un trouble du langage pragmatique et un TOP, que d'un haut potentiel intellectuel. Mais la famille refusera d'explorer cette hypothèse, préférant rester sur son idée initiale.

Le QI est dans la norme de sa tranche d'âge, à 98. Sur les cinq Indices, quatre sont à peu près homogènes, compris entre 85 et 100. En fait, deux sont inférieurs à la norme de sa tranche d'âge : l'Indice de Vitesse de traitement (IVT) et l'Indice Visuospatial (IVS), qui sont à 85. Nous pouvons conclure à une suspicion de trouble neurovisuel et/ou oculomoteur car les deux Indices nécessitant des saccades et l'orientation visuospatiale sont les plus bas, et inférieurs à la norme de sa tranche d'âge. Un bilan orthoptique fonctionnel sera préconisé.

Les Indices de Mémoire de travail (IMT) et de Raisonnement fluide (IRF) sont aussi à 100 et 99. Rien de particulier à signaler à ce sujet. En revanche, l'Indice de Compréhension verbale (ICV) est à 127, dans la zone du Haut Potentiel Intellectuel. Pour rappel, au WPPSI-IV, avec une note standard moyenne à 14/19 pour chaque subtest, l'enfant a un QI de 130 et l'ICV est à 124. Avec 15/19 en moyenne à chaque subtest, le QI est à 137 et l'ICV à 127. Emma présente donc un profil hétérogène d'enfant à haut potentiel intellectuel.

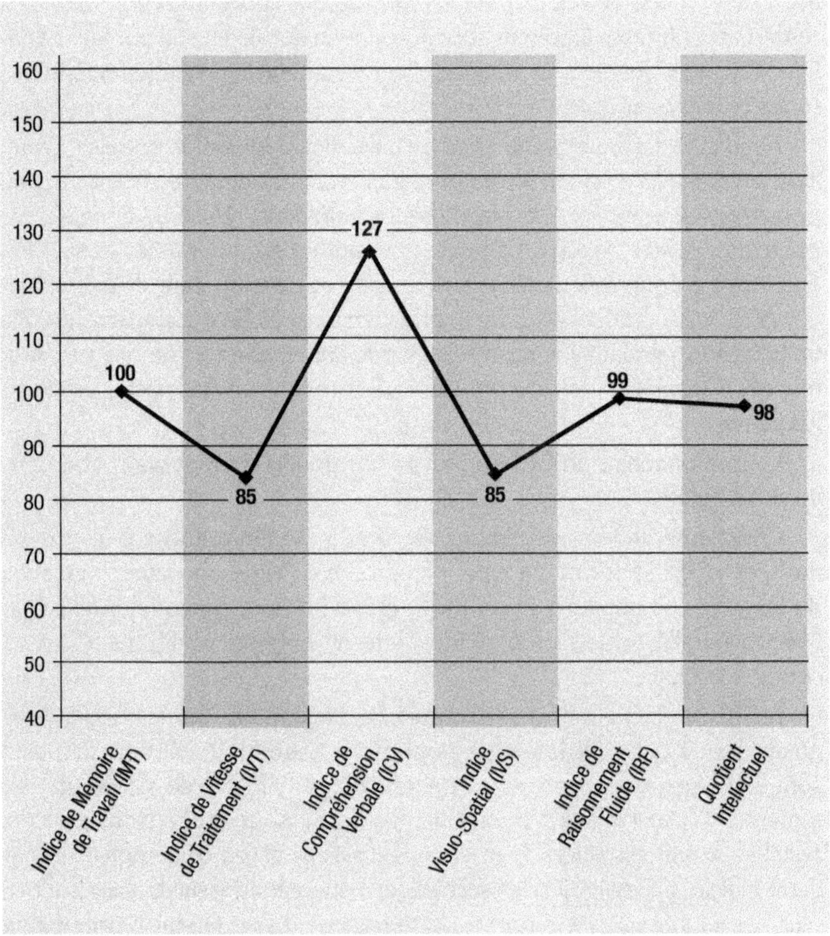

TABLEAU 58

Le détail de ses notes standards montre une hétérogénéité des scores à l'Indice de Mémoire de travail (IMT) et à l'Indice Visuospatial (IVS).

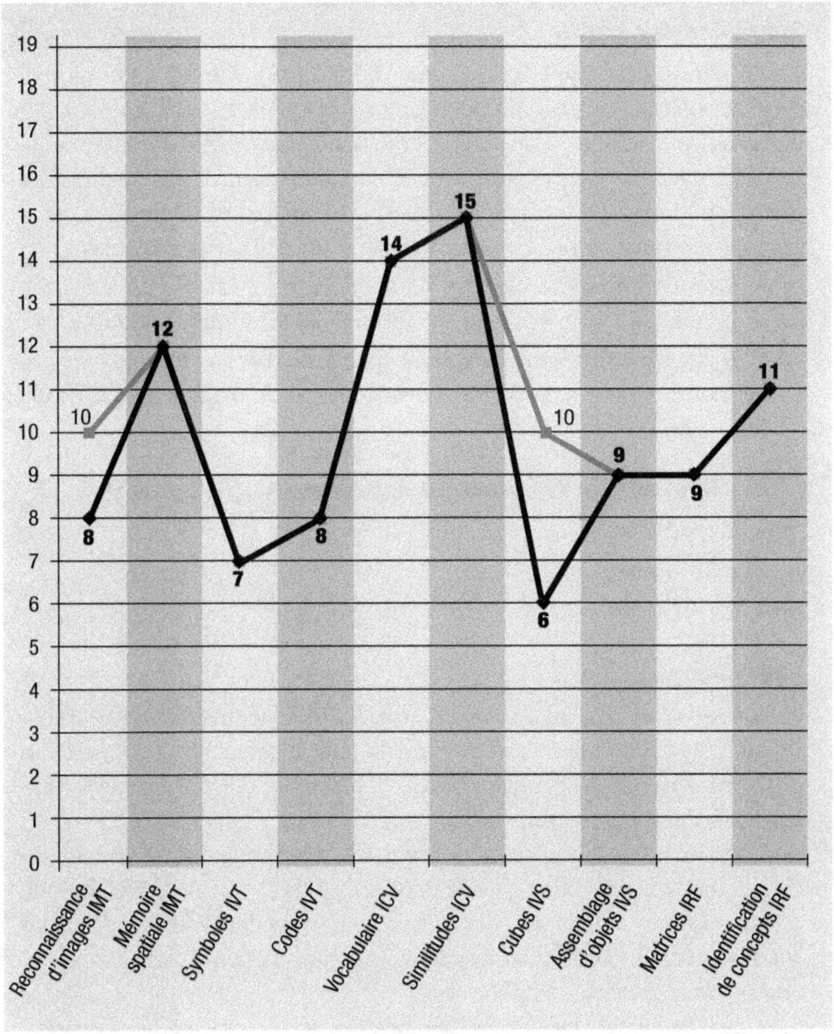

TABLEAU 59

Indice de Mémoire de travail (IMT = 100)

Elle obtient :

- 8/19 à *Reconnaissance d'images*.
- 12/19 à *Mémoire spatiale*.

Pour aller plus loin...

Le déroulement de l'épreuve *Reconnaissance d'images* est marqué par l'attention fluctuante de cette petite fille qui la fait échouer sur des séries de deux images avec deux distracteurs, alors qu'elle réussit ensuite des séries à trois images avec trois distracteurs. Ainsi, son réel niveau maximum de difficulté résolue (10/19) est dans la norme de sa tranche d'âge, mais masqué par la perte de points sur des séries « simples ».

À *Mémoire spatiale*, la note standard est dans le haut de la norme de sa tranche d'âge. L'absence de distracteurs lui semble favorable.

Son attention fluctuante et son meilleur score obtenu sur une épreuve de mémoire visuelle sans distracteurs évoquent un trouble attentionnel.

Indice de Vitesse de traitement (IVT = 85)

Elle obtient :

- 7/19 à *Symboles*.
- 8/19 à *Codes*[133].

Pour aller plus loin...

Le déroulement de l'épreuve *Symboles* indique une vitesse de traitement et de discrimination inférieure à la norme de sa tranche d'âge. On note une absence de planification de la tâche qui conduit Emma à faire les items dans le désordre sur la feuille.

L'examen des *Codes* à tamponner selon le modèle situé en haut de chaque page indique une vitesse dans le bas de la norme de sa tranche d'âge. La fillette ne planifie pas la tâche et fait les items dans le désordre sur la feuille. On note qu'elle oublie l'item du centre à la dernière page, complétée par ailleurs entièrement.

Ces éléments d'absence de planification orientent vers une suspicion de troubles du déficit de l'attention et des fonctions exécutives. L'oubli de l'item du centre de la feuille peut être dû à la fois à un trouble neurovisuel et/ou oculomoteur et à un manque d'attention et de contrôle exécutif.

133. Nous avons décidé de substituer « *Codes* » à « *Barrage* » pour avoir une épreuve aux saccades oculaires verticales et une aux saccades oculaires horizontales, sur le modèle du WISC et WAIS.

Indice de Compréhension verbale (ICV = 127)

Elle obtient :

- 15/19 à *Similitudes*.
- 14/19 à *Vocabulaire*.

Pour aller plus loin...

Au subtest *Similitudes*, la note standard est située dans la zone du haut potentiel intellectuel. On note l'échec de l'item 13 alors qu'elle réussit en continu jusqu'à 18, puis elle échoue aux 19 et 21 et réussit le 22 situé au-delà de l'arrêt protocolaire de l'épreuve. Mais le manuel nous autorise, si cela nous semble nécessaire, à poursuivre l'épreuve sans comptabiliser les points supplémentaires pour le calcul de la note standard, ce que nous avons respecté[134].

À *Vocabulaire*, la note standard (14/19) est au début de la zone du haut potentiel intellectuel. Le déroulement de l'épreuve étant très hétérogène, le nombre de points de note brute donne une note standard inférieure à son réel niveau maximum de difficulté résolue. Il est difficile d'évaluer ce niveau maximum de difficulté résolue sur cette épreuve qui dépend du milieu socio-culturel de l'enfant. C'est très différent d'une épreuve de mémoire ou de logique visuelle.

Indice visuospatial (IVS = 85)

Elle obtient :

- 6/19 à *Cubes*.
- 9/19 à *Assemblage d'objets*.

Pour aller plus loin...

Le niveau de construction d'Emma à *Cubes* (6/19) est inférieur à la norme de sa tranche d'âge. On note ainsi un échec aux items 9 et 10 à deux cubes bicolores, ce qui selon le protocole de passation doit marquer l'arrêt de l'épreuve. Or, en poursuivant l'épreuve, on découvre

134. Manuel d'administration et de cotation du WPPSI-IV, page 41 ; du WISC-IV, page 33 ; du WISC-V, page 39 ; et du WAIS-IV, page 33.

qu'Emma réussit l'item 11 à 4 cubes, nettement plus complexe que les deux précédents, ce qui correspond à un niveau de difficulté situé dans la norme de sa tranche d'âge (10/19).

À l'épreuve de spatialisation, elle obtient une note standard dans le bas de la norme de sa tranche d'âge (9/19).

Indice de Raisonnement fluide (IRF = 99)

Elle obtient :

- 9/19 à *Matrices*.
- 11/19 à *Identification de concepts*.

Pour aller plus loin...

Elle obtient 9/19 à l'épreuve de complètement de suites d'images de *Matrices*, note située dans le bas de la norme de sa tranche d'âge. Elle ne « devine » pas la partie implicite de la consigne qui, pourtant « se devine », et elle se trompe lors du premier item d'apprentissage de la tâche. On peut en déduire une hypothèse de trouble du langage pragmatique.

Emma obtient 11/19 à *Identification de concepts*. À noter que c'est un proche équivalent de *Similitudes* où elle obtient 15/19, ce qui laisse supposer qu'elle est sensible aux distractions visuelles présentes dans les items de cette épreuve.

CONCLUSION

Cette fillette n'a pas passé le NEPSY 2 « Attention et fonctions exécutives » et « Perception sociale ». Pourtant, cela aurait été un bon complément pour évaluer son attention auditive et visuelle, sa planification des tâches en autonomie et sa perception sociale.

Les éléments relevés durant ce WPPSI-IV indiquent un profil hétérogène d'enfant à haut potentiel intellectuel avec une forte suspicion de trouble neurovisuel et/ou oculomoteur nécessitant un bilan orthoptique fonctionnel. On note une attention fluctuante, d'où une suspicion de trouble du Déficit de l'attention (TDA/H). Le fort manque d'inhibition sociale de cette fillette ainsi que les éléments réunis lors de l'anamnèse et ses difficultés en langage pragmatique évoquent un trouble du Spectre de l'autisme (TSA) de type « syndrome d'Asperger ». Le bilan ADOS 2 pour les TSA serait à administrer. Là encore, un dosage de ses neurotransmetteurs serait utile[135].

8.3.3 Garçon de 6 ans 2 mois

Il s'agit d'un petit garçon scolarisé en fin de grande section de maternelle et suivi dans un CMP. Le psychologue hésite entre un trouble du Comportement et un trouble du Déficit de l'attention (TDA/H), mais avec une plus forte suspicion pour ce dernier trouble. Il a demandé un bilan psychomoteur qui sera fait dans plusieurs mois.

De son côté, la psychologue scolaire a adressé la famille à une neuropédiatre exerçant dans un centre hospitalier, laquelle renvoie l'enfant à notre consultation pour les bilans neuropsychologiques, et demande également un bilan orthophonique.

Enfin, l'évaluation du développement moteur de ce petit garçon effectuée par le médecin scolaire indique un retard.

Adam aime l'école, mais il s'y endort littéralement sur sa table en pleine matinée. Pourtant, il se couche vers 20 h 30 et se réveille le matin vers 7 h 30. Il fait beaucoup de colères à l'école et à la maison, mais aussi quand il séjourne chez ses oncles et tantes.

Son QI est à 96, ce qui est dans la norme de sa tranche d'âge.

L'Indice de Mémoire de travail (IMT) est à 121, nettement supérieur à la norme de sa tranche d'âge, ce qui laisse supposer qu'Adam n'a pas de difficultés dans ce domaine. À l'opposé, l'Indice de Vitesse de traitement (IVT), à 74, est très inférieur à la norme de sa tranche d'âge. Cela laisse soupçonner un trouble neurovisuel et/ou oculomoteur, et peut-être une très faible résistance aux distractions externes, ce qui pourrait déconcentrer le sujet et donc le ralentir, Cela permet d'évoquer l'hypothèse d'un éventuel TDA/H, comme le propose le psychologue du CMP.

135. Cf. article de *La Lettre du Psychiatre* - Vol. IV - n° 3-4 - mai-juin-juillet-août 2008 sur les liens entre agressivité et neurobiologie de type préventive, notamment sur la sérotonine et la fluidité membranaire.

L'Indice de Compréhension verbale (ICV) de ce petit garçon est à 102, dans la norme de sa tranche d'âge. Son Indice Visuospatial (IVS) est à 85, ce qui fait de nouveau penser à un trouble neurovisuel et/ou oculomoteur. Enfin, son Indice de Raisonnement fluide (IRF), à 111, est légèrement supérieur à la norme de sa tranche d'âge.

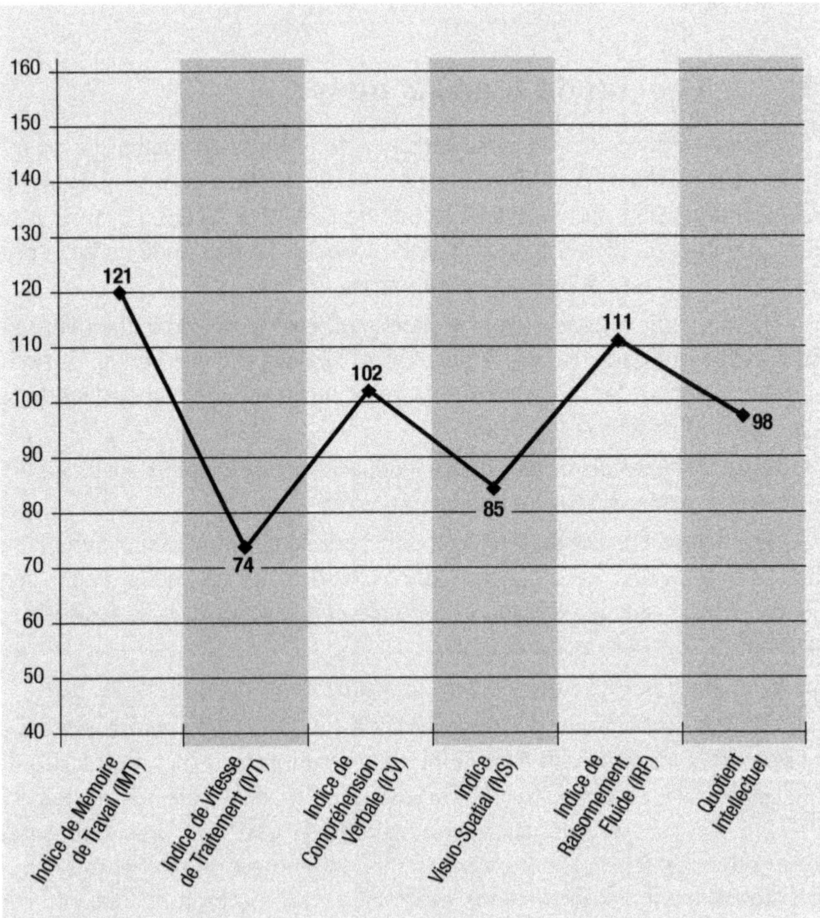

TABLEAU 60

Le détail des notes standards montre une hétérogénéité des scores à l'Indice de Mémoire de travail (IMT) et à l'Indice Visuospatial (IVS) :

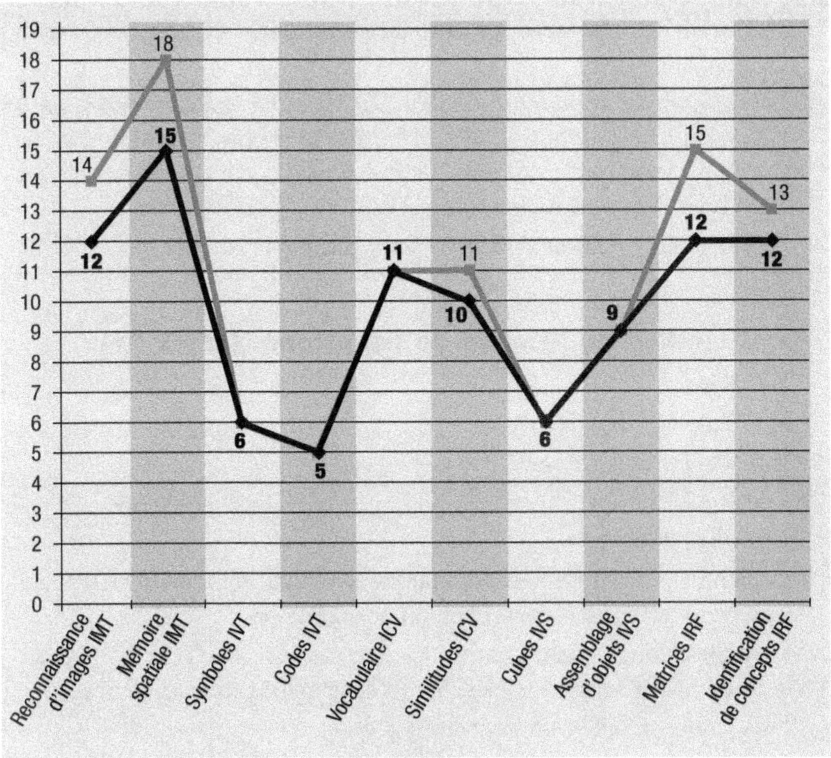

TABLEAU 61

Indice de Mémoire de travail (IMT = 121)

Adam obtient :

- 12/19 à *Reconnaissance d'images.*
- 15/19 à *Mémoire spatiale.*

Pour aller plus loin...

Le déroulement de l'épreuve *Reconnaissance d'images* indique une attention fluctuante qui fait échouer Adam à deux séries à 3 images alors qu'il réussit la dernière. Ensuite, c'est trop difficile à 4 images. Ainsi, le réel niveau maximum de difficulté résolue est la dernière série à 3 images. Avec une attention soutenue au lieu de fluctuante, il aurait obtenu 14/19, une note standard située au début de la zone du haut potentiel intellectuel.

En *Mémoire spatiale*, il obtient 15/19, note standard située dans la zone du haut potentiel intellectuel. Mais là encore, son attention est fluctuante. Il échoue aux items 13 et 15 alors qu'il réussit ensuite les items 16 et 17qui sont plus complexes.

Cela plaide en faveur du TDA/H suspecté par le psychologue du CMP.

Indice de Vitesse de traitement (IVT = 74)

Il obtient :

- 6/19 à *Symboles*.
- 5/19 à *Codes*[136].

Pour aller plus loin...

La note standard à ceux deux subtests est déficitaire, ce qui fait soupçonner un trouble neurovisuel et/ou oculomoteur.

À *Symboles*, Adam compte les items à voix haute. (Compter les items en même temps qu'il les fait est sans utilité pratique, et rare.)

À *Codes*, il oublie un item sur une page.

Indice de Compréhension verbale (ICV = 102)

Il obtient :

- 10/19 à *Similitudes*.
- 11/19 à *Vocabulaire*.

Pour aller plus loin...

Au subtest *Similitudes*, la note standard est située dans la norme de sa tranche d'âge. Cependant, Adam échoue aux deux premiers items verbaux car il ne comprend pas ce qu'on attend de lui. Mais il a réussi les

136. Nous avons décidé de substituer *Codes à Barrage* pour avoir une épreuve testant les saccades oculaires verticales et une autre les saccades oculaires horizontales, sur le modèle du WISC et du WAIS.

quatre items visuels qui précédaient. Cette absence de décodage de l'implicite fait soupçonner un trouble du langage pragmatique. La neuropédiatre du centre hospitalier avait d'ailleurs préconisé un bilan orthophonique.

Or, les crises de colère inappropriées, quel que soit le lieu (maison, école, famille), le comptage des items pendant l'épreuve *Symboles* et une difficulté de décodage de l'implicite sur cette consigne, nous amènent à suspecter un léger trouble du Spectre de l'autisme, de type syndrome d'Asperger.

À *Vocabulaire*, la note standard (11/19) est située dans la norme de sa tranche d'âge. On note aussi des difficultés d'expression. Enfin, Adam se lève et marche dans la pièce pendant cette épreuve, ce qui renforce la suspicion de TDA/H avec une hyperactivité mixte. On note aussi des confusions de mots qui lui font perdre des points sur des items simples. Là encore, cela fait suspecter un trouble du langage.

Indice Visuospatial (IVS = 85)

Il obtient :

- 6/19 à *Cubes*.
- 9/19 à *Assemblage d'objets*.

Pour aller plus loin...

Son niveau de construction à *Cubes* (6/19) est inférieur à la norme de sa tranche d'âge. Il échoue à partir des figures à quatre cubes bicolores. Dans l'exemple précédent, la petite fille âgée de 5 ans et 3 mois, qui elle aussi obtenait 6/19 à *Cubes*, réussissait toutefois à 4 cubes après avoir échoué deux fois consécutivement, ce qui n'est pas le cas de ce garçon. Le même score ne recouvre pas les mêmes déroulements d'épreuve, donc les mêmes troubles.

À l'épreuve de spatialisation *(Assemblage d'objets)*, Adam obtient une note standard dans le bas de la norme de sa tranche d'âge (9/19). La spatialisation avec des pièces de puzzles figuratives lui semble donc davantage accessible que des figures géométriques sur des cubes.

Indice de Raisonnement fluide (IRF = 99)

Il obtient :

- 12/19 à *Matrices*.
- 12/19 à *Identification de concepts*.

Pour aller plus loin...

Il obtient 12/19 à l'épreuve de complétement de suites d'images (Matrices), note située dans le bas de la norme de sa tranche d'âge. On note une difficulté de compréhension de la consigne, ce qui conforte la suspicion de trouble du langage faite par la neuropédiatre. On note l'échec des items 11, 14 et 15, alors qu'il réussit ensuite les items 16, 17 et 18, et 20. À noter qu'il a beaucoup de difficultés sur ces derniers items qui mobilisent de la symétrie. Ainsi, malgré une note standard située dans le haut de la norme de sa tranche d'âge, et un niveau de difficulté maximum résolue situé dans la zone du haut potentiel intellectuel, des difficultés cognitives peuvent être présentes. Cela est cohérent avec les difficultés visuospatiales observées à Cubes et aux épreuves de vitesse de traitement.

À Identification de concepts, il obtient une note standard située dans le haut de la norme de sa tranche d'âge. À noter que cette épreuve est un peu équivalente à Similitudes, où il obtient 10/19, ce qui laisse supposer qu'il est moins performant en verbal qu'en visuel pour la catégorisation.

NEPSY 2

En simple tâche, l'attention auditive d'Adam est dans la norme de sa tranche d'âge. La double tâche ne se teste qu'à partir de 7 ans.

Les épreuves d'attention visuelle n'ont pas été administrables car ce petit garçon perd la consigne de lecture des lignes de carrés et de ronds et, à la fin de la 4ème ligne, il remonte à la ligne 3 puis à la ligne 2, etc. au lieu de finir la lecture de la page. Malgré plusieurs tentatives, cela reste impossible. On comprend les difficultés scolaires que cela peut engendrer quand il doit lire non pas des carrés et des ronds, mais des lettres sur une feuille. Là encore, on peut suspecter un trouble neurovisuel et/ou oculomoteur.

En planification des tâches en autonomie, la vitesse de prise d'initiative est dans la norme de sa tranche d'âge, mais la tenue du stylo est incorrecte et la qualité de son tracé fait très fortement soupçonner un trouble dysgraphique. Le ciblage des points qu'il n'arrive pas à faire en posant simplement la pointe du stylo sur le point de départ oriente aussi fortement vers l'hypothèse d'un trouble neurovisuel et/ou oculomoteur.

Sa perception sociale est déficitaire, avec une note standard de 4/19 et quatre affects sur six dans un rang percentile inférieur à 10, ce qui signifie que 90 % des enfants de son âge font moins d'erreurs de décodage des émotions à partir de visages photographiés. Quant à la théorie de l'esprit, sa note est également déficitaire (8/19).

Par ailleurs, on note une forte angoisse inappropriée durant le bilan ; Adam va vérifier que ses parents attendent dans la salle d'attente. Or, ils sont partis faire un tour. Il pleure, et retourne ensuite régulièrement voir s'ils sont revenus. Quand ils reviennent, il continue d'aller vérifier, de peur qu'ils repartent, malgré les diverses explications qui lui ont été données.

CONCLUSION

On peut faire l'hypothèse qu'Adam présente un trouble du Spectre de l'autisme, de type « autisme de haut niveau » (qui comprend le trouble de la perception sociale), et un trouble du déficit de l'attention avec une hyperactivité mixte (TDA/H), un trouble neurovisuel et/ou oculomoteur sévère, une dysgraphie qui n'a pas encore eu le temps de clairement s'identifier à l'école étant donné qu'il n'est encore qu'en grande section de maternelle, et un trouble du langage, notamment du langage pragmatique.

L'anxiété qu'il a témoignée pendant le bilan évoque évidemment un trouble anxieux, mais on doit aussi s'interroger sur cette forte suspicion de TSA favorisant une anxiété qui ne semble pas se manifester dans des situations qui lui sont familières telles l'école, etc. Cela pose la question du bon/mauvais décodage des situations sociales nouvelles.

On propose l'ADOS 2 pour explorer davantage la suspicion d'un TSA, ainsi qu'un dosage des neurotransmetteurs : outre sa dopamine et sa noradrénaline, il peut y avoir dans sa réaction face au stresseur un dérèglement de l'adrénaline, et de sa sérotonine pour sa réaction émotionnelle. Un rééquilibrage avec des compléments alimentaires en neurobiologie préventive peut être efficace dans ce cas.

8.4
WISC-IV

8.4.1 Fillette de 7 ans 8 mois

Salima, d'origine marocaine, est totalement bilingue et prend des cours d'arabe pour le lire, l'écrire et en apprendre la culture. Scolarisée en CE1 au moment de la passation du WISC-IV, cette fillette lit et écrit le français et l'arabe. Son grand frère a sauté une classe et un saut de saut de classe sera également envisagé pour elle.

Elle est sensible au bruit, ce qui l'empêche de se concentrer en classe ou à la maison. Elle s'ennuie beaucoup, se lasse très vite des activités dans lesquelles elle s'engage.

Elle a dit « *Papa* », « *Maman* » et « *Quoi encore* » à 8 mois. Elle a prononcé ses premières phrases simples (sujet-verbe-complément) à 12 mois, en français et en marocain.

Au WISC-IV, le QI total (QIT)[137] est à 108, situé dans le haut de la norme de sa tranche d'âge. Trois des quatre Indices (Mémoire de travail, Vitesse de

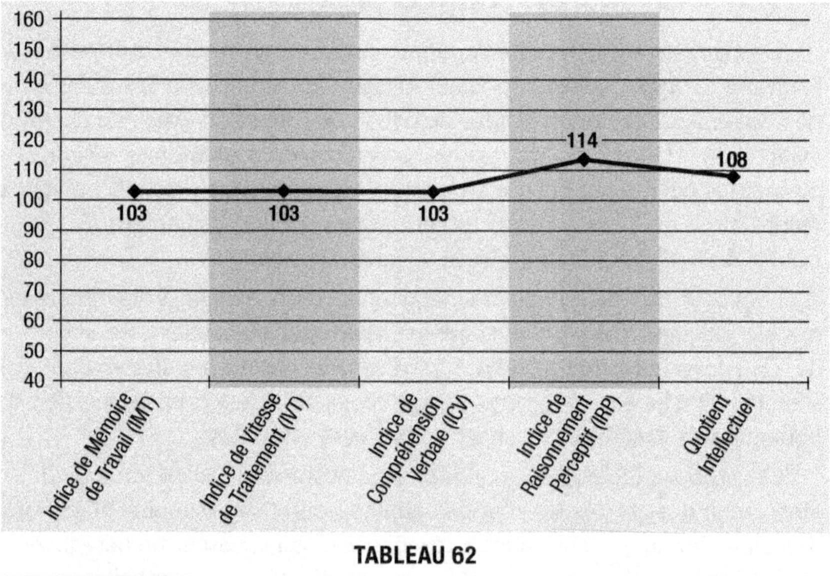

TABLEAU 62

137. Au WPPSI-IV et au WISC-V, le QI n'est pas total car il n'est pas calculé à partir des notes standards de <u>tous</u> les subtests obligatoires, contrairement au WISC-IV et au WAIS-IV. On parle donc de QI au WPPSI-IV et au WISC-V, et de QIT au WISC-IV et au WAIS-IV.

traitement et Compréhension verbale) sont très homogènes, à 103, dans la norme de sa tranche d'âge. Seul le Raisonnement perceptif (IRP) est supérieur à la norme de sa tranche d'âge, à 114.

Rien de l'avance de développement cognitif relevé dans l'anamnèse ne transparaît dans le résultat du calcul du QIT ou de ses Indices.

Quand on regarde au-delà de ces trois Indices extrêmement homogènes, on découvre que l'Indice de Vitesse de traitement (IVT) est constitué de deux notes très hétérogènes, tout comme l'Indice de Compréhension verbale (ICV). Ci-dessous, la note standard est en noir, l'analyse du niveau maximum de difficulté résolue en gris :

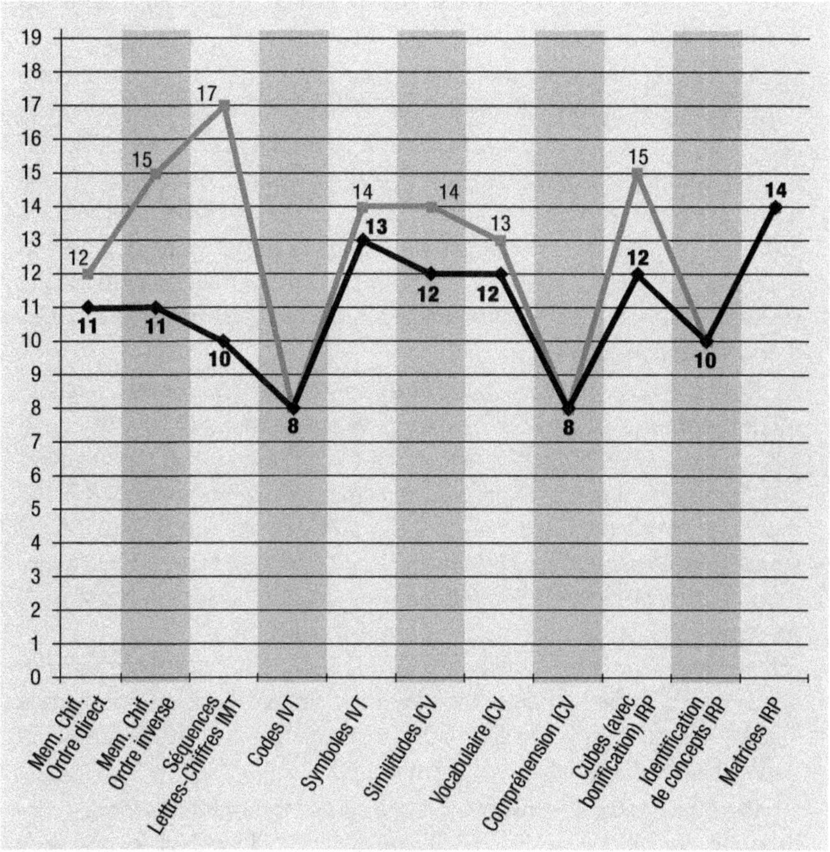

TABLEAU 63

Indice de Mémoire de travail (IMT = 103)

Elle obtient :

- 11/19 à *Mémoire des chiffres en ordre direct.*
- 11/19 à *Mémoire des chiffres en ordre inverse.*
- 10/19 à *Séquence lettres-chiffres.*

Pour aller plus loin...

L'analyse du déroulement de l'épreuve *Mémoire des chiffres en ordre direct* indique une attention légèrement fluctuante, avec l'échec d'une série sur deux à 5 chiffres. Puis Salima échoue aux deux items à 6 et 7 chiffres. La note standard est dans le haut de la norme de sa tranche d'âge.

Au subtest *Mémoire des chiffres en ordre inverse*, la note standard est la même qu'à l'épreuve précédente, à 11/19. Cependant, son attention est davantage fluctuante, avec l'échec d'une série sur quatre à 2 chiffres, la réussite des deux séries à 3 chiffres et l'échec d'une série sur deux à 4 chiffres. Ainsi, le réel niveau maximum de difficulté résolue (4 chiffres) est situé dans la zone du haut potentiel quand un enfant de son âge atteignant ce même niveau de difficulté présente une attention soutenue qui n'occasionne pas d'alternance d'échecs et de réussites.

Enfin, à l'épreuve de mémoire de travail en double reclassement (*Séquence lettres-chiffres*), la note standard est à 10/19, ce qui laisse supposer qu'elle est dans la norme. Or, l'analyse du déroulement de l'épreuve montre qu'elle réussit seulement six séries sur neuf à 3 éléments, puis une série sur trois à 4 éléments, et elle réussit ensuite des séries à 5 éléments. Ainsi, bien qu'ayant réussi à reclasser correctement 5 chiffres-lettres, elle n'obtient pas 21 points de note brute mais seulement 14 du fait des points perdus à cause de son attention fluctuante. Avec une attention soutenue, une autre enfant, sans réussir des séries plus difficiles, aurait obtenu la note standard de 17/19 au lieu du 10/19 obtenu par notre fillette. On peut conclure à une forte suspicion de trouble attentionnel et de HPI masqué.

Par ailleurs, on observe que Salima réussit la première série à 4 éléments mais échoue aux deux suivantes, puis elle réussit la première série à 5 éléments mais échoue aux deux suivantes. On peut alors faire l'hypothèse que l'effet de nouveauté stimule de façon très brève son attention ? (cf. la voie dopaminergique).

Indice de Vitesse de traitement (IVT = 103)

Elle obtient :

- 8/19 à *Codes*.
- 13/19 à *Symboles*.

Pour aller plus loin...

L'examen de copie des *Codes* montre un graphisme correct. On note deux erreurs d'inattention autocorrigées, a priori liées à de l'impulsivité cognitive.

Le déroulement de l'épreuve *Symboles* indique une vitesse de traitement élevée, supérieure à la norme de sa tranche d'âge. Mais les deux erreurs d'inattention orientent vers une suspicion d'impulsivité cognitive : cette petite fille préfère aller vite plutôt que plus lentement en faisant attention.

L'écart de score entre ces deux subtests conduit à suspecter un trouble neurovisuel et/ou oculomoteur car Salima est beaucoup plus rapide sur une tâche nécessitant des saccades oculaires horizontales que verticales.

Indice de Compréhension verbale (ICV = 103)

Elle obtient :

- 12/19 à *Similitudes*.
- 12/19 à *Vocabulaire*.
- 8/19 à *Compréhension de situation*.

Pour aller plus loin...

Au subtest *Similitudes*, la note standard de cette petite fille est dans le haut de la norme de sa tranche d'âge (12/19). Cependant, elle échoue à des items simples (n°4) avant de réussir des items nettement plus complexes (n°12). Son niveau maximum de difficulté résolue (14/19) est situé au début de la zone du haut potentiel intellectuel, mais la perte des points sur des items plus simples abaisse sa note standard à 12/19.

À *Vocabulaire*, la note standard (12/19) est également dans le haut de la norme de sa tranche d'âge. On note une difficulté d'organisation de sa pensée.

À *Compréhension de situations*, la note standard (8/19) est dans le bas de la norme de sa tranche d'âge. Cette baisse du score sur cette dernière épreuve de langage, fortement associée à des situations sociales sans pour autant être une épreuve de théorie de l'esprit, peut conduire à une légère suspicion de trouble du Spectre de l'autisme de type « syndrome d'Asperger » mais la famille ne fera pas faire d'exploration supplémentaire pour vérifier cette hypothèse.

Indice de Raisonnement perceptif (IRP = 114)

Elle obtient :

- 12/19 à *Cubes*.
- 10/19 à *Identification de concepts*.
- 14/19 à *Matrices*.

Pour aller plus loin...

Le subtest de *Cubes* permet d'observer des difficultés d'organisation de construction. Salima est lente, avec des difficultés d'orientation et d'attention visuelle sur les couleurs des cubes. Nous émettons l'hypothèse d'un trouble neurovisuel et/ou oculomoteur déjà indiqué par l'Indice de vitesse de traitement. Avec les difficultés d'organisation de sa pensée à *Vocabulaire* et son attention fluctuante, cela pointe également vers la suspicion d'un trouble du Déficit de l'attention (TDA/H) et des fonctions exécutives. La fillette réussit les items 11 et 12 à 9 cubes, mais en dépassant le délai imparti. Son réel niveau de construction visuospatiale est donc situé dans la zone du haut potentiel intellectuel pour son âge, mais masqué par des difficultés visuospatiales (le bilan orthoptique fonctionnel le confirmera par la suite) et un TDA/H (lui aussi diagnostiqué plus tard) qui altèrent sa planification des tâches et sont probablement à l'origine de son dépassement du temps imparti.

La note standard obtenue à *Identification de concepts* est dans la norme de sa tranche d'âge. Elle est plus basse qu'à *Similitudes*, proche équivalent de cette épreuve. Elle est donc moins performante en catégorisation visuelle que verbale.

Elle obtient 14/19 au subtest *Matrices*, note standard située au début de la zone du haut potentiel intellectuel. Le déroulement de l'épreuve est homogène.

NEPSY 2 « Attention et fonctions exécutives »

Au NEPSY 2 « Attention et fonctions exécutives », on note une attention auditive excellente en simple tâche (14/19 pour les bonnes réponses) mais la double tâche lui est beaucoup plus difficile (9/19 de bonnes réponses). On observe une attention visuelle avec une vitesse de lecture supérieure à la norme de sa tranche d'âge, mais avec un nombre d'erreurs lui aussi supérieur à la norme de sa tranche d'âge. Salima présente donc une impulsivité qui la pousse à aller vite mais sans « faire attention ». Sa flexibilité cognitive sur stimuli visuels est déficitaire, ce qui se traduit généralement par une rigidité de fonctionnement psychique.

CONCLUSION

Le QI de cette fillette n'indique pas un haut potentiel intellectuel. Si trois Indices sur quatre sont très homogènes, en revanche les notes standards qui les constituent sont hétérogènes. De même, la note standard obtenue à plusieurs subtests est inférieure au niveau maximum de difficulté résolue, lequel est situé dans la zone du haut potentiel intellectuel pour son âge.

Salima, qui à 7 ans lit et écrit normalement le français et l'arabe, s'ennuie à l'école, finit vite son travail en réussissant, à tel point qu'une proposition de saut de classe sera faite peu après. Elle a acquis la phrase simple dans les deux langues à 12 mois alors que l'âge moyen pour atteindre cette organisation grammaticale est de 3 ans. Cela correspond à un profil d'enfant à haut potentiel intellectuel, ce que le niveau maximum de difficulté résolue met également en avant de façon hétérogène, et avec des suspicions de troubles associés, principalement attentionnel et neurovisuel et/ou oculomoteur.

8.4.2 Adolescent de 11 ans 8 mois

Lucas, qui à presque 12 ans avait déjà passé un WISC-IV quand il avait 6 ans et il vient en repasser un autre en fin de 6ème car il présente des difficultés d'apprentissage.

À ce second WISC-IV, son QIT est à 83, inférieur à la norme de sa tranche d'âge. L'Indice de Mémoire de travail (IMT) est à 76, l'Indice de Vitesse de traitement (IVT) à 121, l'Indice de Raisonnement Verbal (ICV) à 78 et l'Indice de Raisonnement perceptif (IRP) à 82. Seul l'IVT est non pas dans la norme de sa tranche d'âge, mais supérieur à celle-ci. Cette configuration est atypique.

Voici ses Indices (le trait en pointillé indique les Indices qui avaient été obtenus au WISC-IV précédent lorsque Lucas avait 6 ans) :

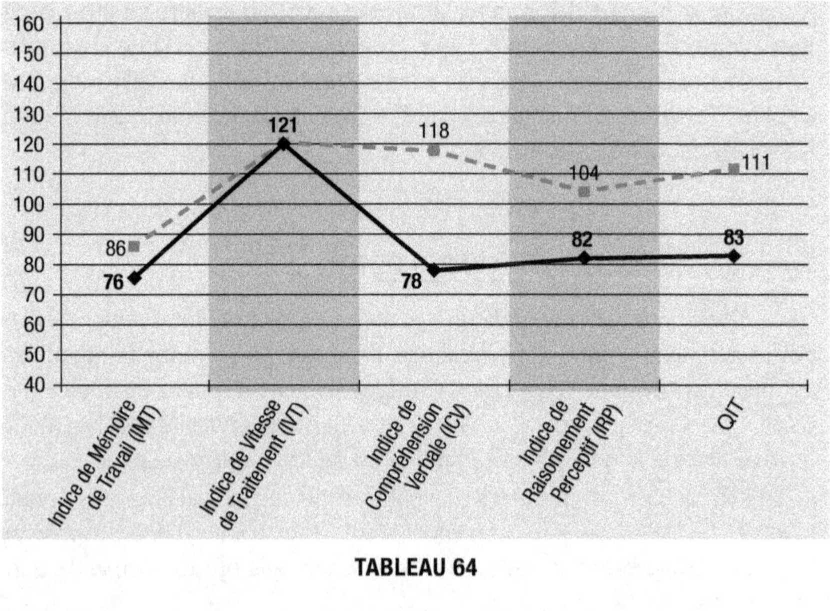

TABLEAU 64

La première remarque que l'on peut faire est que seul l'Indice de Vitesse de traitement n'a pas chuté. Tous les autres ont perdu entre 10 et 40 points. Ces énormes écarts incitent à suspecter des troubles cognitifs qui ont pu se développer en même temps que le développement global de cet enfant.

Voici maintenant les notes standards (en noir), le niveau maximum de difficulté résolue (en gris), et la note standard du WISC passé lorsqu'il avait 6 ans (en pointillé) :

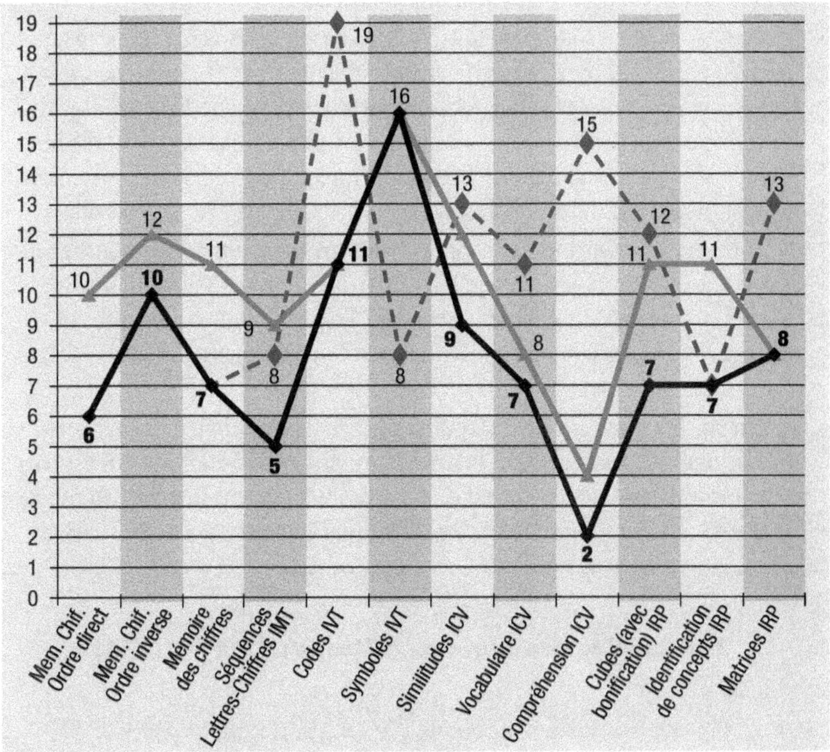

TABLEAU 65

Indice de Mémoire de travail (IMT = 76)

Il obtient :

- 6/19 à *Mémoire des chiffres en ordre direct.*
- 10/19 à *Mémoire des chiffres en ordre inverse.*
- 5/19 à *Séquence lettres-chiffres*, il avait obtenu 8/19 ;

Pour aller plus loin...

L'analyse du déroulement de l'épreuve *Mémoire des chiffres en ordre direct* indique une attention fluctuante, avec l'échec d'une série sur deux à 4 puis à 5 chiffres. Ainsi, ce jeune obtient une note standard à 6/19 alors qu'il réussit jusqu'à un niveau (5 chiffres) qui permettrait d'obtenir 10/19 si l'attention était soutenue. Nous n'avons pas sa note standard au WISC-IV passé à 6 ans 7 mois.

Pour le subtest *Mémoire des chiffres en ordre inverse*, la note standard est à 10/19, dans la norme de sa tranche d'âge, avec là encore une attention fluctuante qui le fait échouer dans une série sur deux à 4 chiffres. La charge cognitive plus lourde (redire les chiffres à l'envers) semble augmenter son attention, ce qui fait suspecter une dysrégulation attentionnelle[138] et orienter notre analyse vers un possible trouble de l'attention.

La note standard globale pour *Mémoire des chiffres* est la même que celle du test passé lorsqu'il avait 6 ans 7 mois. Seulement, nous ignorons le détail de chaque subtest (à l'endroit puis à l'envers) et s'il avait eu une attention soutenue ou une attention fluctuante avec l'échec d'une série sur deux.

Enfin, à l'épreuve de Mémoire de travail en double reclassement (*Séquence lettres-chiffres*), la note standard est à 5/19, ce qui est très déficitaire. Lucas avait obtenu 8/19 à 6 ans et demi. Donc la mémoire de travail en double tâche lui est devenue plus difficile en grandissant.

Indice de Vitesse de traitement (IVT = 121)

Lucas obtient :

- 11/19 à *Codes* (il avait obtenu 19/19 à son premier WISC-IV).
- 16/19 à *Symboles* (il avait obtenu 8/19 à son premier WISC-IV).

Pour aller plus loin...

L'examen des *Codes* copiés montre un graphisme imprécis malgré une vitesse dans la norme de sa tranche d'âge, ce qui fait suspecter un trouble dysgraphique. Un bilan graphomoteur sera préconisé.

138. Mobiliser davantage son attention sur une tâche complexe que sur une tâche simple.

Le déroulement de l'épreuve *Symboles* indique une vitesse très élevée, située dans la zone du haut potentiel intellectuel.

L'écart de score entre ces deux subtests fait suspecter un trouble neurovisuel et/ou oculomoteur car ce garçon est beaucoup plus rapide sur une tâche nécessitant des saccades oculaires verticales qu'horizontales.

À noter que c'était exactement l'inverse précédemment, avec un écart encore plus marqué puisque Lucas avait obtenu 19 à *Codes* contre 11 maintenant, et 8 à *Symboles* contre 16 ici. Là encore, on peut suspecter un trouble oculomoteur et un trouble d'attention visuelle. Le système oculomoteur se développant avec la croissance, des difficultés peuvent donc apparaître ou disparaître, voire s'inverser en grandissant. Et des éléments de distraction pouvaient exister lors du premier test, ce que nous ignorons.

Indice de Compréhension verbale (ICV = 78)

Il obtient :

- 9/19 à *Similitudes* (il avait obtenu 13/19 à son premier WISC-IV).
- 7/19 à *Vocabulaire* (il avait obtenu 11/19 à son premier WISC-IV).
- 2/19 à *Compréhension de situations* (il avait obtenu 15/19 à son premier WISC-IV).

Pour aller plus loin...

Au subtest *Similitudes*, la note standard est dans le bas de la norme de sa tranche d'âge. Le déroulement de l'épreuve est hétérogène, avec l'échec des items 8 et 11, alors qu'il réussit les items 12, 13 et 14. De ce fait, le niveau maximum de difficulté résolue est dans le haut de la norme de sa tranche d'âge.

À *Vocabulaire*, la note standard (7/19) est inférieure à la norme de sa tranche d'âge. On note des difficultés d'expression verbale, donc une suspicion de trouble du langage.

À *Compréhension de situations*, la note standard (2/19) est très déficitaire. Il répond qu'il ne sait pas et ne semble pas chercher de réponse.

On note une forte baisse des résultats par rapport au premier WISC-IV. On peut faire l'hypothèse d'un trouble du langage, qui s'est amplifié pendant que Lucas grandissait, ou bien de difficultés attentionnelles qui s'aggravent et nécessitent un effort mental[139] de plus en plus lourd.

Indice de Raisonnement perceptif (IRP = 82)

Il obtient :

- 7/19 à *Cubes* (il avait obtenu 12/19 à son premier WISC-IV).
- 7/19 à *Identification de concepts* (il avait obtenu 7/19 à son premier WISC-IV).
- 8/19 à *Matrices* (il avait obtenu 13/19 à son premier WISC-IV).

Pour aller plus loin...

On note des difficultés d'orientation visuospatiale qui ralentissent ce jeune et le font dépasser le délai imparti de 4 secondes sur 120 à l'item 11 à neuf cubes, puis de 14 secondes sur 120 à l'item 12. Lucas échoue à l'item 13 à cause des deux cubes symétriques mal positionnés mais réalise la figure dans le temps imparti. Ces trois échecs consécutifs[140] marquent l'arrêt de l'épreuve selon le protocole de passation. Or, en poursuivant l'épreuve au-delà pour vérifier qu'il était bien arrivé à son niveau maximum, tel que nous propose de faire le manuel d'administration et de cotation[141], on s'aperçoit que Lucas réussit le dernier item du subtest (n°14) en 59 secondes sur les 120 imparties. Ainsi, son réel niveau maximum de difficulté est le dernier item du subtest, et non pas le n°10 comme le strict respect du protocole de passation nous le laisserait penser.

La note standard obtenue à *Identification de concepts* est inférieure à la norme de sa tranche d'âge. Le déroulement de l'épreuve est

139. C'est le 6ème item des critères de diagnostic du TDA/H dans le DSM-5.

140. Cela a été ramené à 2 échecs consécutifs au WISC-V.

141. Manuel d'administration et de cotation du WPPSI-IV, page 41 ; du WISC-IV, page 33 ; du WISC-V, page 39 ; et du WAIS-IV, page 33.

là encore hétérogène, avec l'échec de l'item 13 alors qu'il réussit les 14, 15 et 16, puis échoue aux 17 et 18 avant de réussir les 19 et 20. Le niveau maximum de difficulté résolue est alors dans la norme de sa tranche d'âge.

Il obtient 8/19 au subtest *Matrices*, note standard située dans le bas de la norme de sa tranche d'âge.

NEPSY 2 « Attention et fonctions exécutives »

Au NEPSY 2 « Attention et fonctions exécutives », on note une attention auditive dans la norme de sa tranche d'âge en simple tâche (9/19 pour les bonnes réponses) mais très déficitaire en double tâche (4/19). Cela coïncide avec *Séquence lettres-chiffres* qui est en double reclassement. L'attention visuelle de Lucas est caractérisée par une vitesse de lecture supérieure à la norme de sa tranche d'âge, mais avec un nombre d'erreurs également supérieure à la norme de sa tranche d'âge.

Sa planification des tâches est dans la norme de sa tranche d'âge, et sa flexibilité dans le bas de sa tranche d'âge pour le nombre de bonnes réponses, mais avec un nombre d'erreurs là aussi élevé.

CONCLUSION

Entre le WISC-IV passé à 6 ans 7 mois et celui-là passé à 11 ans 8 mois, on note une forte baisse de ses résultats aux épreuves de raisonnement verbal. On peut en déduire une suspicion de trouble du langage que nous aurions également découvert même si nous n'avions eu que les seuls résultats du second test. Mais c'était impossible à déceler lors premier test. Une préconisation de bilan orthophonique a été faite.

Le fait de disposer des résultats du premier test de QI permet de comparer les résultats et de constater qu'ils ont littéralement fondu à mesure que Lucas grandissait. L'hypothèse est celle d'un trouble attentionnel, confirmée par la suite après diagnostic par un médecin pédiatre, qui entraverait son raisonnement verbal.

Sa vitesse de traitement est restée stable mais avec une inversion des compétences oculomotrices en grandissant. Un bilan orthoptique fonctionnel a été préconisé. Enfin, sa mémoire de travail a un peu baissé, son raisonnement perceptif a baissé d'une vingtaine de points d'Indice mais en conservant le même niveau maximum de difficulté résolue au niveau des épreuves. Une remédiation cognitive par Cogmed[142] a été proposée en complément de la prise en charge médicale.

---

142. https://www.cogmed.com/francais et https://www.college-de-france.fr/media/stanislas-dehaene/UPL2812985053430393578_Cours_2_Fondements_cognitifs_des_apprentissages_scolaires_v6.pdf

8.4.3 Adolescente de 15 ans

Louise est une adolescente qui est venue consulter car un redoublement de classe de Seconde était décidé par le conseil de classe avec changement de lycée et de filière pour une orientation vers une filière professionnelle. Outre ses faibles résultats, son attitude en classe était considérée comme très hautaine et insolente.

Au WISC-IV, le QIT à 142 la situe nettement dans la zone du haut potentiel intellectuel. Les Indices sont plutôt homogènes, allant de 124 à 132. Comme nous l'avons signalé plus haut (chapitre 6.2.2), avec un QIT à 130 l'Indice le plus bas est à 124. Donc, ici, tous les Indices sont situés dans la zone du Haut Potentiel Intellectuel. Le profil cognitif de cette adolescente semble donc homogène et sans difficultés particulières. Son échec scolaire semble donc paradoxal, avec des problèmes de comportement qui vont conduire à une réorientation en filière professionnelle avec redoublement.

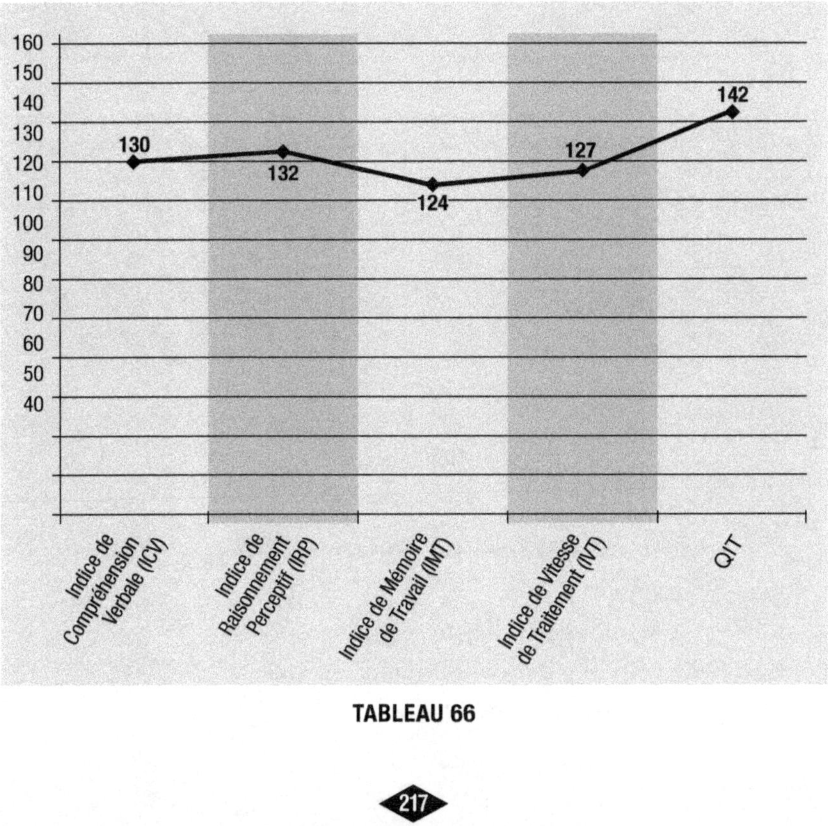

TABLEAU 66

Quand on laisse de côté le QIT à 142 et les Indices qui s'échelonnent entre 124 et 132 pour analyser les notes standards des différents subtests, on découvre que cette homogénéité cache des scores hétérogènes entre les subtests de plusieurs Indices. Dans le tableau ci-dessous, la note standard est en noir, l'analyse du niveau maximum de difficulté résolue en gris.

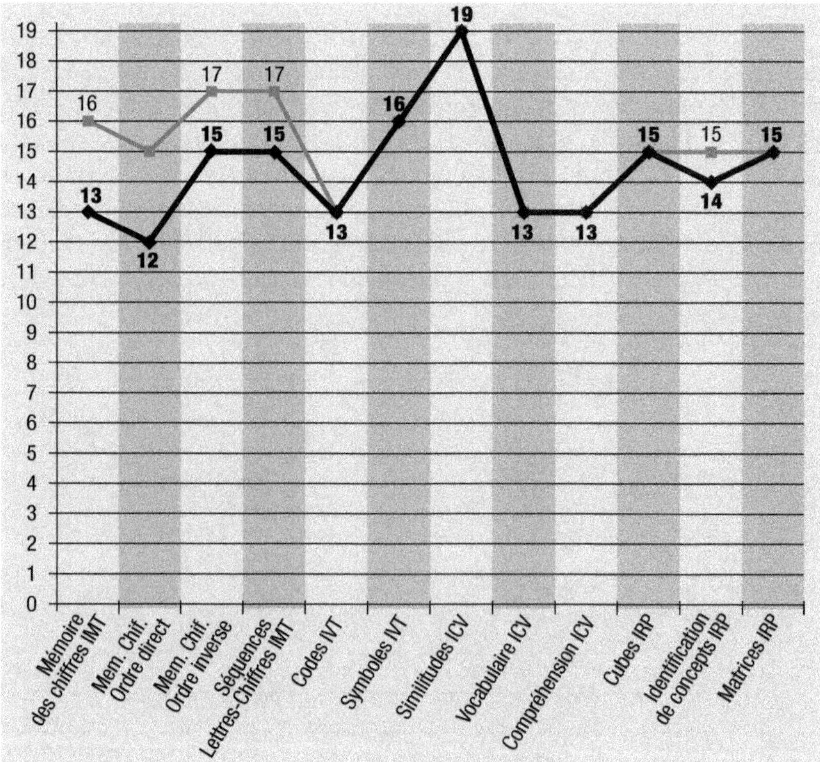

TABLEAU 67

Indice de Mémoire de travail (IMT = 124)

Louise obtient :

- 12/19 à *Mémoire des chiffres en ordre direct.*
- 15/19 à *Mémoire des chiffres en ordre inverse.*
- 15/19 à *Séquence lettres-chiffres.*

Pour aller plus loin...

L'analyse du déroulement de l'épreuve *Mémoire des chiffres en ordre direct* indique que cette jeune fille présente une attention fortement fluctuante, avec l'échec d'une série sur deux à 6, 7 et 8 chiffres. Ainsi, le réel niveau maximum de difficulté résolue (8 chiffres), avec une attention soutenue, amènerait une note standard (15/19) située dans la zone du haut potentiel intellectuel alors qu'elle n'obtient que 12/19 du fait de ses erreurs d'inattention.

Au subtest *Mémoire des chiffres en ordre inverse*, la note brute à 12 points laisserait supposer qu'elle a réussi jusqu'à 6 chiffres alors qu'elle obtient ce nombre de points en allant jusqu'à 7 chiffres, mais en échouant une série sur deux à 6 puis 7 chiffres. Là encore, le réel niveau maximum de difficulté résolue, avec une attention soutenue et non fluctuante, aurait donné une note standard supérieure à celle obtenue (17/19 pour son niveau de 7 chiffres à l'envers).

Enfin, à l'épreuve de mémoire de travail en double reclassement (« *Séquence lettres-chiffres* »), on note là aussi une attention fluctuante, avec l'échec de deux séries sur trois à 7 éléments. La note standard obtenue (15/19) est située dans la zone du haut potentiel. Avec une attention soutenue, elle aurait réussi les trois séries à 7 éléments au lieu d'une seule, et aurait obtenu une note standard à 17/19.

Ces éléments d'attention fluctuante (manque d'attention soutenue) conduisent à suspecter un déficit attentionnel.

Indice de Vitesse de traitement (IVT = 127)

Elle obtient :

- 13/19 à *Codes*.
- 16/19 à *Symboles*.

Pour aller plus loin...

L'examen des codes copiés montre un graphisme très imprécis, conduisant à suspecter une trouble dysgraphique. Comme l'examen de ses cahiers permet de le confirmer, cela n'est pas dû à la vitesse de traitement.

Le déroulement de l'épreuve *Symboles* indique une vitesse de traitement (16/19) très élevée, nettement située dans la zone du haut potentiel intellectuel.

L'écart de score entre ces deux subtests conduit à suspecter un trouble neurovisuel et/ou oculomoteur.

Indice de Compréhension verbale (ICV = 130)

Elle obtient :

- 19/19 à *Similitudes*.
- 13/19 à *Vocabulaire*.
- 13/19 à *Compréhension de situations*.

Pour aller plus loin...

Au subtest *Similitudes*, la note standard est au maximum possible. Cependant, on note des difficultés d'expression, avec des reformulations maladroites de la consigne, que Louise énonce plusieurs fois alors que cela n'est pas nécessaire, de façon systématique et artificielle, et en introduisant des erreurs grammaticales étonnantes pour son âge.

À *Vocabulaire*, la note standard chute de 6 points et se situe entre la norme de sa tranche d'âge (8/19-12/19) et le début de la zone du haut potentiel intellectuel. On note des distractions internes (associations d'idées hors sujet) et un déroulement d'épreuve hétérogène, avec une alternance d'items échoués et d'items réussis sur la seconde moitié de l'épreuve. Le niveau réel de difficulté résolue est donc supérieur à la note standard obtenue mais nous ne l'avons pas évalué. À moins d'un constat d'échec sur les tous premiers items, l'évaluation du niveau maximum de difficulté résolue nous semble plus incertaine sur ces épreuves à forte composante culturelle et scolaire.

À *Compréhension de situations*, la note standard 13/19 est, elle aussi, inférieure de 6 points à *Similitudes*. On relève une instabilité motrice qui fait suspecter une hyperactivité de type mixte. On note aussi des difficultés d'expression verbale avec des périphrases, et des distractions internes qui font donner à cette jeune fille des réponses hors sujet.

Ces éléments montrent que derrière un Indice homogène dans la zone du haut potentiel peut se cacher un niveau de réussite très hétérogène entre les subtests constituant les autres Indices. Par ailleurs, malgré cet Indice élevé, on note des difficultés d'expression orientant vers la suspicion d'un léger trouble du langage.

Indice de Raisonnement perceptif (IRP = 132)

Louise obtient :

- 15/19 à *Cubes*.
- 14/19 à *Identification de concepts*
- 15/19 à *Matrices*.

Pour aller plus loin...

Le subtest de *Cubes* n'appelle aucune remarque particulière.

La note standard obtenue à *Identification de concepts* (14/19) est nettement inférieure à celle obtenue à *Similitudes* (19/19) alors que ce sont deux épreuves de logique très proches, à tel point qu'on y trouve des items communs. Le passage du verbal au visuel semble induire des difficultés attentionnelles pour atteindre le même niveau de réussite. On note des distractions internes ; par ailleurs, cette jeune fille se balance d'avant en arrière – ce qui est différent de gesticuler.

Enfin, elle obtient 15/19 au subtest *Matrices*. Elle réussit l'item n° 35 (le dernier du subtest) mais échoue aux 32 et 34. On note une impulsivité cognitive qui la conduit à répondre rapidement puis à vérifier dans un second temps si sa réponse est correcte.

Au NEPSY 2 « Attention et fonctions exécutives », on constate une attention auditive déficitaire (5/19) en simple tâche et dans le bas de la norme de sa tranche d'âge en double tâche (9/19). Cela indique une dysrégulation attentionnelle[143]. Son attention visuelle est elle aussi marquée par

143. Louise régule mal son attention, et mobilise davantage d'attention sur une tâche complexe que sur une tâche simple. Ne pas confondre en disant que « *Cela l'intéresse plus alors elle se concentre davantage* », ce qui serait donner une explication psychologique à un dysfonctionnement cognitif. En effet, désigner des couleurs en entendant des suites de mots reste une tâche ayant peu d'intérêt. Seule la complexité de la tâche a varié entre les deux épreuves.

une dysrégulation attentionnelle, avec une vitesse de lecture déficitaire en simple tâche (7/19) qui devient dans la norme de sa tranche d'âge en double tâche, à 10/19, dont tâche d'inhibition. Enfin, sa planification des tâches sur consignes orales est déficitaire (7/19), avec une impulsivité cognitive qui la conduit à réaliser des tâches dont elle n'a pas encore reçu la consigne.

CONCLUSION

Cette lycéenne en classe de Seconde est en échec scolaire au point de redoubler et de passer de la filière générale à la filière professionnelle alors qu'elle présente un haut potentiel intellectuel. Son QIT est élevé (142), avec des Indices homogènes (IMT 124, IVT 127, ICV 130 et IRP 132). Cependant, cette homogénéité des Indices masque des écarts de 6 points entre les subtests dans l'Indice de Compréhension verbale (ICV). On note également des difficultés d'expression verbale, des distractions internes, des signes d'attention fluctuante aux épreuves de mémoire. Le NEPSY indique une dysrégulation attentionnelle bien marquée, à la fois sur son attention auditive et visuelle.

Les consultations ont permis de comprendre que l'insolence qui était reprochée à Louise était la conséquence de manifestations d'émotions inadaptées, en décalage avec le contexte, aussi bien en nature qu'en intensité. Par exemple, elle peut sourire quand un enseignant lui fait un reproche. C'était pris pour de l'insolence, voire de la provocation, aussi bien par ses enseignants que par ses parents, grands-parents, etc. De même, l'intensité de ses émotions peut être très en-deçà ou très au-delà de ce qui est attendu dans un contexte donné. Elle peut sembler n'être quasiment pas affectée par quelque chose qui « devrait » l'affecter, ou se révolter devant une situation qu'elle estime injuste alors qu'elle est la seule à la juger ainsi. En filigrane, derrière ce sentiment d'injustice excessif et décalé, transparaît un mauvais décodage des enjeux sociaux.

Cette jeune fille présente également des difficultés en langage pragmatique qui la pénalisent dans son travail scolaire, car au lycée les consignes ou les sujets de devoirs l'emploient de plus en plus : à ce niveau de la scolarité, beaucoup d'éléments des consignes sont censés être devenus implicites, automatisés. Mais ce n'est vrai pour cette jeune fille qui donne alors l'impression qu'elle se moque des enseignants avec des questions ou des remarques considérées comme « naïves », voire provocantes. Les adultes concluent à de l'insolence alors qu'elle n'a tout simplement pas contextualisé correctement la consigne ou la remarque.

De même, ses expressions faciales sont en décalage et donnent l'impression qu'elle est insolente avec son interlocuteur. Ces éléments conduisent à suspecter un trouble du Spectre de l'autisme de type « syndrome d'Asperger ». La famille s'est documentée et a effectivement retrouvé les descriptions cliniques de leur fille. Elle-même s'est aussi largement retrouvée dans cette documentation. Mais la famille n'a pas exploré davantage cette suspicion car il leur semblait suffisant de savoir que l'enfant avait un syndrome d'Asperger pour l'aider.

Enfin, le diagnostic de trouble du Déficit de l'attention avec hyperactivité de type mixte (TDA/H) avec Haut Potentiel Intellectuel (HPI) a été posé par le médecin pédiatre, ce qui a permis d'obtenir en appel, avec les bilans neuropsys, le passage de cette jeune fille en classe de 1ère S « à l'essai ». Elle a ensuite réussi dans ses études à la hauteur de ses capacités cognitives, grâce à un traitement par méthylphénidate.

8.5
WISC-V

8.5.1 Fillette de 7 ans 4 mois

Jade est une fillette qui a changé d'école deux mois après la rentrée scolaire en CE1. Dans sa première école, son enseignante avait constaté que ses connaissances n'étaient pas acquises en classe mais à la maison où ses parents reprenaient le travail le soir. En fin de CP, sa lecture était presque au niveau attendu, tout comme le dénombrement ; toutefois, elle a présenté en début de CE1 des difficultés pour l'apprentissage de l'addition. Mais sa classe de CP était à petit effectif (17 élèves), alors qu'en CE1 ils étaient 31. Elle a rendu une copie quasiment blanche lors d'une évaluation portant sur les mois de l'année. Pourtant la veille, elle les avait correctement récités par écrit à la maison, et de nouveau le soir même de l'évaluation. Elle lit avec difficulté à l'école alors qu'elle lit couramment à la maison. Et elle présente toujours des difficultés pour les additions.

Dans sa première école, le psychologue scolaire indiquait qu'elle n'avait pas encore acquis la « posture de l'élève » qui permet de se mettre en activité. Il avait conclu à la nécessité première de laisser cette petite fille se socialiser progressivement, indiquant que les apprentissages scolaires arriveraient naturellement ensuite. Sa maman, elle, pense qu'il y a un contraste paradoxal entre les capacités exprimées par sa fille à la maison et ce qu'elle montre à l'école, et qu'attendre n'est pas la solution. Elle a donc décidé de la changer d'école et de lui faire passer un WISC-V et un NEPSY 2.

La fillette occupe son temps libre en jouant à des jeux de logique tels les échecs. Elle pratique la danse et la natation. Sur ce dernier point, la maman rapporte que l'enfant nage bien en pleine mer mais mal en piscine alors que cela semble pourtant plus simple. Elle aime dessiner, elle est passionnée par les étoiles dont elle apprend les noms par cœur.

Enfin, elle avait consulté une orthophoniste en fin de CP mais nous n'avons pas les résultats chiffrés. Nous ignorons donc par exemple si tout était supérieur à 0 ou bien si elle obtient -1,5 ou des scores inférieurs à -2 à certaines épreuves. Cependant, l'orthophoniste avait conclu que cette petite fille n'avait pas de trouble.

Au WISC-V, Jade obtient un QI à 82, ce qui est inférieur à la norme de sa tranche d'âge. Son rang percentile est à 14, ce qui signifie que 86 % des enfants de son âge obtiennent un QI supérieur au sien.

Ses Indices s'échelonnent entre 77 et 91. À 77, son Indice de Vitesse de traitement (IVT) est le plus bas et nettement inférieur à la norme de sa tranche d'âge. Nous pouvons donc évoquer une suspicion de trouble neurovisuel et/ou oculomoteur. Son Indice de Mémoire de travail (IMT), à 91, se situe dans le bas de la norme de sa tranche d'âge, tout comme son Indice de Raisonnement fluide (IRF). Son Indice de Compréhension verbale (ICV) est à 89, limite inférieure de la norme de sa tranche d'âge, et son Indice visuospatial est à 81.

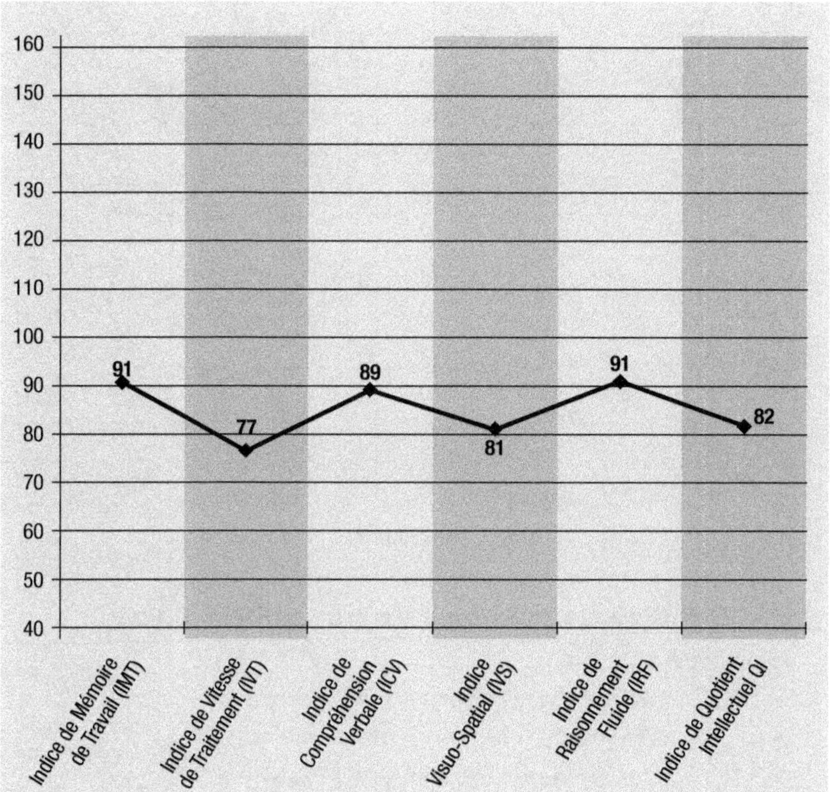

TABLEAU 68

Voici maintenant les subtests au WISC-V. La note standard est en noir, l'analyse du niveau maximum de difficulté résolue en gris :

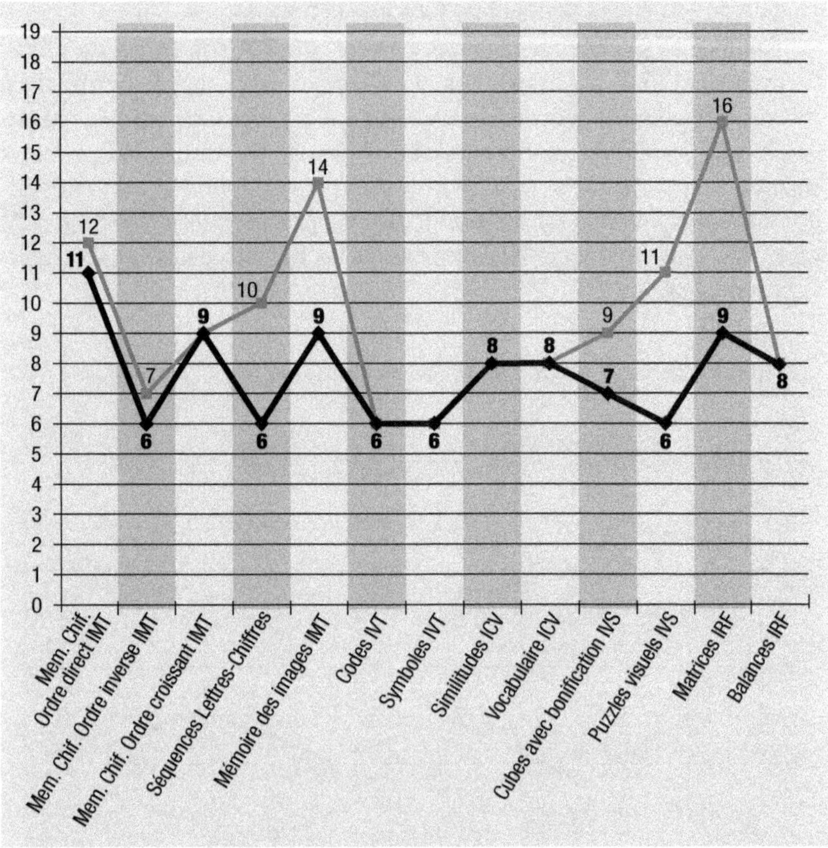

TABLEAU 69

Indice de Mémoire de travail (IMT = 91)

Jade obtient :

- 11/19 à *Mémoire des chiffres en ordre direct.*
- 6/19 à *Mémoire des chiffres en ordre inverse.*
- 9/19 à *Mémoire des chiffres en ordre croissant.*
- 6/19 à *Séquence lettres-chiffres.*
- 9/19 à *Mémoire des images.*

Pour aller plus loin...

La note standard (11/19) à *Mémoire des chiffres en ordre direct* est dans le haut de la norme de sa tranche d'âge. Toutefois, on note une attention fluctuante qui la fait échouer à une série sur deux à 4 chiffres avant de réussir les deux séries à 5 chiffres.

À *Mémoire des chiffres en ordre inverse*, Jade échoue à la seconde série sur quatre à 2 chiffres par effet de persévération : elle redit un des deux chiffres de l'item précédent. Elle échoue à partir de 3 chiffres, ce qui est inférieur à la norme de sa tranche d'âge.

À *Mémoire des chiffres en ordre croissant*, elle obtient une note standard dans le bas de la norme de sa tranche d'âge (9/19). Le déroulement de l'épreuve est homogène et elle réussit jusqu'à 3 chiffres. Puis elle mémorise les quatre chiffres de la seconde série mais en inverse deux lors de la restitution, ce qui indique une difficulté attentionnelle.

À *Séquence lettres-chiffres*, la note standard obtenue (6/19) est déficitaire. On note à l'item d'apprentissage de la tâche un effet de persévération qui amène Jade à mélanger la série d'un chiffre et d'une lettre qu'elle doit reclasser, et celle de démonstration qui précédait. Elle doit s'y remettre à trois fois pour y parvenir. Puis elle échoue à une série sur six à un chiffre/une lettre, puis ne réussit que trois séries sur neuf à 3 éléments. Cela indique une attention très fluctuante en double tâche, et laisse à entrevoir un éventuel déficit attentionnel. Le niveau maximum de difficulté résolue (3 éléments) est dans la norme de sa tranche d'âge, mais masqué par son attention fluctuante qui lui fait perdre des points.

Sa mémoire visuelle est située dans le bas de la norme de sa tranche d'âge (9/19). On note une attention fortement fluctuante, avec les deux derniers items des séries à deux images restitués dans le désordre, puis une alternance de restitution dans l'ordre puis dans le désordre des séries à 3 images. Jade échoue aux deux dernières séries à 3 images puis réussit dans l'ordre la première série à 4 images, probablement grâce à l'effet de surprise qui stimule son système attentionnel en passant de 3 à 4 images. Ensuite, elle échoue à trois items consécutifs à 4 images avant de réussir dans le désordre la série suivante, au-delà de l'arrêt protocolaire de l'épreuve. On voit nettement son attention visuelle fluctuante en mémoire visuelle.

Enfin, on note des difficultés de compréhension de la consigne à l'item d'apprentissage avec une image, puis aux items d'apprentissage à deux images, ce qui oriente vers une suspicion de trouble du langage, peut-être pragmatique.

Indice de Vitesse de traitement (IVT = 77)

Elle obtient :

- 6/19 à *Codes*.
- 6/19 à *Symboles*.

Pour aller plus loin...

La vitesse de traitement à ces deux subtests est déficitaire, et permet de suspecter un trouble neurovisuel et/ou oculomoteur. Malgré sa lenteur de traitement, on note une erreur d'inattention autocorrigée à *Codes*. Le graphisme est imprécis et fait penser à un léger trouble dysgraphique, d'autant que ni la vitesse, ni le graphisme ne sont satisfaisants. Un bilan orthoptique fonctionnel et un bilan graphomoteur sont préconisés.

Indice de Compréhension verbale (ICV = 89)

Elle obtient :

- 8/19 à *Similitudes* ;
- 8/19 à *Vocabulaire*.

Pour aller plus loin...

La note standard obtenue à ces deux subtests est identique et située dans le bas de la norme de sa tranche d'âge. On note d'importantes difficultés d'expression dans les deux épreuves, avec une utilisation de mots inadaptés au contexte qui évoque un langage idiosyncrasique.

À *Vocabulaire*, on note un déroulement d'épreuve hétérogène montrant que le réel niveau maximum de difficulté résolue du sujet est supérieur à la note standard obtenue mais non évaluable ici car c'est une épreuve comportant des éventuels biais culturels, etc.

Indice visuospatial (IVS = 81)

Elle obtient :

- 7/19 à *Cubes*.
- 6/19 à *Puzzles visuels*.

Pour aller plus loin...

Son niveau de construction à *Cubes* est inférieur à la norme de sa tranche d'âge. Jade demande au début de l'épreuve « *C'est quoi la règle du jeu ?* », ce qui est une remarque décalée par rapport au contexte de passation d'un test. Elle échoue au premier essai de l'item 2, puis construit correctement l'item 5 mais avec une rotation de 45°. À l'item 7, elle ne voit pas le cadre global de la figure, l'agencement des quatre cubes. Nous sommes devant une hypothèse de trouble neuro-visuel et/ou oculomoteur. Le niveau maximum de difficulté résolue est dans le bas de la norme de sa tranche d'âge (item 6).

En spatialisation mentale (*Puzzles visuels*), elle obtient 6/19, ce qui est déficitaire. Elle perd quatre fois la consigne par absence de résistance aux distractions internes (« pièges » insérés dans les items), absence de contrôle exécutif et dysfonctionnement de la mémoire de travail (oubli de la consigne). Nous pouvons soupçonner un déficit attentionnel. Tout cela lui fait perdre des points en note brute mais le niveau maximum de difficulté résolue est dans la norme de sa tranche d'âge (item 13/29).

Indice de Raisonnement fluide (IRF = 91)

Elle obtient :

- 9/19 à *Matrices*.
- 8/19 à *Balances*.

Pour aller plus loin...

Au subtest *Matrices*, Jade échoue aux items 14, 15 et 16, marquant l'arrêt de l'épreuve selon le protocole, et donnant la note standard 9/19, soit dans le bas de la norme de sa tranche d'âge. Or, en poursuivant l'épreuve au-delà de l'arrêt protocolaire tel que le manuel d'administration nous invite à le faire[144], on s'aperçoit qu'elle réussit ensuite les items 17 et 18, 21, 23 et 25 en les justifiant. Pour son âge, ce niveau de difficulté résolue se situe en fait dans la zone du haut potentiel intellectuel.

À *Balances*, elle obtient une note standard située dans le bas de la norme de sa tranche d'âge (8/19). Elle échoue à partir de l'item 14 qui ajoute du calcul mental à la tâche précédente d'équivalence de figures géométriques. En fait, elle ne compare pas les deux balances pour trouver l'image manquante, ce qui indique une lacune en planification de la tâche mais aussi une difficulté en attention visuelle, en accord avec la suspicion de trouble neurovisuel déjà évoquée.

Enfin, elle ne comprend pas la partie implicite de la consigne lors de l'item d'apprentissage : on est là encore fondé à soupçonner un trouble du langage (dont le langage pragmatique). Dernier élément illustrant ses fortes distractions externes, elle voit sur un coin de la table un objet personnel appartenant au praticien et lui dit pendant l'épreuve : « *On pourrait dire la Belle au Bois Dormant* ». Cela est typique d'un trouble du Déficit de l'attention.

NEPSY 2

L'attention auditive de Jade est déficitaire en simple tâche et en double tâche, même si le score de bonnes réponses passe de 5/19 à 8/19. En attention visuelle, il est impossible de lui administrer la double tâche, car elle n'y arrive pas malgré de nombreux essais. En simple tâche de lecture et en tâche d'inhibition, elle a un nombre d'erreurs extrêmement élevé, avec un rang percentile de bonnes réponses < 2 indiquant que 98 % des enfants de son âge commettent moins d'erreurs qu'elle. Cela vient encore conforter l'hypothèse d'un trouble neurovisuel et/ou oculomoteur impactant son attention visuelle.

Il est impossible de lui administrer la tâche de flexibilité cognitive car malgré de nombreux essais elle ne comprend pas la consigne. À nouveau,

144. Manuel d'administration et de cotation du WPPSI-IV, page 41 ; du WISC-IV, page 33 ; du WISC-V, page 39 ; et du WAIS-IV, page 33.

on peut soupçonner un trouble du langage. Sa planification des tâches en autonomie (fluidité de dessins) indique une vitesse de prise d'initiative déficitaire (6/19). La planification est absente. On note trois figures répétées. Le ciblage pour relier des points est imprécis et laisse à nouveau entrevoir le soupçon d'un trouble neurovisuel et/ou oculomoteur. Le tracé est lui aussi imprécis, conduisant à soupçonner un trouble dysgraphique. Enfin, les items de copie d'horloge montrent une grande difficulté graphomotrice confirmant les deux suspicions précédentes.

CONCLUSION

Le niveau maximum de difficulté résolue à *Matrices* constitue une surprise importante étant donné les notes standards obtenues aux autres subtests de raisonnement logique. Cela indique que Jade ne présente pas de retard de développement mais que son intelligence est probablement entravée par des troubles cognitifs. Nous avons relevé de nombreux signes cliniques en faveur d'un trouble neurovisuel et/ou oculomoteur, ainsi que d'un trouble du langage malgré le bilan orthophonique qui l'écartait quelques mois auparavant. Devant toutes ses difficultés à comprendre des consignes standards de tests, dont certaines qui empêchent la passation de l'épreuve, il semble peu probable qu'elle ne présente pas de trouble du langage.

Les préconisations ont été un bilan orthoptique fonctionnel, un bilan orthophonique chez un autre orthophoniste en demandant les scores de chaque épreuve pour savoir si elle a des épreuves avec une note comprise entre -2 et 0, un bilan graphomoteur et une consultation avec un médecin spécialisé sur les troubles des apprentissages. Le programme Cogmed peut lui donner une bonne rééducation de l'attention et de la mémoire de travail.

La conclusion du psychologue scolaire (PsyEN) sur son manque d'acquisition de « la posture d'élève » a été approfondie pour pouvoir remédier à toutes ces difficultés cognitives.

Enfin, du fait de son utilisation d'un langage de type idiosyncrasique, on peut s'interroger sur un éventuel trouble du Spectre de l'autisme, piste que la famille n'a pas explorée.

8.5.2 Fille de 10 ans 3 mois

Alice, une fillette scolarisée en CM2, vient consulter pour un éventuel passage anticipé en classe supérieure car elle a d'excellents résultats à l'école mais elle s'y ennuie. Par ailleurs, elle consulte depuis quelques semaines une orthophoniste pour des problèmes de prononciation et de lecture avec difficultés sur certaines syllabes. Elle a aussi du mal à retranscrire certains sons. Son écriture est peu lisible à vitesse normale et l'orthophoniste l'a orientée vers un graphothérapeute. Nous sommes donc ici devant une hypothèse de haut potentiel intellectuel avec troubles associés.

Les résultats du bilan orthophonique par Exalang confirment ces difficultés :

- Une répétition de logatome à -1,48.
- Métaphonologie et MdT – traitement syllabique à -2,08.
- Lecture de mots à -1,4.
- Lecture de non mots à -3,03.

Au WISC-V, Alice obtient un QI à 123. Seuls 10 % des personnes de toute tranche d'âge obtiennent un QI > 120. Elle présente donc un développement cognitif nettement supérieur à la moyenne de sa tranche d'âge, ce qui est en accord avec ses résultats scolaires[145]. Pourtant, cela ne la préserve pas d'une dysgraphie et d'un trouble du langage nécessitant la rééducation orthophonique qu'elle a commencée.

Ses Indices s'échelonnent entre 108 et 126. Sa mémoire, sa vitesse de traitement et son raisonnement fluide (IRF) sont supérieurs à 120, mais son raisonnement verbal et visuospatial sont autour de 110, ce qui permet de suspecter un éventuel trouble neurovisuel et/ou oculomoteur, ce qui serait en accord avec sa dysgraphie, en plus du trouble du langage qui vient d'être diagnostiqué.

145. Ce n'est pas le cas pour tous. Un enfant ou un adolescent peut avoir des résultats scolaires dans la moyenne, voire être en échec scolaire paradoxal avec un QI > 120 ou > 130. Un cas clinique exposé lors de la présentation du WISC-V à Paris en 2016, par les ECPA, indiquait qu'un collégien était en échec scolaire, alors qu'il avait réussi le dernier item d'un subtest de logique, ce qui indiquait très clairement un profil à haut potentiel intellectuel. Dans un cas d'échec scolaire paradoxal (échec scolaire malgré une bonne, voire très bonne performance au WPPSI/WISC/WAIS), il faut absolument commencer par chercher des causes cognitives de type trouble attentionnel, trouble du langage, trouble neurovisuel, trouble dysgraphique, trouble du spectre autistique, etc., avec des bilans complémentaires, plutôt que de s'en tenir à des éléments familiaux tels le divorce des parents, la position du sujet dans sa fratrie, le complexe d'Œdipe, etc. À paradoxe cognitif, explorons d'abord des causes cognitives.

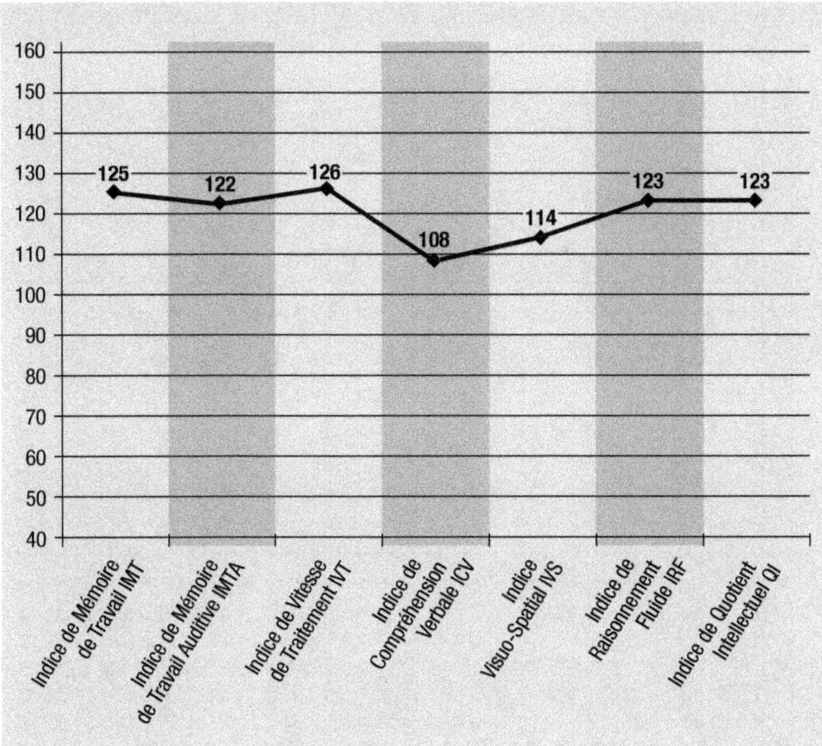
160
150
140
130
120
110
100
90
80
70
60
50
40
125
122
126
108
114
123
123
Indice de Mémoire de Travail IMT
Indice de Mémoire de Travail Auditive IMTA
Indice de Vitesse de Traitement IVT
Indice de Compréhension Verbale ICV
Indice Visuo-Spatial IVS
Indice de Raisonnement Fluide IRF
Indice de Quotient Intellectuel QI

TABLEAU 70

Voici maintenant les subtests au WISC-V. La note standard est en noir, l'analyse du niveau maximum de difficulté résolue en gris :

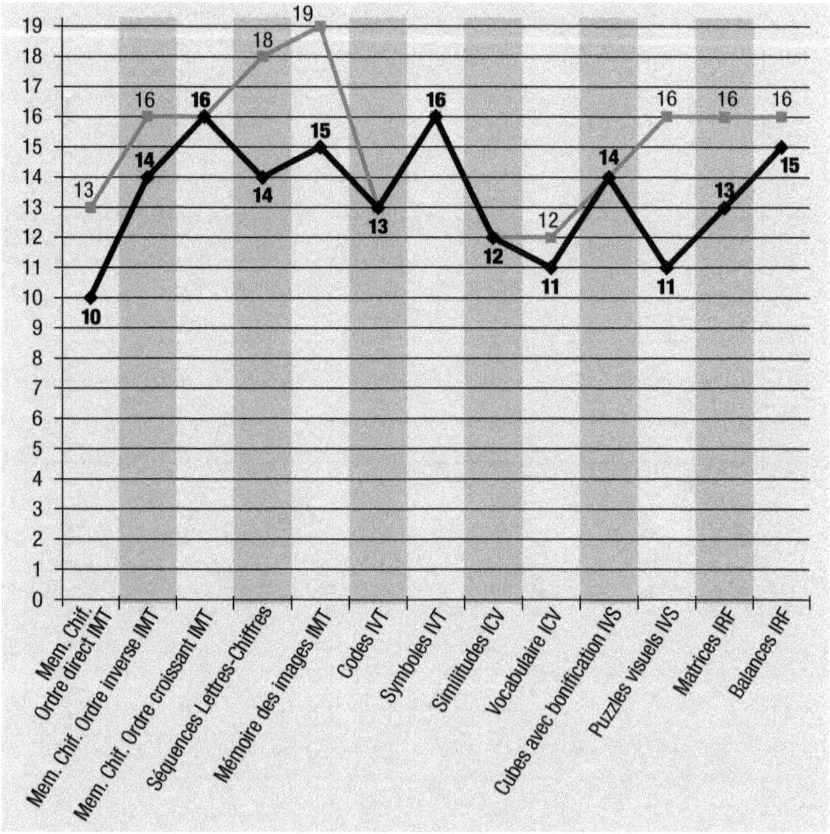

TABLEAU 71

Indice de Mémoire de travail (IMT = 125)

Alice obtient :

- 10/19 à *Mémoire des chiffres en ordre direct.*
- 14/19 à *Mémoire des chiffres en ordre inverse.*
- 16/19 à *Mémoire des chiffres en ordre croissant.*
- 14/19 à *Séquence lettres-chiffres.*
- 15/19 à *Mémoire des images.*

Pour aller plus loin...

La note standard (10/19) à *Mémoire des chiffres en ordre direct* est dans la norme de sa tranche d'âge. Toutefois, on note une attention fluctuante qui fait échouer Alice à une série sur deux à 5 puis à 6 chiffres. De ce fait, elle obtient 8 points en note brute au lieu de 10, obtenant une note standard à 10/19 au lieu du 13/19 qui aurait été supérieur à la norme de sa tranche d'âge.

On retrouve son attention fluctuante à *Mémoire des chiffres en ordre inverse* où elle échoue à une série sur deux à 4 chiffres avant de réussir les deux séries à 5 chiffres. La note standard obtenue est 14/19, située au début de la zone du haut potentiel. Mais le réel niveau maximum de difficulté résolue sans son attention fluctuante la situerait à 16/19. L'augmentation de la note standard et du niveau de difficulté résolue en passant de la première épreuve à faible charge cognitive (redire des chiffres tels quels) à la seconde épreuve à plus lourde charge cognitive (redire les chiffres mais à l'envers) indique une dysrégulation attentionnelle. En effet, elle réussit mieux quand l'effort mental est plus important. Compte tenu de cette attention fluctuante, nous pouvons suspecter un trouble du Déficit de l'attention (TDA/H).

À *Mémoire des chiffres en ordre croissant*, elle obtient une note standard à 16/19, avec une attention soutenue (pas d'alternance de séries échouées et réussies).

À *Séquence lettres-chiffres*, la note standard qu'elle a obtenue (14/19) situe Alice au début de la zone du haut potentiel intellectuel. Cependant, on note là encore une attention fluctuante qui masque son réel niveau maximum de difficulté résolue. En effet, elle obtient 20 points de note brute en réussissant jusqu'à 6 éléments mais tout en perdant des points sur des séries plus courtes. Or, un autre enfant ayant une attention soutenue et non fluctuante aurait aussi obtenu 20 points, mais en ne réussissant que jusqu'à 5 éléments au lieu de 6 comme elle. Ainsi, son réel niveau maximum de difficulté résolue (6 éléments) montre une note standard à 18/19 pour son âge quand on a une attention soutenue et non fluctuante.

Sa mémoire visuelle est située dans la zone du haut potentiel (15/19). Là encore, la note standard obtenue ne rend pas compte de son niveau maximum de difficulté résolue à cause de son attention fluctuante. En effet, elle échoue à deux séries sur six à 3 images, puis une sur six à 5 images et les deux séries à 6 images ; elle échoue ensuite l'unique série à 7 images avant de réussir l'unique série à 8 images !

Ainsi, son réel niveau maximum de difficulté résolue, qui est aussi le niveau maximum testable au WISC-V à 16 ans 11 mois (8 images à retrouver dans l'ordre) alors qu'elle n'a que 10 ans et 3 mois, donnerait une note standard à 19/19. Mais elle n'obtient que 15/19 car son attention fluctuante la fait échouer à 3, 4, 5 et 7 images...

Ces éléments d'attention fluctuante et de dysrégulation attentionnelle indiquent une forte suspicion de TDA/H malgré un Indice de Mémoire de travail à 125.

Indice de Vitesse de traitement (IVT = 126)

Alice obtient :

- 13/19 à *Codes*.
- 16/19 à *Symboles*.

Pour aller plus loin...

L'écart de score entre ces deux épreuves aux saccades oculaires verticales puis horizontales fait soupçonner un trouble neurovisuel et/ou oculomoteur.

À *Codes*, son graphisme est très imprécis, ce qui est en accord avec le diagnostic de dysgraphie déjà posé par le graphothérapeute.

Indice de Compréhension verbale (ICV = 108)

Elle obtient :

- 12/19 à *Similitudes*.
- 11/19 à *Vocabulaire*.

Pour aller plus loin...

À *Similitudes*, la note standard obtenue est située dans le haut de la norme de sa tranche d'âge. On note un léger manque de flexibilité cognitive pour approfondir dans un axe complémentaire une première réponse incomplète.

À *Vocabulaire*, épreuve de définition de concepts, la note standard est aussi dans le haut de la norme de sa tranche d'âge. Elle échoue à l'item 9 par approximation sémantique alors qu'elle réussit complètement les items 10, 11, 13, 14 et partiellement (un point sur deux) jusqu'à l'item 20.

Voici donc un exemple d'une enfant diagnostiquée avec un trouble du langage, en cours de rééducation orthophonique, et qui obtient des résultats situés dans le haut de la norme de sa tranche d'âge aux épreuves de logique verbale du WISC.

Indice visuospatial (IVS = 114)

Elle obtient :

- 14/19 à *Cubes*.
- 11/19 à Puzzles visuels.

Pour aller plus loin...

Son niveau de construction à *Cubes* se situe au début de la zone du haut potentiel intellectuel. Alice réussit jusqu'à l'item 11 sur les 13 qui composent cette épreuve. À noter qu'elle gagne 39 points en note brute dans ce subtest et qu'un adolescent de 16 ans 11 mois qui gagnerait aussi 39 points de note brute obtiendrait une note standard à 10/19, exactement au centre de la norme de sa tranche d'âge. Elle présente donc une avance de 6 ans ½ à ce subtest avec une note standard « seulement » à 14/19...

En spatialisation mentale (*Puzzles visuels*), elle obtient 11/19 mais avec un déroulement d'épreuve très hétérogène. En effet, elle se laisse distraire par le piège de l'item 9 qui lui fait perdre la consigne par absence de contrôle exécutif, de même qu'aux items 14, 18, et 19. Elle réussit ensuite l'item 21 en dépassant un peu le délai imparti et l'item 22 dans le délai imparti, puis les items 23 et 24 en dépassant de quelques secondes le délai imparti. Elle échoue ensuite de façon régulière. Ainsi, son réel niveau maximum de difficulté résolue (quoiqu'en dépassant un peu le temps imparti) la situe dans la zone du haut potentiel intellectuel (16/19). N'oublions pas qu'on peut soupçonner qu'elle présente un trouble neurovisuel et/ou oculomoteur et une attention fluctuante qui impactent probablement cette épreuve basée sur la perception visuospatiale mentale en mobilisant la mémoire visuelle de travail. On se souvient aussi qu'elle réussissait le niveau le plus difficile à *Mémoire des images* mais échouait en-dessous par inattention.

Indice de Raisonnement fluide (IRF = 123)

Elle obtient :

- 13/19 à *Matrices*.
- 15/19 à *Balances*.

Pour aller plus loin...

Au subtest *Matrices*, Alice ne comprend pas la partie implicite de la consigne de complètement de suites d'images et échoue donc au premier item d'apprentissage de la tâche. Mais une fois compris l'implicite de la consigne, elle réussit l'épreuve au-delà de la norme de sa tranche d'âge. Cela signifie que cette fillette ne présente pas de trouble de l'induction logique puisqu'elle réussit très bien l'épreuve, mais qu'elle décode mal l'implicite de la consigne (langage pragmatique). Une fois cet implicite décodé, elle réussit au-dessus de la norme de sa tranche d'âge. Le déroulement de l'épreuve est néanmoins hétérogène, avec une forte alternance d'items échoués et réussis à partir de l'item 17/32, sachant qu'elle réussit jusqu'à l'item 31 en pouvant justifier correctement ses réponses, mais après avoir échoué aux 28, 29 et 30, ce qui marque l'arrêt de l'épreuve selon le protocole de passation.

À noter que dans cette épreuve, il y a des suites d'images qui mobilisent fortement l'analyse visuospatiale, et d'autres beaucoup moins. De plus, nous savons qu'elle a une attention fortement fluctuante provoquant des erreurs d'inattention pas seulement aux épreuves de mémoire… Le réel niveau maximum de difficulté résolue la pousse au-delà de l'arrêt protocolaire et la situe nettement dans la zone du haut potentiel intellectuel.

Alice échoue à *Balances* par absence de planification de l'analyse des séries d'images proposées dans les deux balances. Elle atteint un niveau de difficulté situé à la limite inférieure de la norme de sa tranche d'âge (7/19). Nous pouvons conclure à une suspicion de trouble du déficit de l'attention et des fonctions exécutives.

NEPSY 2

Son attention auditive est déficitaire en double tâche (7/19). Son attention visuelle est déficitaire en simple tâche, mais supérieure à la norme de sa tranche d'âge en double tâche avec tâche d'inhibition. Cela indique clairement une dysrégulation attentionnelle déjà observée aux épreuves de mémoire du WISC. Sa flexibilité cognitive et sa planification des tâches sont excellentes sur consignes orales (horloges). Sa vitesse de prise d'initiative est dans la norme de sa tranche d'âge (fluidité de dessins) mais le graphisme est imprécis, ce qui est en accord avec le trouble dysgraphique. De plus, le ciblage des points à relier est imprécis et conduit à nouveau à suspecter un trouble neurovisuel et/ou oculomoteur.

Elle obtient des scores dans la norme de sa tranche d'âge en reconnaissance d'affects. En théorie de l'esprit, elle obtient des scores dans le bas de la norme de sa tranche d'âge. À cette dernière épreuve, elle échoue aux items mobilisant de l'implicite et beaucoup de mémoire de travail auditive.

Dosage des neurotransmetteurs

La courbe en noir indique son pourcentage de synthèse, de recapture et de passage synaptique, et celle en pointillé indique le pourcentage maximum de bon fonctionnement.

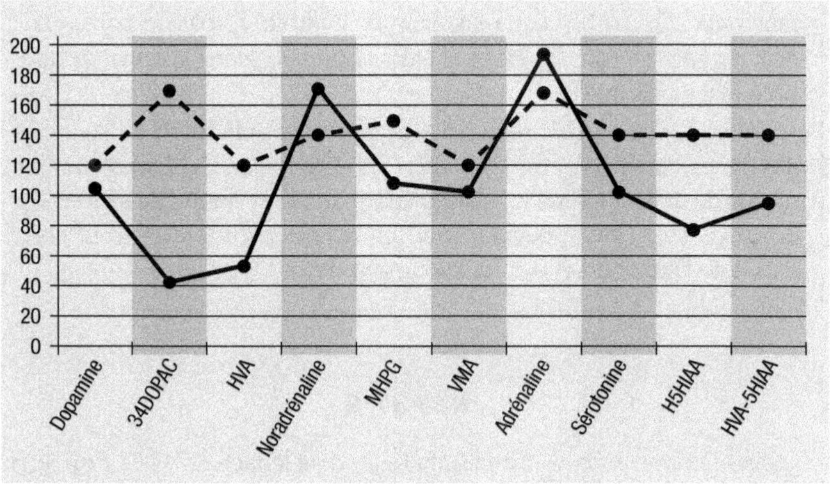

TABLEAU 72

Un rééquilibrage de la voie dopaminergique et de la fluidité membranaire a été proposé par compléments alimentaires, avec la baisse de son adrénaline et noradrénaline. Le cortisol salivaire en complément de l'adrénaline n'a pas été mesuré.

CONCLUSION

Cette fillette présente clairement un profil à haut potentiel intellectuel mais masqué (QI < 130) par des difficultés attentionnelles, un trouble du langage et une suspicion de trouble neurovisuel et/ou oculomoteur impactant à la baisse sa réussite aux subtests selon le protocole de passation et de cotation. Mais son niveau maximum de difficulté résolue, dont l'évaluation nous est proposée par le manuel d'administration[146], montre bien qu'à plusieurs

146. Manuel d'administration et de cotation du WPPSI-IV page 41, du WISC-IV page 33, du WISC-V page 39 et du WAIS-IV page 33.

subtests elle atteint un niveau de difficulté situé dans la zone du haut potentiel intellectuel. Le passage anticipé à l'école a été préconisé, conformément à l'intuition de l'école.

Elle a été orientée vers un médecin pédiatre spécialisé sur le TDA/H pour poser, le cas échéant, un diagnostic médical et proposer d'autres remédiations. Le programme Cogmed[147] peut lui apporter une aide précieuse.

8.5.3 Adolescent de 12 ans

Paul est un adolescent scolarisé en classe de 5ème. Il suit une rééducation orthophonique depuis la classe de CP, après un diagnostic de dyslexie et dysorthographie. Un bilan orthoptique fonctionnel a été réalisé sur le conseil de l'orthophoniste, avec deux rééducations à plusieurs années d'écart comprenant 7-8 séances. Il porte des lunettes depuis quelques mois.

Il présente des difficultés en français, fait beaucoup de fautes en dictée, moyennement en copie, et beaucoup en production libre. À la relecture, il repère une partie de ses fautes d'accord du pluriel et certaines fautes d'orthographes lexicales. Il ne connaît pas bien les règles d'accord. Il présente également un problème d'encodage à long terme.

Il a moins de difficultés en mathématiques, mais ses notes varient de façon a priori aléatoire. Il n'a pas pu mémoriser les tables de multiplication et procède par calcul mental au lieu de les réciter.

On note une forte instabilité motrice. Il pratique beaucoup de sport. On note également un trouble de l'endormissement : il lui faut 2h pour s'endormir.

Un premier test de QI avait été réalisé alors qu'il avait 9 ans, en 2013, chez un psychologue en cabinet. Il s'agissait du WISC-R, remplacé en 1996 par le WISC-III, puis en 2005 par le WISC-IV[148]. Nous remarquerons que la version de ce test était donc très obsolète en 2013.

147. https://www.cogmed.com/francais et https://www.college-de-france.fr/media/stanislas-dehaene/UPL2812985053430393578_Cours_2_Fondements_cognitifs_des_apprentissages_scolaires_v6.pdf

148. Il faut s'assurer que le test de QI qui sera administré est bien le test en vigueur, et non une version antérieure, voire vieille de plusieurs décennies comme c'est le cas ici.

Il obtient les notes standards suivantes aux subtests (nous n'avons conservé ici que les subtests présents dans le WISC-V) :

Similitudes 12/19
Vocabulaire 9/19
Mémoire des chiffres 10/19
Cubes 12/19
Codes 9/19

Au WISC-V, Paul obtient un QI situé dans la norme de sa tranche d'âge, à 94. Les Indices ont des écarts importants puisqu'ils vont de 76 pour l'Indice de Raisonnement fluide (IRF) à 113 pour l'Indice de Compréhension verbale (ICV), qui est un score supérieur à celui de sa tranche d'âge.

La première remarque est qu'il présente un trouble du langage (dyslexie et dysorthographie). On peut effectivement avoir un trouble du langage et obtenir un ICV >110 car le WISC et les bilans orthophoniques ne mesurent pas les mêmes éléments. Cela ne s'oppose pas, mais se complète.

Les Indices de Mémoire de travail (IMT), de Vitesse de Traitement (IVT) et l'Indice Visuospatial (IVS) sont dans la norme.

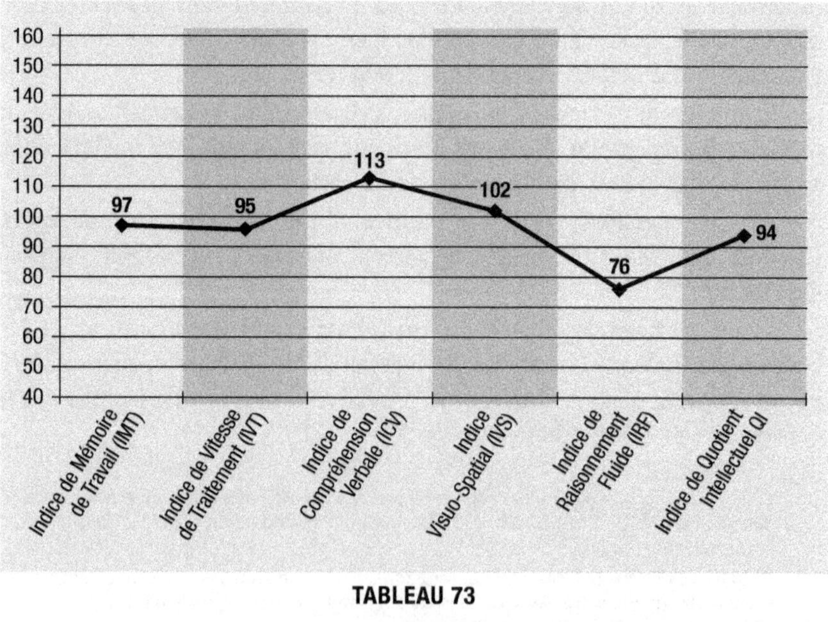

TABLEAU 73

La note standard est en noir, l'analyse du niveau maximum de difficulté résolue en gris.

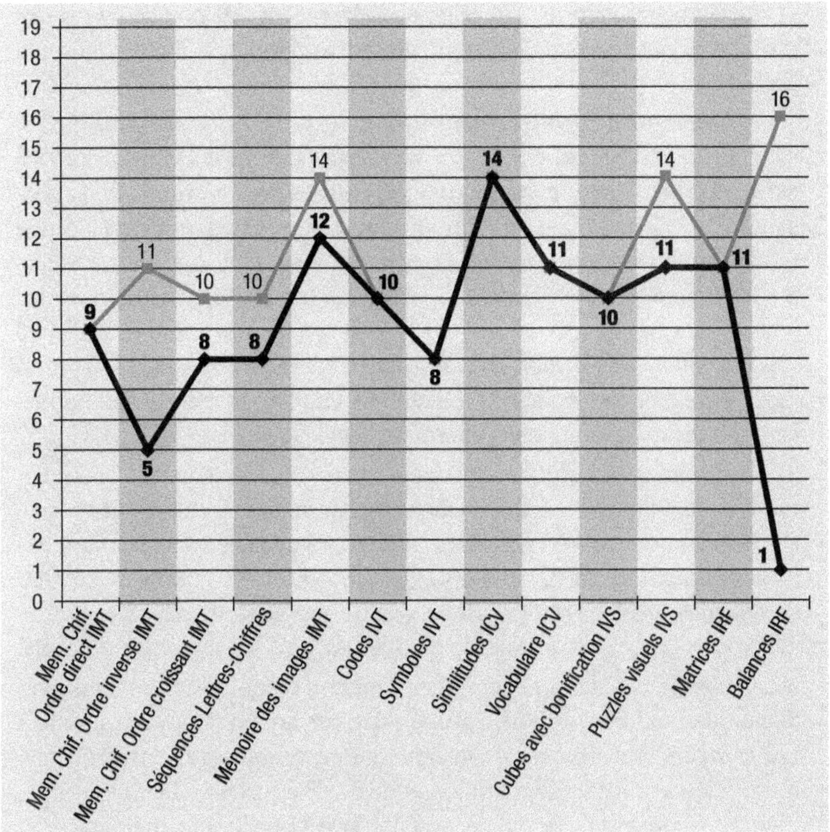

TABLEAU 74

Indice de Mémoire de travail (IMT = 97)

Paul obtient :

- 9/19 à *Mémoire des chiffres en ordre direct.*
- 5/19 à *Mémoire des chiffres en ordre inverse.*
- 8/19 à *Mémoire des chiffres en ordre croissant.*
- 8/19 à *Séquence lettres-chiffres.*
- 12/19 à *Mémoire des images.*

Pour aller plus loin...

La note standard (9/19) obtenue à *Mémoire des chiffres en ordre direct* est dans le bas de la norme de sa tranche d'âge. Il réussit jusqu'à 5 chiffres.

À *Mémoire des chiffres en ordre inverse*, la note standard (5/19) est déficitaire. Paul échoue à trois séries sur quatre à 3 chiffres, dont les deux séries de l'item 4, ce qui marque l'arrêt selon le protocole de passation. Mais en continuant l'épreuve au-delà pour s'assurer qu'il arrive au maximum de ses possibilités comme nous le propose le manuel d'administration[149], nous nous apercevons qu'il réussit les deux séries à 4 chiffres de l'item 5 et c'est là son réel niveau maximum de difficulté résolue, situé dans le haut de la norme de sa tranche d'âge (11/19). En fait, il échoue aux trois séries à 3 chiffres car il en inverse deux chiffres, ce qui indique des difficultés attentionnelles.

À *Mémoire des chiffres en ordre croissant*, son attention est également fluctuante avec l'échec d'une série sur deux à 4 chiffres et la réussite des deux séries à 5 chiffres. La note standard obtenue est dans le bas de la norme de sa tranche d'âge (8/19) alors que le réel niveau maximum de difficulté résolue (10/19) est dans la norme de sa tranche d'âge.

À *Séquence lettres-chiffres*, la note standard obtenue (8/19) est elle aussi dans le bas de la norme de sa tranche d'âge, avec une attention fluctuante qui le fait échouer à une série sur neuf à 3 éléments, puis à une sur trois à 4 éléments. On note des confusions de sons probablement dues à un déficit d'attention auditive. Par ailleurs, il matérialise sa mémorisation avec ses doigts pour rendre visuelle une mémorisation auditive. C'est un système de compensation. Le réel niveau maximum de difficulté résolue (10/19) est dans la norme de sa tranche d'âge, mais masqué par cette attention fluctuante.

Sa mémoire visuelle est dans le haut de la norme de sa tranche d'âge (12/19) avec un échec à la dernière série à 4 images avant de réussir la première série à 5 images correspondant à un niveau de difficulté (14/19) situé au début de la zone du haut potentiel intellectuel pour son âge.

149. Proposition indiquée dans le manuel d'administration et de cotation du WPPSI-IV page 41, du WISC-IV page 33, du WISC-V page 39 et du WAIS-IV page 33.

On note qu'il s'est aidé de ses doigts pour la *Séquence lettres-chiffres* et que sa mémoire visuelle est nettement plus performante que sa mémoire auditive.

Indice de Vitesse de traitement (IVT = 95)

Paul obtient :

- 10/19 à *Codes*.
- 8/19 à *Symboles*.

Pour aller plus loin...

Il obtient 10/19 à la copie de *Codes*, dans la norme de sa tranche d'âge. Le graphisme est imprécis, ce qui fait suspecter un trouble dysgraphique.

À l'épreuve de discrimination de *Symboles*, la note standard obtenue est à 8/19. On note une erreur d'inattention qui s'ajoute aux éléments conduisant à suspecter un trouble du Déficit de l'attention.

Indice de Compréhension verbale (ICV = 113)

Il obtient :

- 14/19 à *Similitudes*.
- 11/19 à *Vocabulaire*.

Pour aller plus loin...

À *Similitudes*, la note standard obtenue (14/19) est située au début de la zone du haut potentiel intellectuel. On note des difficultés d'expression verbale et des distractions internes (associations d'idées hors sujet).

À l'épreuve de définition de concepts de *Vocabulaire*, Paul obtient 11/19. On relève là aussi des difficultés d'expression verbale.

Ces difficultés sont en accord avec le trouble du langage diagnostiqué. Nous pouvons nous demander si cela impacte le résultat de ces deux épreuves.

Indice visuospatial (IVS = 102)

Il obtient :

- 10/19 à *Cubes*.
- 11/19 à *Puzzles visuels*.

Pour aller plus loin...

Son niveau de construction de *Cubes* est dans la norme de sa tranche d'âge. On note des difficultés d'orientation visuo-spatiale qui l'amènent à tourner le livret pour voir une figure à 9 cubes en position de carré au lieu de losange ainsi qu'elle est présentée. Cela oriente vers une suspicion de trouble neurovisuel et/ou oculomoteur.

En spatialisation mentale (*Puzzles visuels*), Paul obtient une note standard à 11/19, dans le haut de la norme de sa tranche d'âge. Le déroulement de l'épreuve est hétérogène sur le dernier quart du subtest car il dépasse le temps imparti pour réussir 4 figures. Cela conduit à suspecter un trouble neurovisuel et/ou oculomoteur. Le niveau maximum de difficulté résolue (14/19) atteint aux items 23, 24 et 25 se situe au début de la zone du haut potentiel intellectuel.

Indice de Raisonnement fluide (IRF = 76)

Il obtient :

- 11/19 à *Matrices*.
- 1/19 à *Balances*.

Pour aller plus loin...

De façon contre-intuitive, l'écart de 10 points entre ces deux épreuves n'est pas significatif.

Paul obtient 11/19 à l'épreuve de complétion de suites d'images de *Matrices*. On note une lenteur de traitement qui oriente à nouveau vers une hypothèse de trouble neurovisuel et/ou oculomoteur car ici la prise d'information est visuelle et elle mobilise de l'attention visuelle. On note une alternance d'items échoués et réussis en fin d'épreuve, mais pas assez nette pour que nous puissions calculer un niveau maximum de difficulté résolue.

Au subtest *Balances*, la note standard à 1/19 est due au fait que Paul échoue les items 5, 6, 7 et 8. Il existe une possibilité de donner une réponse incorrecte, mais avec une part de cohérence. Ici, les réponses données sont simplement incohérentes. Et comme le protocole de passation impose d'arrêter l'épreuve après trois échecs consécutifs, et que le sujet en commet quatre d'affilée, la note standard obtenue est à 1/19. Cela illustre clairement la limite d'un protocole trop restrictif, heureusement assoupli par la possibilité de poursuivre les subtests au-delà de l'arrêt protocolaire quand cela nous semble nécessaire, même si nous ne pouvons pas comptabiliser les items réussis pour le calcul de la note standard[150]. On s'aperçoit alors qu'il réussit ensuite de façon continue les items jusqu'au n° 23 et cela correspond à un niveau de 10/19 pour son âge[151]. Il échoue ensuite les trois derniers items à 2 balances, impliquant le second arrêt de l'épreuve selon le protocole. Mais fort de l'expérience du début du subtest, et de celle de mémoire, nous avons à nouveau poursuivi l'épreuve au-delà et le sujet a réussi l'item 27 à 3 *Balances* en 18 secondes sur les 30 imparties alors qu'il est nettement plus complexe que les précédents ! Notons qu'on remarque assez fréquemment que des patients échouent aux trois derniers items à deux balances, et réussissent le premier à trois balances qui suit. On retrouve aussi cela au subtest de *Mémoire des images*. La raison est que l'effet de nouveauté et d'inattendu stimule l'attention et la voie dopaminergique. Le sujet réussit ensuite les items 29 puis 30 à trois balances, ce qui le situe finalement dans la zone du haut potentiel intellectuel, mais nettement parasité par des troubles cognitifs.

NEPSY 2

On note que Paul a une attention auditive déficitaire en simple tâche (score de bonnes réponses 5/19) tandis que son attention en double tâche est dans la norme de sa tranche d'âge. Cela nous indique une dysrégulation attentionnelle.

150. Manuel d'administration et de cotation du WPPSI-IV, page 41 ; du WISC-IV, page 33 ; du WISC-V, page 39 ; et du WAIS-IV, page 33.

151. Il aurait obtenu 10/19 s'il avait tout réussi jusque-là.

Son attention visuelle est dans la norme. Sa flexibilité cognitive est supérieure à la norme de sa tranche d'âge, sa vitesse de prise d'initiative aussi (fluidité de dessins), mais pas sa planification des tâches sur consigne orale, qui est déficitaire.

Dosage des neurotransmetteurs

Un médecin pédiatre formé en biologie préventive a prescrit un dosage des neurotransmetteurs. Les résultats indiquent un déficit de fluidité membranaire qui réduit le passage synaptique de la dopamine et de la noradrénaline. Une supplémentation en compléments alimentaires a été prescrite.

CONCLUSION

Le bilan de ce jeune adolescent indique un léger trouble de l'attention, touchant principalement l'attention auditive avec une attention fluctuante et une dysrégulation attentionnelle. Cependant, il faut rappeler que les bilans ne sont pas écologiques. Cela signifie que passer des tests où la demande porte sur l'exécution d'une seule tâche à la fois, face à une seule personne, dans le bureau du praticien, est une chose bien différente de travailler en classe en cumulant plusieurs tâches cognitives simultanées (écrire ce qui est inscrit au tableau tout en continuant d'écouter l'enseignant) avec 25 autres élèves autour de soi.

En classe, l'élève doit faire appel à son attention auditive, doit comprendre le sens de ce qu'il entend, et en même temps il lui faut commencer à résoudre le problème posé, tout en se remémorant et en se référant à la partie de cours concernée, etc. ... et, en plus, résister aux distractions ! Si bien que des élèves avec peu de scores déficitaires ou faiblement déficitaires aux tests d'attention, voire dans la norme, peuvent néanmoins présenter un trouble attentionnel en classe et se trouver en difficulté d'apprentissage, comme cet élève de 5ème.

On retrouve exactement cela en Équipe éducative avec des bilans orthophoniques concluant à une absence de trouble du langage, alors que tous les éléments scolaires montrent le contraire. Le contexte de passation d'un bilan reste toujours plus favorable qu'une situation scolaire ou professionnelle. Il faut absolument en tenir compte et ne pas s'arrêter à un bilan qui, par nature, n'est pas administré dans les conditions naturelles, « écologiques », de travail.

8.5.4 Adolescente de 13 ans 10 mois

Voici maintenant le WISC-V de Chloé, une adolescente qui est en classe de 4ème. Sa moyenne générale est de 5/20 à la fin du premier trimestre et son maintien en collège ordinaire est remis en cause pour l'année suivante. Elle correspond aux critères de diagnostic du Trouble du Déficit de l'attention avec/sans hyperactivité (TDA/H) du DSM-5 qu'elle a rempli, ainsi que ses parents, dans la version développée pour l'enfance par la DIVA Foundation des Pays-Bas afin d'avoir des exemples concrets pour chaque critère de diagnostic.

Elle correspond aussi aux critères de diagnostic du trouble d'Opposition et de provocation (TOP) du DSM-5. Cela lui cause des soucis au collège et surtout à la maison. C'est un trouble assez souvent associé au TDA/H mais qu'il faut différencier de celui-ci car leur prise en charge est différente.

Cette adolescente ne montre aucun intérêt pour les apprentissages scolaires et aucune motivation en général. La promesse d'importantes récompenses, même onéreuses, ne suffisent pas à la stimuler. C'est dans ce contexte qu'elle est venue passer les bilans, sérieusement, mais sans s'y investir davantage qu'elle le fait au collège ou dans les tâches de sa vie personnelle.

Par ailleurs, elle a une forte appétence pour le sucre, s'achète des boissons sucrées et des bonbons avant après le collège. Elle a commencé une consommation de tabac et d'alcool (bières) malgré les interdictions et punitions parentales. Rien ne semble avoir de prise sur elle. On note que ces produits à fort effet addictogène[152] agissent sur la voie dopaminergique, laquelle est généralement parasitée dans le cas d'un TDA/H.

Nous avions précédemment testé sa sœur aînée qui a ensuite été diagnostiquée avec un TDA/H en classe de terminale par un pédopsychiatre spécialisé sur ce trouble et les TSA car elle présente aussi un léger trouble du Spectre de l'autisme de type « syndrome d'Asperger » qui touche

152. L'alcool augmente de 20 à 50% de taux de dopamine et est addictogène. Sur ce sujet, voire l'expérience sur l'addiction à la cocaïne et au sucre : https://lejournal.cnrs.fr/videos/addiction-lautre-poudre-blanche et https://www.youtube.com/watch?v=5oqoWyFQAqo

principalement ses interactions sociales. Pensant davantage à une carence éducative qu'à un TDA/H, son médecin généraliste avait diagnostiqué une « phobie sociale ». Il accepte néanmoins de renouveler l'ordonnance de méthylphénidate de sa sœur aînée qui est toujours suivie par le pédopsychiatre qui a posé le diagnostic. La différence entre les deux sœurs est que l'aînée ne manifeste pas de trouble d'Opposition et de Provocation, qu'elle a une forte motivation pour les études et que son inhibition liée au TSA la rend beaucoup plus « sage » que sa sœur. Tout cela peut évidemment donner l'illusion qu'il existe des carences éducatives envers la cadette mais pas pour l'aînée.

Au WISC-V, Chloé obtient un QI à 74, en-dessous de la norme de sa tranche d'âge, avec un profil de WISC concordant pour une orientation scolaire en SEGPA. Les Indices vont de 69 à 84, ce qui est faible.

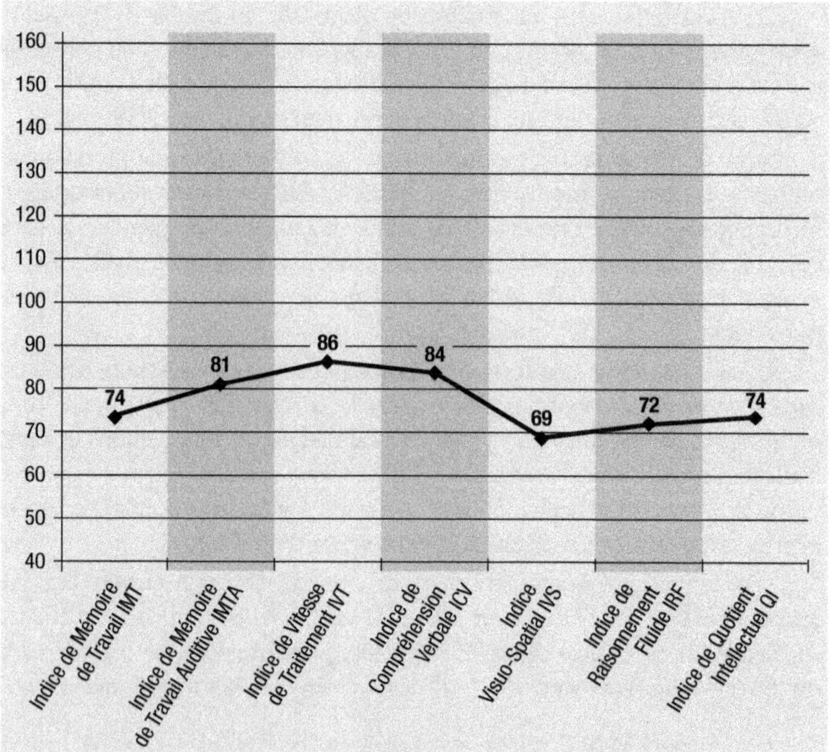

TABLEAU 75

La note standard est en noir, l'analyse du niveau maximum de difficulté résolue en gris. Voici le détail des subtests :

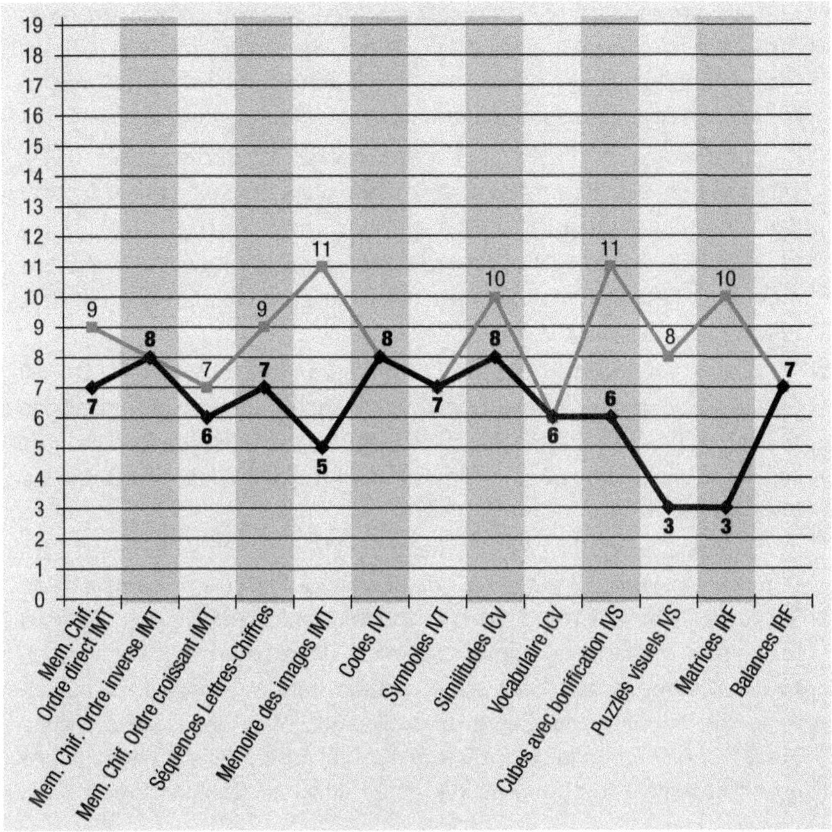

TABLEAU 76

Indice de Mémoire de travail (IMT = 74)

Elle obtient :

- 7/19 à *Mémoire des chiffres en ordre direct.*
- 8/19 à *Mémoire des chiffres en ordre inverse.*
- 6/19 à *Mémoire des chiffres en ordre croissant* ».
- 7/19 à *Séquence lettres-chiffres.*
- 5/19 à *Mémoire des images.*

Pour aller plus loin…

La note standard (7/19) obtenue à *Mémoire des chiffres en ordre direct* est inférieure à la norme de sa tranche d'âge. Son attention est légèrement fluctuante, avec l'échec d'une série sur deux à 5 chiffres, ce qui est son niveau maximum de difficulté résolue.

À *Mémoire des chiffres en ordre inverse*, la note standard (8/19) est dans le bas de la norme de sa tranche d'âge. Chloé échoue à partir des séries à 4 chiffres.

À *Mémoire des chiffres en ordre croissant*, elle réussit une série sur deux à 4 chiffres, et échoue ensuite. Le niveau maximum de difficulté résolue est inférieur à la norme de sa tranche d'âge.

À *Séquence lettres-chiffres*, la note standard obtenue (7/19) est elle aussi inférieure à la norme de sa tranche d'âge, avec un niveau maximum de difficulté résolue (9/19) situé dans le bas de la norme de celle-ci. Chloé échoue à une série sur neuf à 3 éléments, puis à une sur trois à 4 éléments.

Sa mémoire visuelle est déficitaire (5/19). Elle échoue à l'item 11 à 3 images, puis au 12 et au 13, ce qui marque l'arrêt de l'épreuve selon le protocole de passation. Mais en poursuivant l'épreuve comme nous le suggère le manuel d'administration et de cotation[153], on s'aperçoit qu'elle réussit l'item 14 qui est le premier item à 4 images, ce qui stimule son attention par l'effet de nouveauté. Mais elle échoue ensuite aux 15, 16 et 17, également à 4 images, avant de réussir l'item 18, ce qui représentera le niveau maximum de difficulté résolue (norme de sa tranche d'âge).

Indice de Vitesse de traitement (IVT = 86)

Chloé obtient :

- 8/19 à *Codes*.
- 7/19 à *Symboles*.

153. Manuel d'administration et de cotation du WPPSI-IV page 41, du WISC-IV page 33, du WISC-V page 39 et du WAIS-IV page 33.

Pour aller plus loin...

À *Codes*, sa vitesse de copie est dans le bas de la norme de sa tranche d'âge, avec un graphisme imprécis qui laisse suspecter une dysgraphie. On note aussi un défaut d'inhibition sur une figure qui débute comme un carré et qu'elle fait en entier au lieu de ne faire que la partie présentée dans le modèle.

À l'épreuve de discrimination de *Symboles*, la note standard obtenue est inférieure à la norme de sa tranche d'âge.

Ces deux scores bas orientent vers une suspicion d'un trouble neurovisuel et/ou oculomoteur.

Indice de Compréhension verbale (ICV = 84)

Elle obtient :

- 8/19 à *Similitudes*.
- 6/19 à *Vocabulaire*.

Pour aller plus loin...

À *Similitudes*, la note standard obtenue est située dans le bas de la norme de sa tranche d'âge. Chloé échoue au premier item après celui d'apprentissage à cause d'une forte distraction interne qui la pousse à répondre par association d'idée, conduisant à une sorte de « hors sujet ». On note un manque de précision dans le choix de son vocabulaire et un manque d'approfondissement de ses réponses dans des axes complémentaires (flexibilité cognitive).

À l'épreuve de définition de concepts, la note standard est déficitaire. Elle contextualise les mots au lieu de les définir, et on note des difficultés d'expression verbale. Nous pouvons conclure à une suspicion de trouble du langage qu'il conviendrait d'explorer au moyen d'un bilan orthophonique.

Indice visuospatial (IVS = 69)

Elle obtient :

- 6/19 à *Cubes*.
- 3/19 à *Puzzles visuels*.

Pour aller plus loin...

Son niveau de construction de *Cubes* est déficitaire. On note une difficulté de compréhension de la partie implicite de la consigne et donc une suspicion d'un trouble du langage pragmatique[154]. Chloé construit la figure n°6 avec une rotation de 90°, puis échoue à la figure 9. Elle échoue à la première figure à neuf cubes par dépassement du délai imparti, idem pour la figure 11. Cette lenteur de traitement visuospatial, concordant avec les scores de l'IVT, conduit à suspecter un trouble neurovisuel et/ou oculomoteur.

En spatialisation mentale (*Puzzles visuels*), Chloé obtient 3/19 après avoir acquis la consigne, qu'elle la suit durant les 7 premiers items, plus celui d'apprentissage sans qu'on ait à la lui répéter. Elle se laisse distraire par les « pièges » placés dans les items suivants et perd au total 10 fois la consigne sur les 20 items qu'elle réalise dans l'épreuve. Notre choix d'évaluation a été de voir si elle pouvait se rappeler de la consigne, ce qu'elle fait effectivement au cours de l'épreuve. Mais elle la reperd rapidement dès que les « pièges » sont forts. Cela indique un faible niveau de résistance aux distractions (inhibition). Une fois l'épreuve finie, on revient sur les items échoués à cause de la perte de la consigne, la consigne lui est rappelée, et elle réussit rapidement jusqu'à l'item 18. Cela nous a permis d'observer une forte distractibilité, un défaut d'inhibition et de contrôle exécutif.

Indice de Raisonnement fluide (IRF = 72)

Chloé obtient :

- 3/19 à *Matrices*.
- 7/19 à *Balances*.

Pour aller plus loin...

Sa note standard à *Matrices* est très déficitaire (3/19), avec l'échec aux items 13 à 16, marquant l'arrêt de l'épreuve selon le protocole de passation. De plus, elle échoue à l'item 5 et s'autocorrige au 7. Mais avant cela, elle fait trois essais différents avant de trouver la bonne

154. À noter que ce trouble du langage pragmatique touche potentiellement, l'implicite, le second degré et la métaphore. Ne pas décoder cela amène des difficultés d'interactions sociales.

réponse à l'item d'apprentissage d'un niveau correspondant environ à l'âge de 4 ans, voire moins. Cela conduit à suspecter une déficience de l'induction logique qui a des similitudes avec le langage pragmatique et l'implicite. Cependant, en poursuivant l'épreuve au-delà de ces 4 échecs consécutifs, comme le propose le manuel d'administration, on s'aperçoit que Chloé réussit ensuite les items 17, 19 et 20, tout en pouvant les justifier. Cela correspond à un niveau de résolution situé dans la norme de sa tranche d'âge (10/19) pour un déroulement d'épreuve homogène.

Cela écarte donc la suspicion de trouble logico-mathématique puisque cette jeune fille atteint un niveau de logique situé dans la norme de sa tranche d'âge. Sa difficulté est de comprendre « ce qu'on attend d'elle » dans ce subtest. En effet, la consigne ne dit pas explicitement comment procéder pour trouver l'image qui vient compléter la suite proposée car « cela va de soi », c'est implicite.

Elle échoue à *Balances* par absence de planification de l'analyse des séries d'images proposées dans les deux balances. Elle atteint un niveau de difficulté situé à la limite inférieure de la norme de sa tranche d'âge (7/19).

Ces éléments permettent de suspecter un trouble attentionnel, des fonctions exécutives et du langage pragmatique.

NEPSY 2

Son attention auditive est déficitaire en simple tâche (5/19) et dans la norme de sa tranche d'âge en double tâche (9/19), indiquant une dysrégulation attentionnelle. Son attention visuelle est très déficitaire, aussi bien pour la vitesse de lecture que pour le nombre de bonnes réponses, surtout à « changement » qui est en double tâche. Sa flexibilité cognitive est déficitaire, tout comme sa planification des tâches.

Chloé présente également un trouble nettement marqué de la perception sociale, avec une reconnaissance d'affects déficitaire (7/19) et d'importantes confusions sur les affects « content », « triste » ou « dégoût ». Sa théorie de l'esprit est extrêmement basse (rang percentile <2)[155] du fait des éléments implicites non décodés. Tout cela a des implications dans ses difficultés relationnelles.

155. Cela signifie que 98 % des adolescents de son âge réussissent mieux qu'elle à cette épreuve.

Dosage des neurotransmetteurs

Voici le dosage de ses neurotransmetteurs. La courbe en noir est celle de son taux en pourcentage, la courbe en pointillé le pourcentage minimum nécessaire à un bon fonctionnement.

Chloé ne synthétise que 40 % du taux de dopamine nécessaire pour un bon fonctionnement et moins de 40 % de celui de noradrénaline... Sa fluidité membranaire est également déficitaire sur la voie dopaminergique.

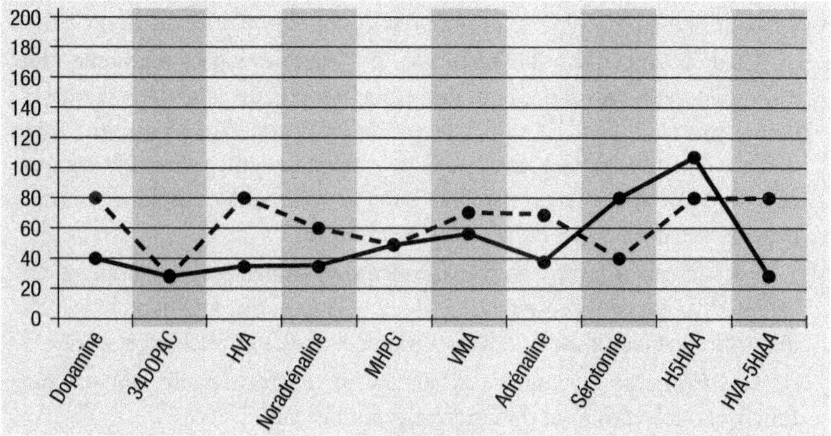

TABLEAU 77

CONCLUSION

Selon les critères de diagnostic du DSM-5, cette adolescente présentait les signes cliniques d'un trouble du Déficit de l'attention (TDA/H) et d'un trouble d'Opposition et de Provocation. Les bilans neuropsychologiques (WISC-V et NEPSY 2) et le dosage de ses neurotransmetteurs apportent à leur tour des éléments convergeant vers un prédiagnostic de TDA/H. Le NEPSY 2 « Attention et fonctions exécutives » et « Perception sociale ». Cela nous indique un trouble de la perception sociale. Un trouble du Spectre de l'autisme n'a pas été davantage exploré (pas de passation de l'ADOS 2).

Compte tenu du diagnostic de TDA/H déjà posé pour sa sœur, de l'héritabilité du TDA/H[156], et de l'absence totale de médecin pédiatre ou

156. Rhida Joober (Institut Douglas, McGill, Québec) indiquait au colloque TDA/H de Bruxelles en 2016 que selon leurs données, l'héritabilité parent-enfant était de 75 %, et de 25 % dans la fratrie.

pédopsychiatre spécialisé sur le TDA/H dans le département, la famille a choisi de ne pas consulter de médecin pour poser le diagnostic final. Elle s'en est tenue aux bilans effectués. Le programme Cogmed[157] contre le TDA/H aurait pourtant pu être suivi, voire une mise sous traitement au méthylphénidate. De même, un bilan orthophonique serait nécessaire compte tenu de la faiblesse du décodage de l'implicite par Chloé, amenant souvent des difficultés en classe de 1ère avec le baccalauréat de français.

Après les bilans, une thérapie d'habiletés sociale et comportementale a été commencée, ainsi qu'une mise sous compléments alimentaires pour rééquilibrer la voie dopaminergique et la fluidité membranaire. Trois semaines plus tard Chloé a commencé à gagner en sérénité, avec une baisse de l'opposition et des conflits à la maison. Elle a senti une meilleure attention en cours, moins de distractions, une meilleure mémorisation et une meilleure motivation. Elle a fini le second trimestre avec 10,4/20 et a continué à progresser au troisième trimestre en obtenant son passage en classe de 3ème ordinaire.

L'expérience montre toutefois que quand la prise en charge est faite *a minima*, un retour des difficultés est à craindre un ou deux ans plus tard.

8.5.5 Adolescent de 15 ans 4 mois

Voici le WISC-V de Noah, un adolescent à haut potentiel intellectuel, testé une première fois au WISC-IV lorsqu'il avait 14 ans par un praticien en libéral. Il est suivi depuis plusieurs années par un psychologue et un médecin psychiatre en CMP. Aucun diagnostic n'est encore proposé, en dépit d'une évocation de schizophrénie.

Cet adolescent présente des angoisses, des troubles du sommeil, une phobie « sociale » ou « scolaire », et il a dû être hospitalisé en psychiatrie. Il est sous antipsychotique quand il vient nous consulter. Malgré un haut potentiel intellectuel hétérogène, il apparaît en échec scolaire paradoxal, avec des résultats nettement sous la moyenne générale. Un projet d'hospitalisation dans un centre soins/études est proposé par le CMP mais la famille doute de son utilité pour leur fils. Ils doutent

157. https://www.cogmed.com/francais et https://www.college-de-france.fr/media/stanislas-dehaene/UPL2812985053430393578_Cours_2_Fondements_cognitifs_des_apprentissages_scolaires_v6.pdf

également du diagnostic de schizophrénie et de la justesse du traitement médical proposé.

Voici les résultats du WISC-IV que Noah avait passé à 14 ans. On voit déjà que sa mémoire de travail est dans la norme de sa tranche d'âge, alors que sa compréhension verbale est nettement située dans la zone du haut potentiel intellectuel.

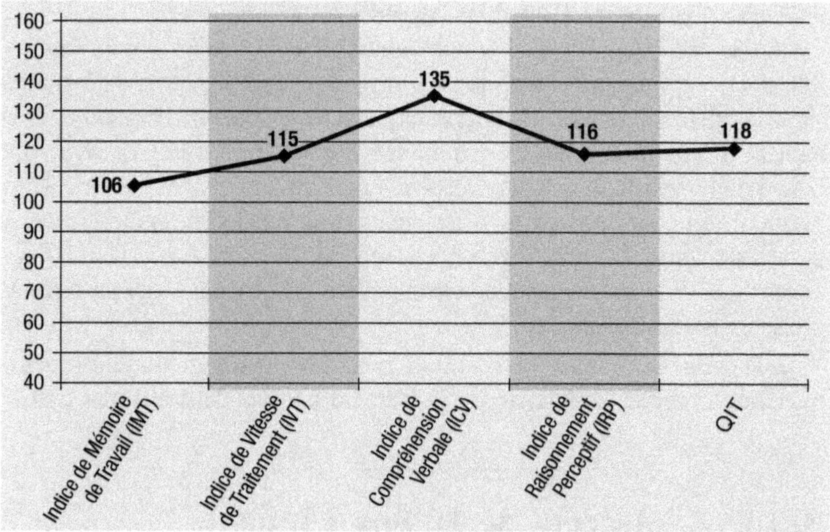

TABLEAU 78

Concernant les notes standards, nous remarquons en premier lieu que sa *Mémoire des chiffres* est très déficitaire, signe typique d'un trouble du Déficit de l'attention. Le praticien qui suit Noah émet une hypothèse psychologique, mais non cognitive, pour expliquer cet éventuel de TDA/H : « *Il est évident que le stress l'a empêché de se concentrer* ». Avec la réussite dans la norme de « *Séquence lettres-chiffres* », il conclut : « *Cette épreuve a été beaucoup mieux réussie que « Mémoire des chiffres », preuve qu'il n'y a pas de difficulté de mémoire. On repère des fautes d'inattention et de concentration.* ».

Effectivement, il n'a pas de trouble de la mémoire et on pourrait même ajouter qu'il a une dysrégulation attentionnelle. En effet, il obtient 3/19 à *Mémoire des chiffres*, qui est en simple tâche, mais 9/19 quand il doit passer en double tâche (« *Séquence lettres-chiffres* »). Cette tâche plus complexe mobilise davantage son attention car plus « difficile », donc il réussit mieux. Ce jeune a obtenu 13/19 au subtest *Cubes* et 17/19 au subtest *Similitudes* avant d'échouer à *Mémoire des chiffres* à 3/19. D'ailleurs, ne devrait-on pas s'étonner que le stress ne se manifeste ainsi que si tardivement dans le déroulement de l'épreuve ? Il nous semble au contraire prudent de rechercher une cause cognitive.

On doit aussi remarquer que Noah obtient 17/19 à *Similitudes* mais seulement 10/19 à *Identification de concepts*, épreuve visuelle très proche de *Similitudes* en verbal et ayant d'ailleurs avec ce subtest des items communs. Nous pouvons émettre l'hypothèse qu'il s'est laissé distraire par les distracteurs visuels placés dans *Identification de concepts* et qui n'existent pas dans *Similitudes*. Cela nous autorise à suspecter un TDA/H. Obtenir une note standard plus basse à *Identification de concepts* qu'à *Similitudes* est en effet caractéristique d'un TDA/H.

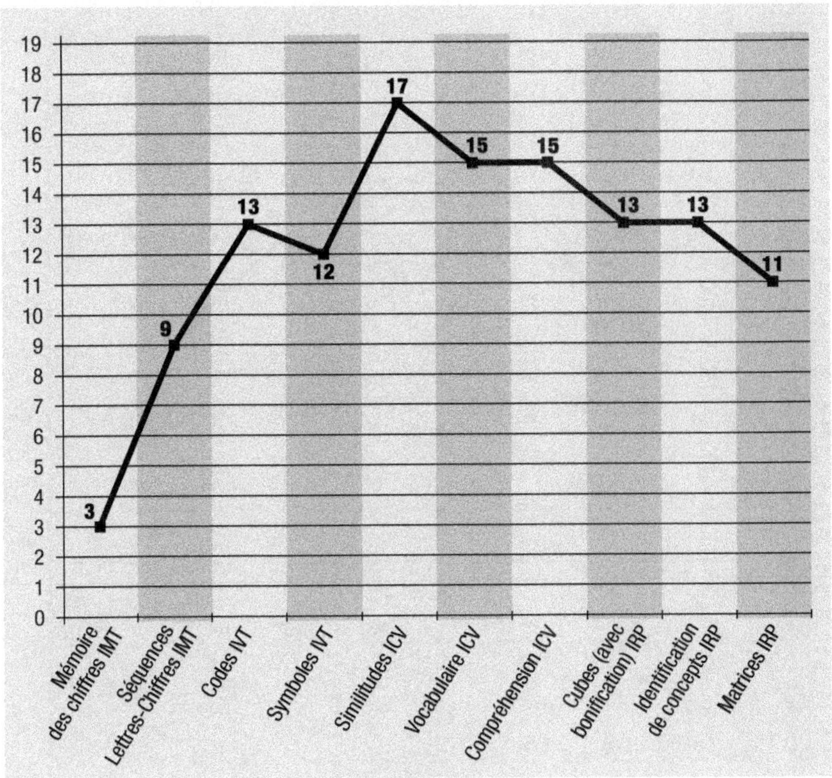

TABLEAU 79

Voici maintenant les scores obtenus au WISC-V passé deux ans plus tard. On constate que l'Indice de Vitesse de traitement (IVT) est stable mais que tous les autres Indices ont nettement chuté. Nous avions souligné la baisse des Indices et du QI avec la même note standard en passant du WISC-IV au V. Ici, cela peut être dû à l'aggravation du TDA/H avec l'âge et/ou au passage du WISC-IV au V.

On note que la mémoire de travail est l'Indice le plus bas au WISC-V. Nous restons donc sur notre hypothèse de TDA/H. L'Indice de Raisonnement fluide (IRF) est lui aussi inférieur à la norme de sa tranche d'âge, ce qui fait suspecter un trouble cognitif restant à préciser.

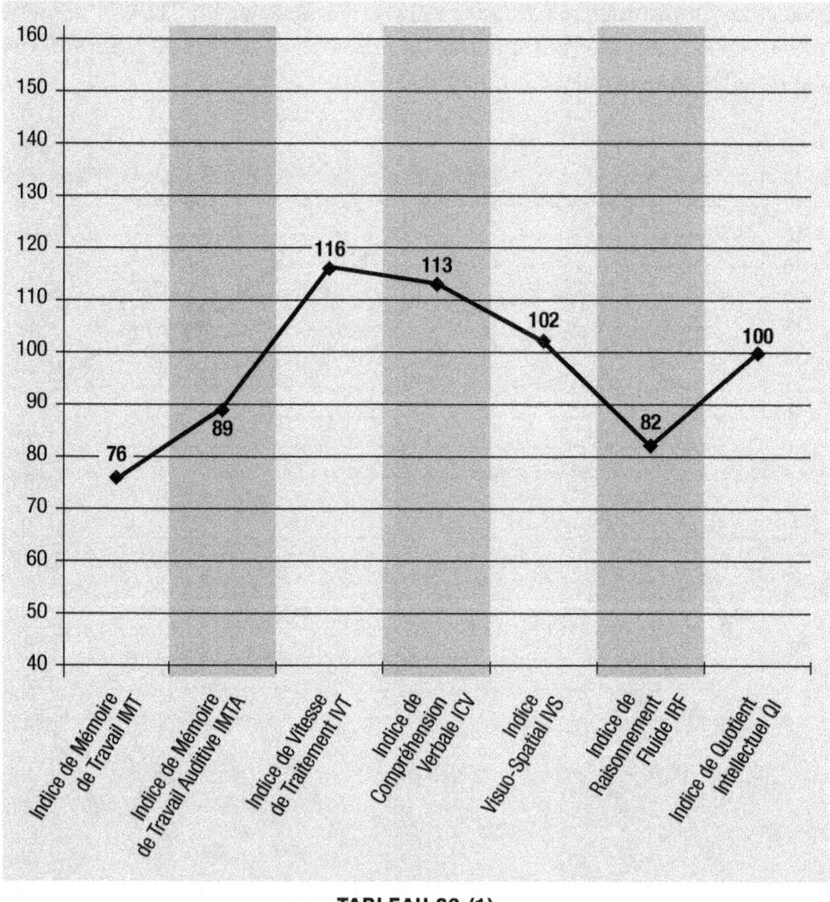

TABLEAU 80 (1)

Voici maintenant le détail des notes standards. Les notes standard sont en noir, l'analyse du niveau maximum de difficulté résolue en gris. Voici le détail des subtests :

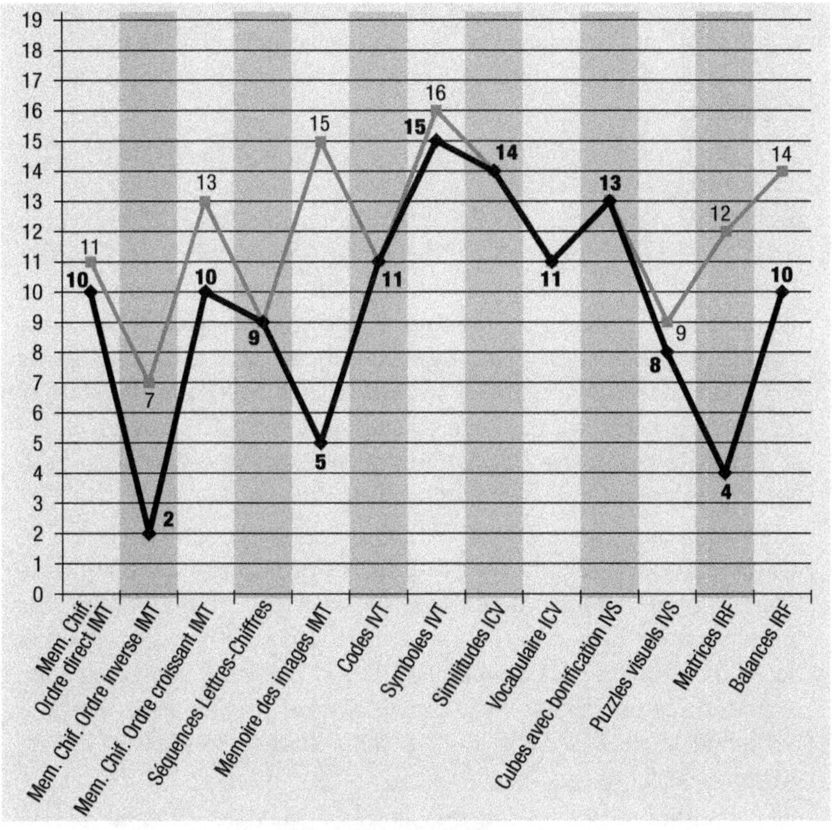

TABLEAU 80 (2)

Indice de Mémoire de travail (IMT = 76)

Noah obtient :

- 10/19 à *Mémoire des chiffres en ordre direct.*
- 2/19 à *Mémoire des chiffres en ordre inverse.*
- 10/19 à *Mémoire des chiffres en ordre croissant.*
- 9/19 à *Séquence lettres-chiffres.*
- 5/19 à *Mémoire des images.*

Pour aller plus loin...

La note standard (10/19) obtenue à *Mémoire des chiffres en ordre direct* est dans la norme de sa tranche d'âge, avec une attention légèrement fluctuante en fin d'épreuve, amenant l'échec d'une série sur deux à 6 chiffres. Il échoue ensuite aux deux séries à 7 et 8 chiffres.

À *Mémoire des chiffres en ordre inverse*, la note standard (2/19) est extrêmement déficitaire. Noah échoue aux deux séries à 3 chiffres de l'item 3, ce qui marque l'arrêt de l'épreuve selon le protocole de passation et laisse penser que sa mémoire de travail ne répond que pour les séries à 2 chiffres à l'envers. Nous en restons là pour la note standard mais poursuivons néanmoins le subtest tel que cela nous est conseillé par le manuel[158] et notons que Noah réussit les deux séries à 3 chiffres de l'item 4. Ainsi, son réel niveau maximum de difficulté résolue à l'envers n'est pas 2 mais 3 chiffres. C'est la limite inférieure de la norme de sa tranche d'âge (7/19) et cela nous oriente une nouvelle fois vers la présence d'une attention fluctuante.

À *Mémoire des chiffres en ordre croissant*, il échoue à une série sur deux à 4 chiffres, puis réussit les deux séries à 5 chiffres de l'item 4 avant de réussir à une série sur deux à 5 chiffres (item 5) puis à une série sur deux à 6 chiffres (item 6). On note que son attention fluctuante lui fait perdre des points à 4, 5 et 6 chiffres et masque donc un réel niveau maximum de difficulté résolue (13/19) supérieur à la norme de sa tranche d'âge, note qu'il aurait obtenue s'il avait eu une attention soutenue.

À *Séquence lettres-chiffres*, la note standard obtenue (9/19) est dans le bas de la norme de sa tranche d'âge. Le déroulement de l'épreuve est homogène.

Sa mémoire visuelle est déficitaire (5/19). Il réussit jusqu'à l'item 11 à 3 images, puis échoue aux items 12, 13 et à l'item 14 qui est le premier à 4 images. Cela marque l'arrêt de l'épreuve selon le protocole de passation. Or, prévenus de son attention fluctuante, nous avons continué à « pousser » cet adolescent au-delà du

158. Manuel d'administration et de cotation du WPPSI-IV page 41, du WISC-IV page 33, du WISC-V page 39 et du WAIS-IV page 33.

protocole pour nous assurer qu'il est réellement parvenu à son niveau maximum. Mais, s'il échoue à l'item 15 et au 16, Noah réussit ensuite les items 17, 18 et 19 à 4 images alors que ceux-ci comportent davantage d'images de distracteurs que ceux dans lesquels il a échoué. Puis il échoue à l'item 20 à 5 images, mais réussit l'item 21 à 5 images dans le désordre, échoue à l'item 22 et réussit l'item 23 à 6 images dans l'ordre. Ainsi, son réel niveau maximum de difficulté résolue est de 6 images dans l'ordre, ce qui se traduit par une note standard à 15/19 à son âge quand on a une attention soutenue et non fluctuante comme la sienne.

Indice de Vitesse de traitement (IVT = 116)

Il obtient :

- 11/19 à *Codes*.
- 15/19 à *Symboles*.

Pour aller plus loin...

Sa vitesse de copie à *Codes* est dans le haut de la norme de sa tranche d'âge. Le graphisme est très imprécis, ce qui nous fait suspecter un trouble dysgraphique. Les codes sont mal localisés, nous autorisant à suspecter un trouble neurovisuel et/ou oculomoteur.

À l'épreuve de discrimination de *Symboles*, la note standard (15/19) est située dans la zone du haut potentiel intellectuel, avec deux erreurs d'inattention.

Cet écart de score entre ces deux épreuves aux saccades oculaires verticales et horizontales fait lui aussi pencher vers une hypothèse de trouble neurovisuel et/ou oculomoteur.

Indice de Compréhension verbale (ICV = 113)

Noah obtient :

- 14/19 à *Similitudes*.
- 11/19 à *Vocabulaire*.

Pour aller plus loin...

À *Similitudes*, la note standard obtenue est au début de la zone du haut potentiel intellectuel. On note une distraction interne (association d'idées hors sujet) et un manque de flexibilité cognitive pour approfondir des réponses incomplètes au milieu de l'épreuve.

À l'épreuve de définition de concepts, la note standard est dans le haut de la norme de sa tranche d'âge. Il définit certains mots par des exemples décalés, avec beaucoup de périphrases laissant suspecter une difficulté d'organisation de sa pensée[159]. On note là aussi des distractions internes le conduisant hors sujet.

Indice visuospatial (IVS = 102)

Il obtient :

- 13/19 à *Cubes*.
- 9/19 à *Puzzles visuels*.

Pour aller plus loin...

Son niveau de construction à *Cubes* est supérieur à la norme de sa tranche d'âge. Cependant, on note à l'item 6/13 une difficulté d'orientation d'une forme géométrique et une difficulté de perception de l'échelle pour l'item 12/13. Cela vient à nouveau renforcer la suspicion d'un trouble neurovisuel et/ou oculomoteur.

À l'épreuve de spatialisation mentale (*Puzzles visuels*), Noah obtient 8/19, soit dans le bas de la norme de sa tranche d'âge. Cela constitue un écart important avec l'épreuve de *Cubes* à 13/19, et oriente donc vers la suspicion d'une difficulté neurovisuelle mentale et d'attention visuelle.

Indice de Raisonnement fluide (IRF = 82)

Il obtient :

- 4/19 à *Matrices*.
- 10/19 à *Balances*.

159. Ceci est fréquent dans un TDA/H où les idées arrivent très vite et quasiment en même temps, et où la personne n'arrive pas à prendre le temps de les organiser avant de répondre.

Pour aller plus loin...

La note standard (4/19) au complètement de suites d'images (*Matrices*) est très déficitaire. Noah échoue à l'item 3/32 par défaut de lecture de toute la série d'images avant de répondre. Cela indique un manque de planification et de contrôle exécutif pour vérifier si ce qu'il fait correspond bien à la tâche qui lui est demandée. Il fait de même à l'item 5 mais s'autocorrige immédiatement. Ce fonctionnement est typique dans cette épreuve en cas de TDA/H. Il échoue ensuite aux items 16, 17 et 18, marquant l'arrêt de l'épreuve d'après le protocole de passation. Nous poursuivons et constatons qu'il réussit l'item 19, échoue au 20, réussit le 21, échoue au 22, réussit les 23 et 24, échoue les deux suivants et réussit le 27/33. Là encore, le maximum de difficulté résolue est dans le haut de la norme de sa tranche d'âge mais masqué par des difficultés visuospatiales et attentionnelles se traduisant par une note standard de seulement 4/19.

Trois remarques :

1. Au WISC-IV, l'arrêt se faisait après 4 échecs consécutifs ; le changement de protocole avec le passage au WISC-V a conduit à arrêter l'épreuve alors que cela n'aurait pas été le cas avec l'ancien protocole.
2. Noah avait obtenu 11/19 à cette même épreuve du WISC-IV, ce qui correspond au réel niveau maximum de difficulté résolue au WISC-V.
3. Ce faible score de 4/19 ne corrobore donc pas l'hypothèse d'un trouble logico-mathématique puisque Noah résout des items dans la norme de sa tranche d'âge.

Au subtest *Balances*, il obtient une note standard dans la norme de sa tranche d'âge, à 10/19. Il échoue aux trois derniers items à 2 balances, marquant ainsi l'arrêt de l'épreuve selon le protocole du WISC-V. Nous poussons néanmoins au-delà et il réussit ensuite le premier item à 3 balances en pouvant le justifier, lequel est évidemment plus complexe à résoudre que les items précédents à 2 balances. Puis, il échoue aux trois items suivants à 3 balances. L'effet de nouveauté n'a stimulé son attention que brièvement.

NEPSY 2

Son attention auditive est excellente en simple tâche (12/19) mais chute à la limite du déficit en passant en double tâche (9/19). La double tâche lui est donc beaucoup plus difficile.

Son attention visuelle est nettement déficitaire en simple tâche et devient dans la norme en double tâche, dont une tâche d'inhibition. Cela indique à nouveau une dysrégulation attentionnelle. Sa flexibilité cognitive est déficitaire.

Il présente également un trouble de la perception sociale nettement marqué, avec une reconnaissance d'affects déficitaire (7/19) touchant les affects « peur », « colère », « content » et « triste ». Sa théorie de l'esprit est également déficitaire sur les items verbaux (rang percentile 6-10)[160] dont des éléments d'implicite non décodés dénotant aussi un trouble du langage pragmatique. Tout cela a des implications dans ses difficultés relationnelles.

ADOS 2

Cet adolescent obtient une faible cotation à l'ADOS 2. Cependant, ce test n'évalue pas tous les symptômes d'un trouble du Spectre de l'autisme de type « syndrome d'Asperger » et ne retient pas tous les signes cliniques observés pour faire la cotation.

CONCLUSION

Les bilans conduisent nettement à suspecter un trouble du Déficit de l'attention : celui-ci sera effectivement confirmé par le médecin pédopsychiatre spécialisé sur le TDA/H et les TSA qui a ensuite reçu cet adolescent, et écarté l'hypothèse précédente de schizophrénie et arrêté la prescription d'antipsychotiques. En revanche, il a prescrit un traitement au méthylphénidate et orienté l'adolescent vers une rééducation orthoptique. Ses résultats scolaires se sont améliorés au cours de la Seconde et de la 1ère pour atteindre 14/20. La suspicion de dysgraphie n'a pas été explorée par la famille.

Nous avons commencé une thérapie d'habiletés sociales, mais l'adolescent continue néanmoins à avoir très peu de relations et celles qu'il a sont

160. Cela signifie que 90 % des adolescents de son âge réussissent mieux que lui à cette épreuve.

très exclusives. Il présente un intérêt restreint/spécifique pour la lecture de romans de fantasy et de mangas, comme nous l'observons souvent chez les adolescents TSA. Sa tenue vestimentaire est « originale ».

8.6
WAIS-IV

Pour ce test de QI, nous avons décidé de substituer *Compréhension de situations* à l'épreuve *Information* qui est composée de questions de connaissances générales fortement dépendantes de paramètres socio-économiques.

8.6.1 Adolescente de 17 ans

Ce bilan est celui de Juliette, une élève de niveau de terminale, déscolarisée. Elle a commencé à consulter des pédopsychiatres et des psychologues dès l'âge de 8 ans, avec un accompagnement psychologique ou psychiatrique mais sans recevoir de diagnostic spécifique.

En CM1, elle a consulté un psychologue en institution. Sa famille insistait pour lui faire passer un test de QI, mais le praticien ne trouvait pas cela pertinent, préférant travailler des éléments psychologiques. Il accepta néanmoins de le lui administrer, mais ne donna jamais les résultats détaillés à la famille, se contentant de dire que l'enfant était « dans la moyenne avec des facilités dans le domaine littéraire ».

Toujours en difficulté, cette fillette consulta ensuite un pédopsychiatre dans le courant de son année de 6ème. En fin de 5ème, une autre tentative fut faite auprès d'un autre pédopsychiatre en CHU. Des questionnaires furent remplis, avec pour conclusion un diagnostic de paresse. Son professeur de musique au Conservatoire estime au contraire que cette jeune fille avait un fort potentiel et encouragea la famille à lui faire repasser un test de QI. Au cours de son année de Seconde, Juliette passa donc un WISC-IV qui indiqua un Haut Potentiel Intellectuel. Ses difficultés à nouer des relations amicales et à se mobiliser pour travailler furent alors expliquées par ce nouveau diagnostic d'enfant « précoce » ou « surdouée ».

Deux ans après, voyant ses difficultés augmenter, Juliette repassa un test de QI, le WAIS-IV, qui indiqua lui aussi un haut potentiel intellectuel, sans pour autant résoudre quoi que ce soit et cette jeune fille se déscolarisa. Elle consulta de nouveau un psychiatre qui, d'après la maman, écartant le diagnostic de haut potentiel intellectuel la mit sous antidépresseur pour « phobie sociale ». Et Juliette consulta un psychologue pour mettre en place un accompagnement psychologique.

C'est dans ce contexte de déscolarisation que nous recevons pour un quatrième test de QI cette jeune fille, déscolarisée en année de Terminale et placée sous antidépresseur pour « phobie sociale ».

Nous avons ajouté au WAIS-IV le NEPSY 2 « Attention et fonctions exécutives »[161] pour explorer la piste d'un éventuel trouble du Déficit de l'attention avec/sans hyperactivité (TDA/H) qui pourrait expliquer la difficulté de cette jeune fille. Elle passe également le NEPSY 2 « Perception sociale » et l'ADOS 2 « module 4 » pour explorer un éventuel trouble du Spectre de l'autisme (TSA) de type « syndrome d'Asperger » pour rechercher les causes de ses difficultés sociales et sa déscolarisation. Elle-même s'est déjà documentée sur les TSA et elle se retrouve dans les descriptions des symptômes. Elle explique par exemple que lorsqu'elle va chez une amie, elle se demande si elle doit sonner à la porte au risque de déranger ses parents et ses frères et sœurs, ou si elle doit frapper à la porte. Mais si elle frappe à la porte, on risque de ne pas l'entendre. Alors elle se demande si elle doit envoyer un sms à son amie pour lui dire qu'elle est devant sa porte, mais elle trouve que ce serait bizarre de faire cela plutôt que de frapper ou sonner. Face à ces questions pour savoir quelle est la bonne attitude sociale, elle ne fait rien de tout et retourne chez elle. Elle a beaucoup d'amis, mais comme elle, un peu différents, qui ne la jugent pas et la comprennent.

La consultation d'un pédopsychiatre spécialisé sur les TSA et le TDA/H posera effectivement ce double diagnostic de TSA et TDA/H en plus du HPI déjà identifié. Cela permettra d'abord à Juliette de comprendre la cause de ses difficultés, de gagner en sérénité, puis de se voir proposer enfin un accompagnement thérapeutique et scolaire spécifique et adapté à ses troubles cognitifs. Mais, au terme d'un tel parcours, le problème est qu'un diagnostic aussi tardif aura malheureusement laissé s'installer des difficultés que quelques mois de prise en charge adaptée ne suffiront pas à résoudre.

161. Le NEPSY 2 s'administre jusqu'à 16 ans et 11 mois mais il a été décidé avec sa famille de le lui faire passer et de coter à 16 ans 11 mois et 30 jours. Avoir 17 ans lui donne donc un avantage et, a priori, lui fait obtenir de meilleurs scores.

Voici les scores du WISC-IV, passé alors que cette jeune fille était en classe de Seconde :

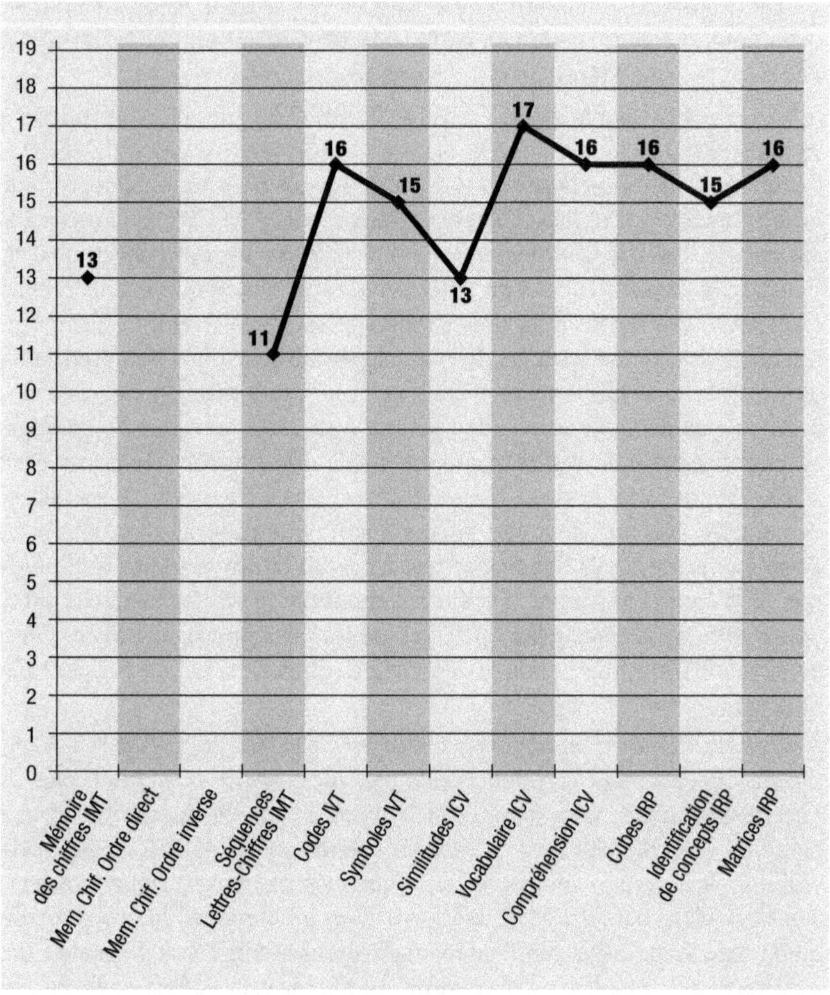

TABLEAU 81

Le compte rendu ne détaille pas les deux subtests de *Mémoire des chiffres*. On note un haut potentiel intellectuel, avec les épreuves de mémoire nettement plus basses que les autres subtests et conduisant à suspecter un trouble attentionnel.

Au premier WAIS-IV passé, deux ans après le WISC-IV ci-dessus, le compte rendu n'indique que les notes standards suivantes classées par domaines de « traitements visuospatiaux », « mémoire et apprentissage », et « langage ».

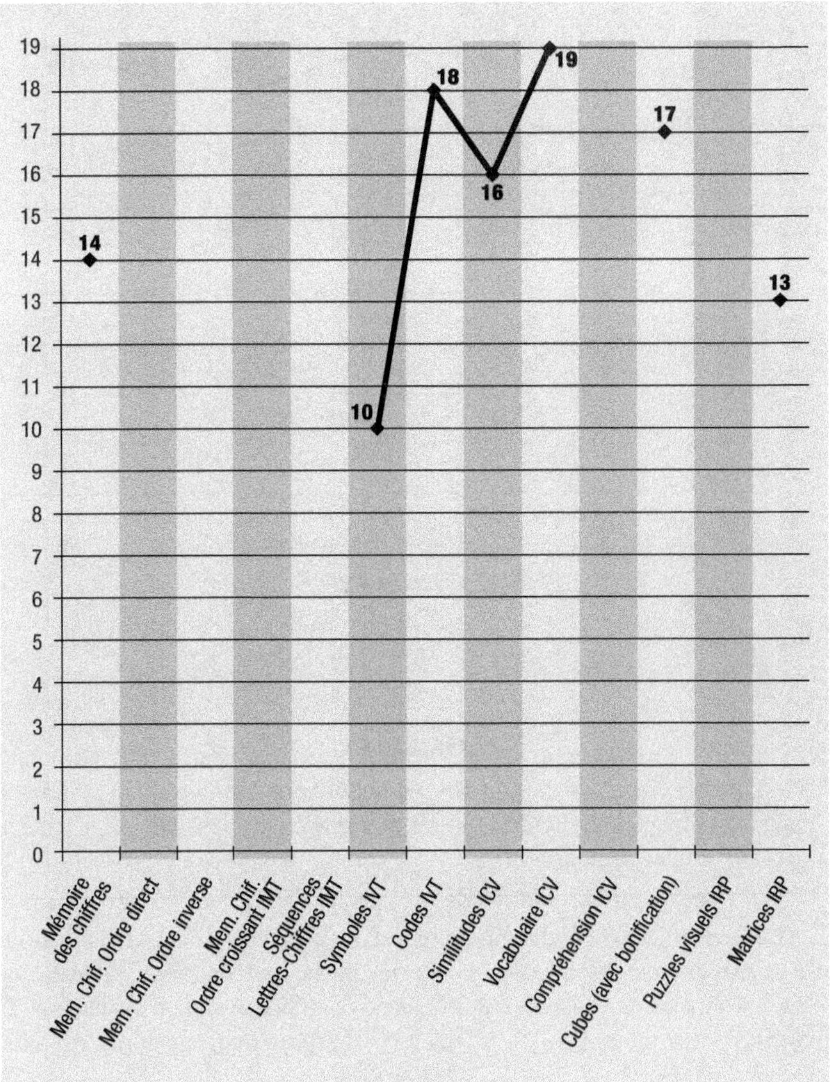

TABLEAU 82

Les Indices sont les suivants :

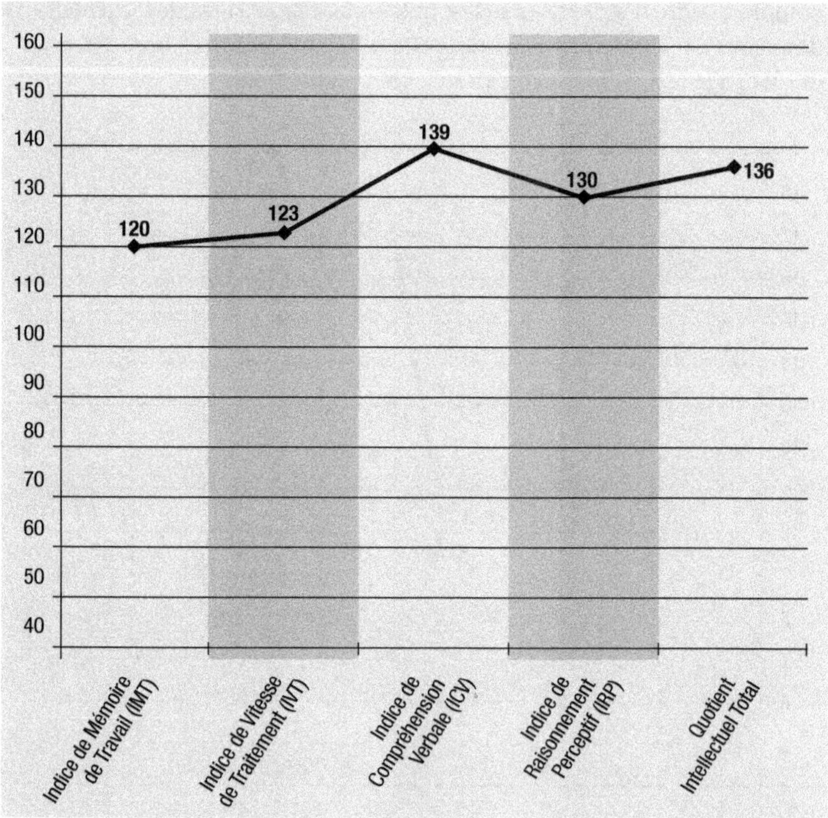

TABLEAU 83

Là encore, même si la mémoire est supérieure à la norme de la tranche d'âge, elle reste inférieure de 10 à 19 points au raisonnement. La suspicion de TDA/H reste donc présente.

Voici maintenant les Indices de notre WAIS-IV.

Là encore, l'Indice de mémoire est le plus bas. L'Indice de Vitesse de traitement est supérieur à la norme de la tranche d'âge, et celui de Compréhension Verbale atteint un niveau de difficulté situé dans la zone du haut potentiel intellectuel[162]. L'Indice de Raisonnement perceptif est situé

162. Rappelons qu'avoir 130 de QI au WAIS-IV donne une moyenne de 14/19 à chaque subtest, ce qui amène un Indice de Compréhension verbale à 124.

dans le haut de la norme de la tranche d'âge. Enfin, le QIT est à 122, supérieur à la norme de la tranche d'âge et d'un niveau atteint seulement part 10% de la population générale. Cependant, ce QIT à 122 ne permet de rendre compte ni du niveau de l'Indice de Compréhension Verbale à 129, ni du niveau de l'Indice de mémoire de travail à 106 ou de l'Indice de Raisonnement perceptif à 110. C'est donc l'analyse de ces Indices et des subtests qui les constituent qui nous apportera des éléments d'analyse pertinents :

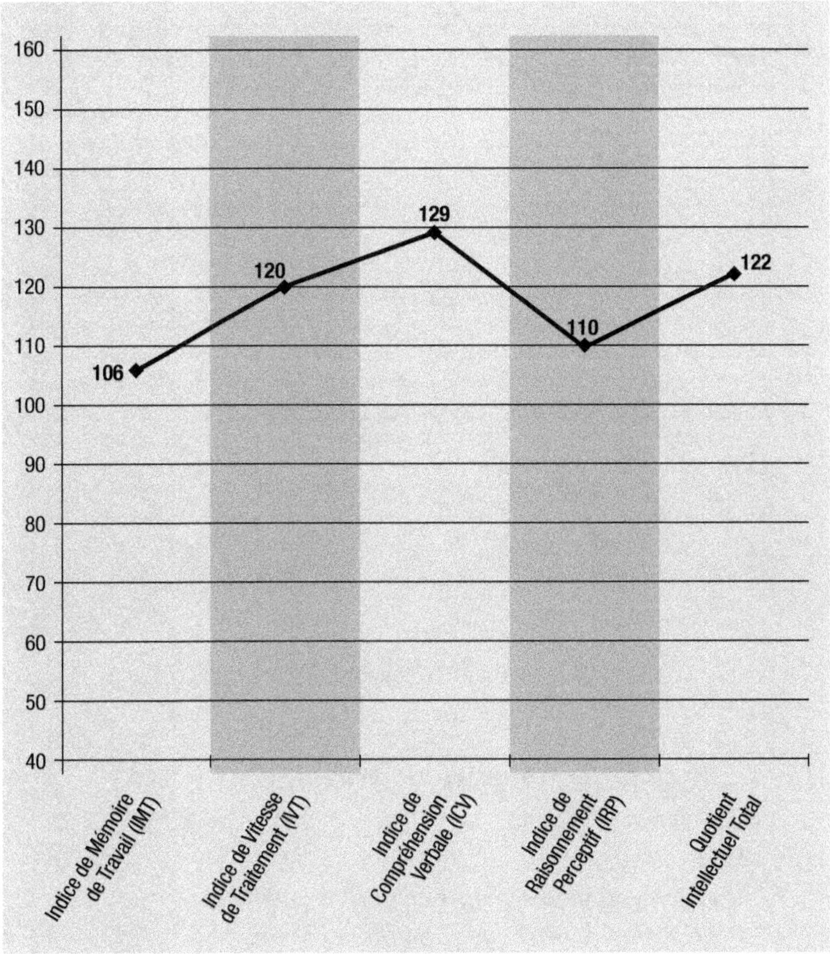

TABLEAU 84

La note standard est en noir, l'analyse du niveau maximum de difficulté résolue en gris. Les notes standards aux subtests sont les suivantes :

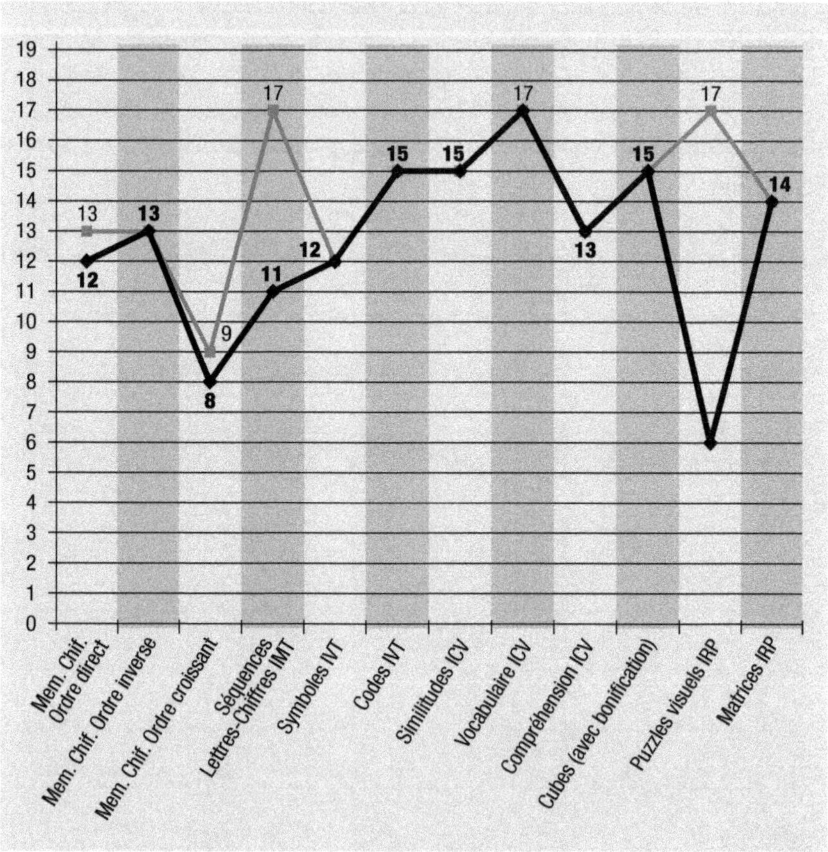

TABLEAU 85

Indice de Mémoire de travail (IMT = 106)

Juliette obtient :

- 12/19 à *Mémoire des chiffres en ordre direct.*
- 13/19 à *Mémoire des chiffres en ordre inverse.*
- 8/19 à *Mémoire des chiffres en ordre croissant.*
- 11/19 à *Séquence lettres-chiffres.*

Pour aller plus loin...

Au subtest de *Mémoire des chiffres en ordre direct*, on note une attention légèrement fluctuante en fin d'épreuve, faisant échouer la patiente à une série sur deux à 7 chiffres. La note standard (12/19) est dans le haut de la norme de la tranche d'âge.

À *Mémoire des chiffres en ordre inverse*, le score (13/19) est supérieur à la norme de la tranche d'âge avec une attention soutenue.

Au subtest *Mémoire des chiffres en ordre croissant*, le score obtenu (08/19) est dans le bas de la norme de la tranche d'âge avec une attention légèrement fluctuante en fin d'épreuve. On note que c'est à cette épreuve, nécessitant de mémoriser des chiffres en référence à la suite numérique et non à de simples phonèmes, que la patiente est en difficulté, avec une note standard de 4 points inférieure aux deux autres épreuves. Cela oriente vers une suspicion de trouble dyscalculique déjà repérée en primaire et écartée ensuite par un bilan orthophonique pour lequel nous n'avons pas de score. L'anamnèse indique d'importants progrès en mathématiques au collège, lui permettant d'atteindre 19/40 au brevet des collèges, mais cela reste peu élevé pour une adolescente à haut potentiel... Donc, nous retenons la suspicion d'un trouble dyscalculique tout en préconisant un bilan chez un orthophoniste spécialisé sur ce trouble.

Au subtest *Séquence lettres-chiffres*, la note standard (11/19) obtenue par Juliette est dans le haut de la norme de sa tranche d'âge. On note cependant une attention très fluctuante, avec l'échec d'une série sur trois à 4 éléments, puis d'une sur trois à 5 éléments, l'échec de deux séries sur trois à 6 et 7 éléments. Ainsi, la note brute (nombre de points obtenus durant l'épreuve) est à 21, ce qui correspond à un niveau de mémoire en double reclassement à 5 éléments pour une personne avec une attention soutenue. Avec son attention fluctuante, elle obtient une note brute à 21 mais en réussissant jusqu'à 7 éléments en double reclassement. Pour une personne avec attention soutenue, cela donnerait une note standard à 17/19, ce qui est là le réel niveau maximum de difficulté résolue (7 éléments reclassés). L'augmentation de ce niveau maximum de difficulté résolue par rapport à l'autre épreuve de mémoire de travail implique une suspicion de dysrégulation attentionnelle[163] typique d'un TDA/H.

Indice de Vitesse de traitement (IVT = 120)

Elle obtient :

- 12/19 à *Symboles*.
- 15/19 à *Codes*.

Pour aller plus loin...

Le subtest *Symboles*, à 12/19, est situé dans le haut de la norme de la tranche d'âge et *Codes,* avec 15/19, est situé dans la zone du haut potentiel intellectuel. On note à cette seconde épreuve deux erreurs d'inattention autocorrigées qui font soupçonner un trouble attentionnel. On note aussi des difficultés de spatialisation des codes qui sortent des cases, ce qui fait soupçonner un trouble neurovisuel et/ou oculomoteur. L'écart de vitesse de traitement entre les saccades oculaires horizontales et verticales fait aussi soupçonner un trouble neurovisuel et/ou oculomoteur.

Indice de Compréhension verbale (ICV = 129)

Juliette obtient :

- 15/19 à *Similitudes*.
- 17/19 à *Vocabulaire*.
- 13/19 à *Compréhension de situations*.

Pour aller plus loin...

Elle obtient 15/19 en catégorisation verbale, avec une faible résistance aux distractions internes (« pièges » placés dans les derniers items) lui faisant perdre des points de note brute, et permettant de suspecter un trouble attentionnel.

163. Dans le cas d'une dysrégulation attentionnelle, une tâche à faible charge cognitive mobilise peu d'attention, et une tâche à lourde charge cognitive mobilisera davantage d'attention, car là la personne va se dire « il faut se concentrer » ou encore « c'est dur, il faut faire attention ».

Le score de 17/19 au subtest *Vocabulaire* indique un excellent niveau de définition de concepts situé dans la partie élevée du haut potentiel.

Enfin, cette jeune fille obtient 13/19 à l'épreuve de développement d'une argumentation à partir de l'analyse d'une situation sociale, score supérieur à la norme de sa tranche d'âge mais inférieur aux deux autres épreuves de raisonnement verbal, ce qui constitue un signe d'alerte pour un éventuel TSA.

Indice de Raisonnement perceptif (IRP = 110)

Elle obtient :

- 16/19 à *Cubes*.
- 6/19 à *Puzzles visuels*.
- 14/19 à *Matrices*.

Pour aller plus loin...

Elle obtient 15/19 en construction de *Cubes*, sans remarques particulières à faire.

À *Puzzles visuels*, le score est à 6/19, soit nettement inférieur à la norme de sa tranche d'âge (de 8 à 12/19). Ce score déficitaire, inattendu, s'explique par le fait que Juliette échoue aux items 10 et 11 puis réussit l'item 12 mais en 32 secondes au lieu de 30 secondes. Or, le protocole de passation nous prescrit d'arrêter l'épreuve après 3 zéros consécutifs. Toutefois, en poussant l'épreuve au maximum, on s'aperçoit que Juliette réussit ensuite les items 13 à 20 alors qu'ils sont nettement plus complexes que les items 10-12 échoués. Puis, elle réussit le 21 hors délai, réussit le 22, le 23 hors délai, le 24 puis le 25 mais hors délai (39 secondes au lieu de 30). Ainsi, son réel niveau maximum de difficulté résolue en spatialisation mentale est l'item 24-25, et non le 9 sanctionné par l'arrêt protocolaire de l'épreuve. Cela donnerait une note standard à 17/19 pour une personne qui aurait un déroulement d'épreuve homogène, sans erreurs d'inattention ou de lenteurs dues à des difficultés neurovisuelles oculomotrices.

À l'épreuve *Matrices*, on retrouve un déroulement d'épreuve hétérogène, avec une note standard située au début de la zone du haut potentiel intellectuel (14/19). Cette jeune fille commet une erreur d'inattention à l'item 3 par la perte de la planification de la lecture de toutes les images avant de donner la réponse et s'autocorriger. Elle échoue ensuite à l'item 16 à cause d'une erreur d'attention visuelle et s'autocorrige. Puis elle échoue à l'item 21 avant de réussir les items 22, 23 et 24. Elle échoue au 25 et réussit le dernier. Ainsi, elle obtient une note brute à 24 mais en réussissant jusqu'au dernier item (n° 26).

CONCLUSIONS

La longue errance diagnostique était due à une trop faible évaluation : un test de QI administré peut-être sans conviction, suivi par d'autres mettant en évidence un haut potentiel intellectuel, mais sans évaluation de l'attention ni des fonctions exécutives ou de la perception sociale, etc.

On note que les difficultés de cette jeune fille ayant augmenté lors de son passage au lycée l'ont menée à se déscolariser. Derrière une « phobie scolaire » ou un « refus scolaire anxieux » peuvent se cacher des difficultés d'interactions sociales qui n'ont rien à voir avec le scolaire. Cependant, pour ces adolescents TSA, la confusion de diagnostic est aisée. Sauf que dans ces cas, ce n'est pas l'école qui est en cause, mais simplement le lieu où le symptôme lié aux interactions sociales peut être visible.

Il faut donc veiller à proposer un diagnostic différentiel, ce qui implique d'explorer plusieurs pistes, et donc de faire passer plusieurs bilans cognitifs complémentaires. S'en tenir à un seul test de QI, même répété sur plusieurs années, n'apporte pas de réponse satisfaisante car il n'explore pas assez d'éléments. Avoir un haut potentiel intellectuel n'implique pas systématiquement des difficultés sociales et il peut être nécessaire d'aller plus loin.

8.6.2 Jeune homme de 25 ans

Voici le WAIS-IV d'un jeune adulte. Henri a obtenu un baccalauréat S avec mention Bien, sans beaucoup étudier. Il a ensuite suivi deux années en classe préparatoire « math sup » et « math spé » sans grand intérêt pour ce domaine. Il s'est orienté ensuite vers une Licence professionnelle dans les métiers du livre. Depuis qu'il a arrêté ses études, il travaille comme ouvrier dans une usine. Sa scolarité a été marquée par une période de harcèlement au collège, du fait de son fonctionnement « différent » et de son look « original ». Il explique qu'il n'a rien fait pour tenter d'y faire mettre un terme. À noter que c'est un signe clinique à relever dans l'ADOS 2.

La suspicion d'un trouble du Spectre de l'autisme (TSA) de type « syndrome d'Asperger » qui avait été faite par son médecin généraliste, est confortée lors de l'anamnèse que nous avons faite ensemble, et par l'ADOS 2 module 4. Par la suite, les bilans lui suffisant, Henri choisira de ne pas faire valider ce prédiagnostic auprès d'un médecin psychiatre spécialisé sur les TSA.

Ce jeune homme a une consommation quotidienne d'alcool (2-3 bières/jour), inférieure à celle qu'il avait lorsqu'il était étudiant, et qu'il buvait au minimum un litre de bière forte le soir, à laquelle s'ajoutait une consommation quotidienne de cannabis pour freiner son hyperactivité cognitive. Cela l'aidait à moins penser et à pouvoir s'endormir. On retrouve parfois chez des patients TDA/H cette sorte d'« automédication » à base de toxiques, cannabis[164] et/ou d'alcool[165]. Un de nos patients mélangeait cocaïne, alcool et jeu d'argent pour obtenir une forte action sur sa dopamine[166], qui dysfonctionne dans le TDA/H. C'est elle que cible le méthylphénidate.

Sa vie sociale est réduite à quelques amis de longue date, et peu de sorties en dehors de visites qu'il leur fait. D'ailleurs, ce n'est pas lui qui les sollicite, ce sont eux qui l'invitent. Un autre patient, adolescent Asperger, avait une vie sociale riche bien qu'il n'invitait personne et qu'il n'allait pas vers les autres : il se faisait toujours inviter car il était un peu excentrique, ce qui amusait beaucoup son groupe d'amis. Et comme il était d'une grande beauté, il assurait aussi la présence de filles dans les soirées…

164. http://lecerveau.mcgill.ca/flash/i/i_03/i_03_m/i_03_m_par/i_03_m_par_cannabis.html

165. http://lecerveau.mcgill.ca/flash/i/i_03/i_03_m/i_03_m_par/i_03_m_par_alcool.html et traité

166. *Traité d'addictologie*, 2ème édition, édition Lavoisier médecine, planche couleur 2.

Pour revenir à Henri, dont nous allons maintenant analyser le test, sa vie sentimentale a été et est encore vide. Là encore, une entrée « tardive » dans la vie amoureuse et sexuelle est fréquente chez les personnes présentant un TSA, parfois bien au-delà de 25 ans.

Examinons maintenant le test de QI. Les Indices sont hétérogènes, allant de 100 à 128. Le QI est supérieur à la norme de la tranche d'âge du patient, avec un profil cognitif à haut potentiel intellectuel hétérogène : rappelons en effet qu'avoir un QI de 130 au WAIS-IV avec une moyenne de 14/19 à chaque subtest correspond à un Indice de Compréhension verbale à 124. Or, ce patient atteint 128. Son Indice de Mémoire de travail est lui aussi nettement supérieur à la norme de sa tranche d'âge, ce qui suppose une facilité dans ce domaine. Ses Indices de Vitesse de traitement et de Raisonnement perceptif sont dans la norme de sa tranche d'âge, donc a priori sans difficultés particulières à attendre dans ces domaines :

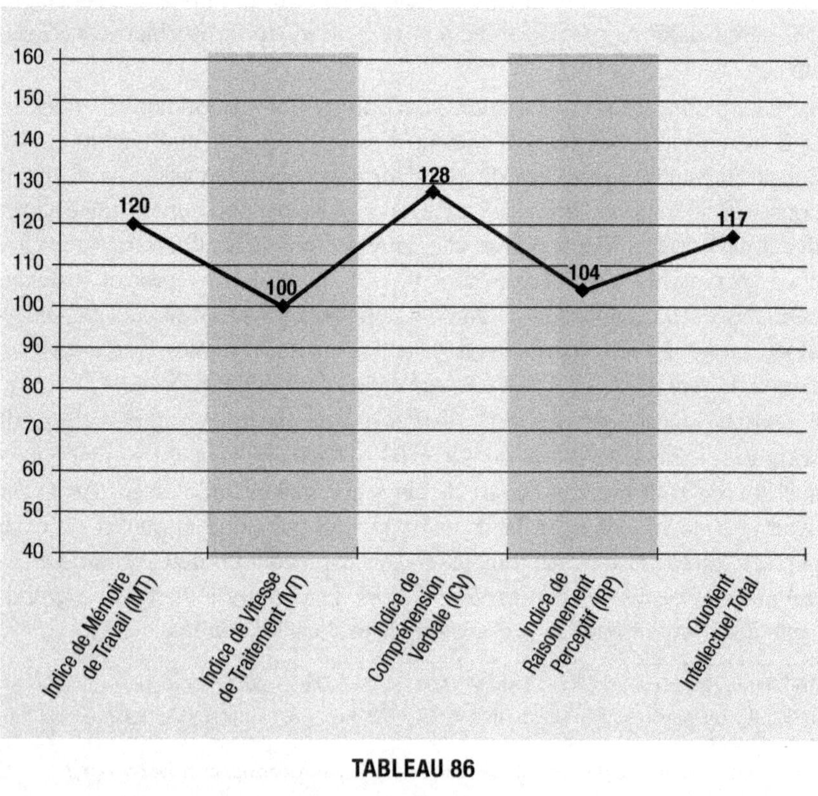

TABLEAU 86

La note standard est en noir, l'analyse du niveau maximum de difficulté résolue en gris.

Le détail des subtests est le suivant :

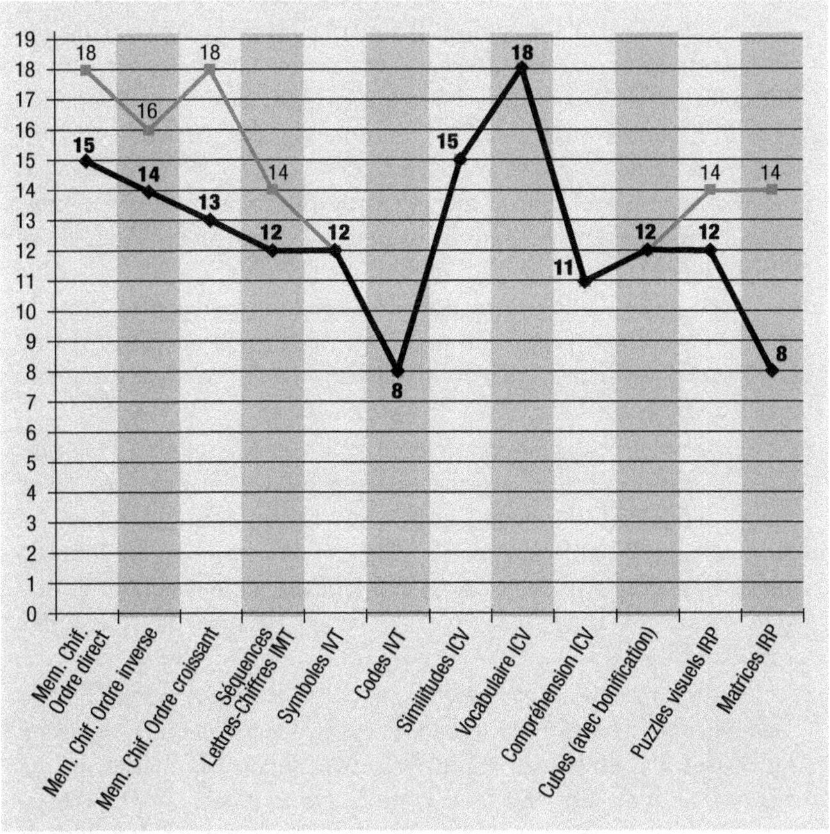

TABLEAU 87

Indice de Mémoire de travail (IMT = 120)

Henri obtient :

- 15/19 à *Mémoire des chiffres en ordre direct.*
- 14/19 à *Mémoire des chiffres en ordre inverse.*
- 13/19 à *Mémoire des chiffres en ordre croissant.*
- 12/19 à *Séquence lettres-chiffres.*

Pour aller plus loin...

L'analyse du niveau maximum de difficulté résolue montre qu'à *Mémoire des chiffres en ordre direct* ce jeune homme échoue à une série sur deux à 8 et à 9 chiffres. Il obtient ainsi une note brute de 14, qui laisse penser qu'il a réussi jusqu'aux séries à 8 chiffres et échoué à 9 chiffres[167]. Or, il obtient 14 points de note brute en n'allant pas jusqu'à 8 chiffres mais jusqu'à 9. Sa note standard, calculée à partir de la note brute convertie selon sa tranche d'âge, ne rend donc pas compte de son réel niveau maximum de difficulté résolue. De plus, cette alternance d'items échoués et réussis est la marque d'une attention fluctuante en fin d'épreuve et permet donc de suspecter un trouble du Déficit de l'attention. Enfin, son réel niveau maximum de difficulté résolue (9 chiffres), maximum testable à cette épreuve, aurait donné une note standard de 18/19[168] s'il n'avait pas eu d'attention fluctuante mais continue.

On retrouve cette attention fluctuante dans le subtest *Mémoire des chiffres en ordre inverse*, mais encore plus marquée, avec l'échec d'une série sur deux à 5 puis à 6 chiffres, avant de réussir les deux séries à 7 chiffres. Ainsi, le réel niveau maximum de difficulté résolue est celui des deux séries à 7 chiffres, ce qui donnerait une note standard à 16/19 s'il n'y avait pas eu d'échecs dans les séries inférieures.

Le subtest *Mémoire des chiffres en ordre croissant* montre encore davantage son attention fluctuante. En effet, Henri échoue à une série sur deux à 7 chiffres puis échoue aux deux séries à 8 chiffres, ce qui marque l'arrêt de l'épreuve selon le protocole de passation. En poursuivant l'épreuve au-delà du protocole pour pousser le patient au maximum de sa capacité de mémoire, on s'aperçoit qu'il réussit une série sur deux à 9 chiffres. Ainsi, son réel niveau maximum de mémoire de travail en reclassement n'est pas de 7 chiffres comme le laisserait penser le protocole de passation restrictif, mais à 9 chiffres, masqué par une

167. Un point obtenu par série correcte, et il y a deux séries à 2 chiffres, deux séries à 3 chiffres, deux séries à 4 chiffres, deux séries à 5 chiffres, deux séries à 6 chiffres, deux séries à 7 chiffres et deux séries à 8 chiffres.

168. À noter qu'à son âge, pour ce subtest *Mémoire des chiffres en ordre direct*, la note standard maximale est 18/19 et non 19/19.

attention fluctuante. Or, quand on réussit jusqu'à 9 chiffres (maximum de l'épreuve) sans attention fluctuante, la note standard obtenue serait 18/19[169].

Enfin, à l'épreuve de mémoire de travail en double reclassement (*Séquence lettres-chiffres*), on note également une attention fluctuante qui fait échouer le sujet à une série sur trois à 5 éléments, puis à une série sur trois à 6 éléments. Or, réussir jusqu'à 6 éléments sans attention fluctuante conduirait à une note standard à 14/19.

Ainsi, le niveau de mémoire de travail de ce jeune homme est en fait nettement supérieur aux notes standards obtenues, mais il est masqué par une attention fluctuante et un protocole de passation dont les limites ne permettent pas de mesurer le réel niveau de mémoire. Si ce patient avait réussi de façon continue à ces épreuves, il aurait obtenu un Indice de mémoire de travail à 137 au lieu de 120.

Indice de Vitesse de traitement (IVT = 100)

Il obtient :

- 12/19 à *Symboles*.
- 8/19 à *Codes*.

Pour aller plus loin...

Cet Indice à 100 est au centre de la norme de sa tranche d'âge, mais la note standard des deux épreuves est aux extrêmes de celle-ci : 12 et 8. Sa vitesse de traitement est donc à 12/19 quand il doit effectuer des saccades oculaires horizontales (*Symboles*) et à 8/19 quand il s'agit de saccades oculaires verticales avec la copie de codes (*Codes*). Cela laisse suspecter un trouble neurovisuel et/ou oculomoteur qui nécessite un bilan orthoptique fonctionnel.

169. Là encore, c'est la note standard maximale pour sa tranche d'âge.

Le déroulement de l'épreuve *Symboles* montre une erreur d'inattention autocorrigée, donc un indice de trouble attentionnel.

L'examen des codes copiés montre des difficultés de graphisme qui permettent de suspecter une dysgraphie, et donc de préconiser un bilan graphomoteur, d'autant que cette mauvaise qualité du graphisme ne peut pas être attribuée à une vitesse élevée. Par ailleurs, les codes sortent du cadre, ce qui induit là encore la suspicion d'un trouble neurovisuel et/ou oculomoteur amenant des difficultés de perception des contours et des délimitations.

Lors du compte-rendu des bilans, Henri expliquera que durant sa scolarité, son écriture a longtemps été considérée comme illisible et qu'il a toujours été lent en copie tableau/cahier. On note des erreurs d'inattention autocorrigées avec deux codes dessinés en symétrie, ce qui fait aussi penser à un éventuel trouble attentionnel et défaut d'inhibition de l'invariance de l'objet.

Indice de Compréhension verbale (ICV = 128)

Il obtient :

- 15/19 à *Similitudes.*
- 18/19 à *Vocabulaire.*
- 11/19 à *Compréhension de situations.*

Pour aller plus loin...

Les notes standards indiquent un écart important et significatif entre, d'une part, la catégorisation verbale à 15 avec la définition de concepts à 18 et, d'autre part, le développement d'une argumentation à partir de l'analyse d'une situation sociale[170] qui est « seulement » à 11. Cet écart de score induit une suspicion de trouble cognitif ; cette configuration avec un score nettement plus bas à *Compréhension de situation,* est

170. Dans le WAIS-IV, le subtest « Compréhension de situations » remplace « Information », qui est un subtest de connaissances générales, donc très dépendant du niveau culturel du patient.

très fréquente dans le cadre d'un trouble du Spectre de l'autisme (TSA) de type « syndrome d'Asperger »[171].

Au subtest *Similitudes*, on note de fortes distractions internes (associations d'idées hors sujet) en fin d'épreuve, qui font perdre de nombreux points au patient. Donc, sa note standard est négativement impactée par ses distractions. C'est là encore un élément en faveur d'une suspicion de trouble du Déficit de l'Attention avec/sans hyperactivité (TDA/H).

On ne relève rien de particulier au subtest *Vocabulaire*, en dehors du score niveau extrêmement élevé, à 18/19. Henri présente donc une excellente définition de concepts mais une moins bonne catégorisation logique de concepts avec 15 à *Similitudes* à cause des distractions internes qui l'entraînent hors sujet. À *Compréhension de situations*, le score (11/19) est « seulement » dans le haut de la norme de sa tranche d'âge. On note trois items sur 18 cotés à 0/2, et 4 cotés à 1/2. On relève également des difficultés en langage pragmatique qui empêchent ce jeune homme de contextualiser correctement la question posée, et il répond donc hors sujet. Cela est fréquemment observé dans les TSA et contribue à rendre difficiles les interactions sociales.

Indice de Raisonnement perceptif (IRP = 104)

Henri obtient :

- 12/19 à *Cubes*.
- 12/19 à *Puzzles visuels*.
- 8/19 à *Matrices*.

171. Si cette hypothèse n'a pas été abordée lors des entretiens précédant la passation du WAIS-IV, il faut alors proposer de faire le questionnaire Baron-Cohen et l'Aspie quiz (test dont le but est de donner une indication fiable du spectre de l'autisme chez les adultes) et de se documenter sur les TSA.

Pour aller plus loin…

Au subtest de *Cubes,* le score de 12 est dans le haut de la norme de sa tranche d'âge. Le patient réussit la construction de toutes les figures mais avec une lenteur de traitement à partir des figures à 9 cubes. On note qu'il a des difficultés de perception de l'échelle, ce qui oriente à nouveau vers une suspicion de trouble neurovisuel et/ou oculomoteur. Il commet des erreurs d'inattention en inversant la couleur des cubes, et fait de nombreux essais non méthodiques permettant de suspecter un trouble des fonctions exécutives (TDA/H). Tout cela lui donne peu de points de bonification pour la rapidité de traitement et ne lui permet pas de dépasser le score de 12/19 bien qu'il n'échoue à aucun item. Enfin, on note une maladresse dans le maniement des cubes, confortant la suspicion de dysgraphie, et ouvrant plus précisément vers une suspicion de trouble de la motricité fine.

Le score au subtest *Puzzles visuels* est lui aussi à 12, dans le haut de la norme de sa tranche d'âge. L'analyse du déroulement de l'épreuve montre que le patient réussit les items 14 et 22 en dépassant les 30 secondes imparties (34 secondes et 57 secondes). Or, nous savons qu'il présente des difficultés neurovisuelles qui impactent donc aussi cette épreuve visuospatiale. Par ailleurs, il échoue aux items 19 et 23 mais réussit les 24 et 25 avant d'échouer au dernier item. Ainsi, il n'obtient que 21 points en note brute à cause des deux items échoués (n° 19 et 23) et des deux échecs par dépassement de temps imparti. Mais son réel niveau maximum de difficulté résolue est l'item 24-25. S'il n'avait pas échoué à quatre items (14, 19, 22 et 23) sur les 25 réussis, la note standard qu'il aurait obtenue aurait été de 16/19, dans la zone du haut potentiel intellectuel.

Enfin, Henri obtient 8/19 au subtest *Matrices*. On note un déroulement d'épreuve très hétérogène, avec l'échec de l'item 10 à cause d'une perte de la planification de la lecture de toutes les images proposées, orientant vers la suspicion d'un trouble attentionnel et des fonctions exécutives (attention fluctuante, perte de la consigne, absence de contrôle exécutif…). Il échoue à l'item 12, puis aux 18,

21 et 22 avant de réussir les 23 et 24 en pouvant justifier ses choix. Là encore, le niveau maximum de difficulté résolue (item 24) est en décalage avec la note brute à 19. Un patient qui, comme lui, réussirait jusqu'à l'item 24 mais sans échouer aux 10, 12, 18, 21 et 22, obtiendrait une note standard de 14/19.

CONCLUSION

Ce jeune homme obtient plusieurs notes standards supérieures à 14/19[172], et 128 à l'Indice de Compréhension verbale, ce qui correspond à un niveau de difficulté résolue situé dans la zone du haut potentiel intellectuel. On peut donc parler de profil à haut potentiel intellectuel hétérogène.

Son attention très fluctuante fait suspecter un trouble du Déficit de l'Attention. Les épreuves de vitesse de traitement et de raisonnement perceptif permettent de suspecter également un trouble neurovisuel et/ou oculomoteur. Le graphisme est imprécis et lent, laissant suspecter un trouble dysgraphique. Par ailleurs, les bilans complémentaires et l'anamnèse confirment la suspicion de trouble du Spectre de l'autisme évoquée par le médecin généraliste.

8.6.3 Homme de 32 ans

Après avoir consulté une neurologue spécialisée sur le trouble du Déficit de l'attention, cet homme, que son parcours scolaire en lycée professionnel a conduit à avoir un CAP, un BEP et un BAC professionnel, puis de suivre des formations complémentaires, souhaite voir confirmer l'hypothèse d'un TDA/H couplé avec un Haut Potentiel Intellectuel.

Au WAIS-IV, son Quotient Intellectuel Total (QIT), à 87, est légèrement inférieur à la norme de sa tranche d'âge (90-110). L'Indice de Mémoire de travail (IMT) à 68 est déficitaire. L'Indice de Vitesse de traitement (IVT)

172. Avoir en moyenne 14/19 à tous les subtests permet d'obtenir un QI de 130.

à 78 est nettement inférieur à la norme de sa tranche d'âge. En revanche, l'Indice de Compréhension verbale (ICV) à 106, et l'Indice de Raisonnement perceptif (IRF) à 98 sont dans le haut de la norme de sa tranche d'âge. La mémoire et la vitesse de traitement sont significativement plus basses, ce qui correspond au schéma basique d'un TDA/H. Mais bien souvent aussi, c'est beaucoup plus compliqué que cela[173].

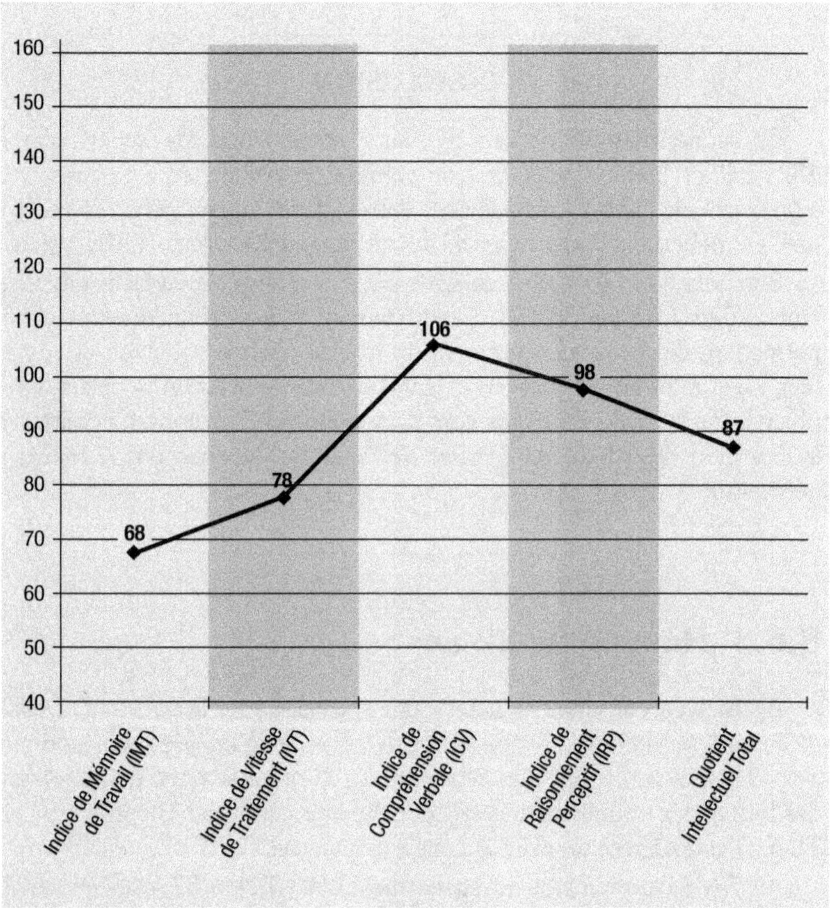

TABLEAU 88

173. Les autres cas analysés ici montrent que des troubles attentionnels peuvent être présents sans que ces deux Indices de mémoire et de vitesse soient plus bas ou déficitaires.

Voici maintenant le détail des subtests : en noir c'est la note standard obtenue, en gris l'évaluation du niveau maximum de difficulté résolue.

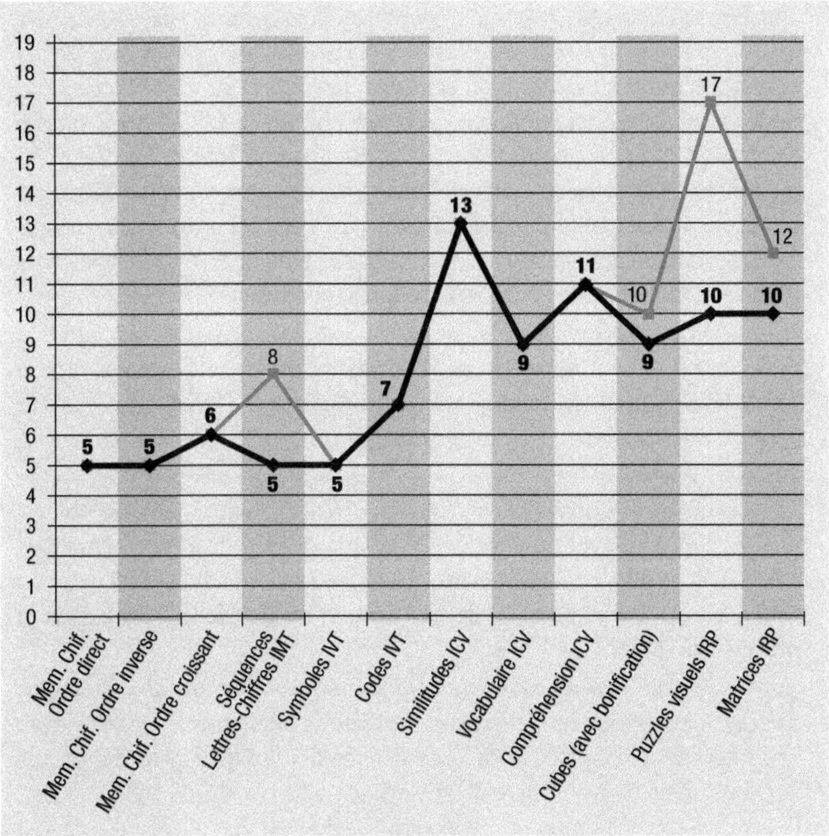

TABLEAU 89

Indice de Mémoire de travail (IMT = 68)

Cet homme, que nous appellerons Enzo, obtient :

- 5/19 à *Mémoire des chiffres en ordre direct.*
- 5/19 à *Mémoire des chiffres en ordre inverse.*
- 6/19 à *Mémoire des chiffres en ordre croissant.*
- 5/19 à « *Séquence lettres-chiffres* » ;

Pour aller plus loin…

Au subtest de *Mémoire des chiffres en ordre direct*, le score est très déficitaire. Enzo réussit jusqu'à 4 chiffres puis échoue aux deux séries à 5 chiffres, ce qui marque l'arrêt de l'épreuve selon le protocole de passation. Pour s'assurer qu'il ne s'agit pas d'une rupture d'attention, nous avons poursuivi l'épreuve jusqu'à 6 chiffres et à 7 chiffres, mais il a échoué à chaque fois aux deux séries. Le livret de cotation du WISC-V, qui indique à quel âge un enfant, dans la norme de sa tranche d'âge, est normalement capable de restituer 4 chiffres dans l'ordre pour obtenir 10/19, indique que le résultat obtenu par le patient à ce subtest se situe au niveau de celui d'un enfant de 6 ans (empan de 4).

À *Mémoire des chiffres en ordre inverse*, le score est également très déficitaire. Enzo ne réussit qu'à 2 chiffres à l'envers, échoue aux quatre séries à 3 chiffres, et échoue aux deux séries à 4 chiffres. Là encore, l'âge correspondant à ce niveau maximum de difficulté à 2 chiffres à l'envers, est de 6 ans.

Au subtest *Mémoire des chiffres en ordre croissant*, le score obtenu augmente un peu en passant de 5/19 aux deux précédentes épreuves à 6/19. Le patient réussit jusqu'à 4 chiffres, avant d'échouer aux deux séries à 5 et à 6 chiffres. Cela correspond au développement dans la norme d'un enfant de 7 ans.

Au subtest *Séquence lettres-chiffres*, qui demande une mémoire de travail en double reclassement, il obtient également 5/19 mais avec une alternance d'échecs et de réussites, ce qui fait qu'il perd des points sur des séries d'une longueur qu'il réussit juste avant ou après. Ainsi, le réel niveau maximum de difficulté résolue est à 4 éléments, ce qui situe le patient dans le bas de la norme de sa tranche d'âge, à 8/19. Là encore, le manuel de cotation du WISC-V indique que ce niveau maximum de difficulté résolue à cette épreuve correspond à celui d'un enfant de 12 ans situé dans la norme de sa tranche d'âge (10/19).

L'augmentation de ce niveau maximum de difficulté résolue par rapport aux trois autres épreuves de mémoire de travail laisse soupçonner une dysrégulation attentionnelle[174] typique d'un TDA/H.

174. Dans le cas d'une dysrégulation attentionnelle, une tâche à faible charge cognitive mobilisera moins d'attention qu'une tâche à lourde charge cognitive, car dans cette dernière, la personne va se dire : « *Il faut se concentrer* » ou encore : « *C'est dur, il faut faire attention* ».

Indice de Vitesse de traitement (IVT = 78)

Enzo obtient :

- 5/19 à *Symboles*.
- 7/19 à *Codes*.

Pour aller plus loin...

Le subtest *Symboles* est déficitaire, ce qui fait suspecter un trouble oculomoteur impactant les saccades horizontales.

La note standard obtenue à *Codes* est encore plus déficitaire. On note un graphisme imprécis malgré la lenteur, ce qui fait suspecter une dysgraphie, ce qui concorde avec le récit que le patient a fait de ses difficultés de graphisme durant sa scolarité[175].

Indice de Compréhension verbale (ICV = 106)

Il obtient :

- 13/19 à *Similitudes*.
- 9/19 à *Vocabulaire*.
- 11/19 à *Compréhension de situations*.

Pour aller plus loin...

Enzo obtient 13/19 en catégorisation verbale, ce qui le situe au-dessus de la norme de sa tranche d'âge. Dès le second quart du subtest, il dit que cela se complique, alors qu'il est encore loin d'avoir atteint son niveau maximum. Il ne résiste pas aux distractions internes des derniers items. On note aussi son peu de flexibilité cognitive pour approfondir une réflexion dans un axe complémentaire, et des difficultés de langage pragmatique, notamment pour trouver le bon contexte des mots polysémiques. Par exemple, dans quel contexte utiliser le sens du verbe « voler » (dans un magasin ou comme un oiseau ?) alors que la réponse est évidente dans le contexte utilisé[176].

175. Aujourd'hui encore, il écrit très peu et pas dans des situations où il serait nécessaire d'écrire vite et longtemps.

176. Exemple fictif mais représentatif.

Le score de 9/19 au subtest *Vocabulaire* indique un niveau dans le bas de la norme de la tranche d'âge du sujet. On note ses difficultés pour développer ses réponses, ce qui fait suspecter un manque de flexibilité cognitive et des distractions internes (associations d'idées hors sujet) qui lui font perdre des points sur des items simples.

Enfin, Enzo obtient 11/19 pour le développement d'une argumentation sur l'analyse d'une situation. On note des difficultés de compréhension par impulsivité cognitive (il répond trop vite) et des confusions de sens.

Indice de Raisonnement perceptif (IRP = 98)

Il obtient :

- 9/19 à *Cubes*.
- 10/19 à *Puzzles visuels*.
- 10/19 à *Matrices*.

Pour aller plus loin...

À *Cubes*, on note des difficultés d'orientation et une inversion des couleurs, ce qui fait suspecter des difficultés d'attention visuelle et un trouble neurovisuel et/ou oculomoteur. On note des distractions internes avec l'association de figures à des logos de marques. Enzo échoue à l'item 10/14 à 4 cubes à cause d'un dépassement du temps imparti et des difficultés d'orientation. Puis il réussit le 11 et le 12 à 9 à cubes avant d'échouer de nouveau au 13 à cause des difficultés d'orientation qui le ralentissent, et enfin, de réussir le dernier item (n°14). Ainsi, il réussit le dernier item à 9 cubes qui est le plus complexe, mais échoue au 10 et au 13, ce qui donne un score à 9/19 alors que son réel niveau maximum de difficulté résolue est au maximum de l'épreuve.

La bonification des points liée à la rapidité de construction pénalise directement celui ou celle chez qui, comme chez ce sujet, on peut suspecter un fort trouble neurovisuel et/ou oculomoteur.

À *Puzzles visuels*, la note standard est dans la norme de sa tranche d'âge (10/19) mais le déroulement de l'épreuve est très hétérogène, avec une forte alternance d'items échoués et d'items réussis indépendamment de l'augmentation du niveau de difficulté à mesure que l'on avant dans le subtest. Ainsi, Enzo échoue à l'item 8 en perdant la consigne par absence de résistance aux distractions internes, il échoue au 11 et au 12 mais réussira le dernier item de l'épreuve (n°26). De l'item 11 au dernier item, le n° 26, il alterne échecs et réussites. Ainsi, comme il n'échoue qu'à un item sur les cinq derniers de l'épreuve, son réel niveau maximum de difficulté résolue n'est pas dans la norme de sa tranche d'âge à 10/19 comme l'indique la note standard, mais à 17/19[177]. Enfin, on observe qu'il pointe toutes les images pour réfléchir, ce qui permet de suspecter un trouble neurovisuel et/ou oculomoteur et d'attention visuelle compensé par le pointage.

À l'épreuve *Matrices*, la note standard est dans la norme de sa tranche d'âge (10/19) mais là encore, en échouant à des items inférieurs au réel niveau maximum de difficulté résolue. S'il avait répondu correctement à tous les items jusqu'au dernier item réussi, la note standard aurait été à 12/19, dans le haut de la norme de sa tranche d'âge.

CONCLUSION

La suspicion de TDA/H faite par la neurologue est confirmée par la passation du WAIS-IV qui montre une forte distractibilité, une dysrégulation attentionnelle, un manque de flexibilité cognitive, avec des mémoires à court terme et de travail nettement déficitaires. Le patient présente également une impulsivité cognitive, aussi bien durant la passation du test que lors de la consultation. On fait également l'hypothèse d'un trouble neurovisuel et/ou oculomoteur.

Sa réussite aux derniers items à *Puzzles visuels* plaident en faveur d'un profil à haut potentiel intellectuel hétérogène masqué par des troubles associés.

177. À noter que pour sa tranche d'âge, la note maximale à *Puzzles visuels* n'est pas 19/19 mais 17/19.

8.6.4 Femme de 52 ans

Nous allons maintenant analyser le WAIS-IV d'Henriette, une femme chez qui un ADOS 2 « module 4 » précédemment administré a nettement indiqué un trouble du Spectre de l'autisme de type syndrome d'Asperger.

Le QI est dans le bas de la norme de sa tranche d'âge. Les scores des Indices sont marqués par un écart de 20 points entre le plus bas (à 84 pour l'Indice de Raisonnement perceptif) et le plus élevé (à 104 pour l'Indice de Compréhension verbale). Cela constitue une différence significative qui conduit à suspecter un trouble neurovisuel et/ou oculomoteur. Les deux Indices (IMT et IVT), tous deux à 97, sont identiques et dans la norme de la tranche d'âge. Ils n'appellent aucune suspicion particulière.

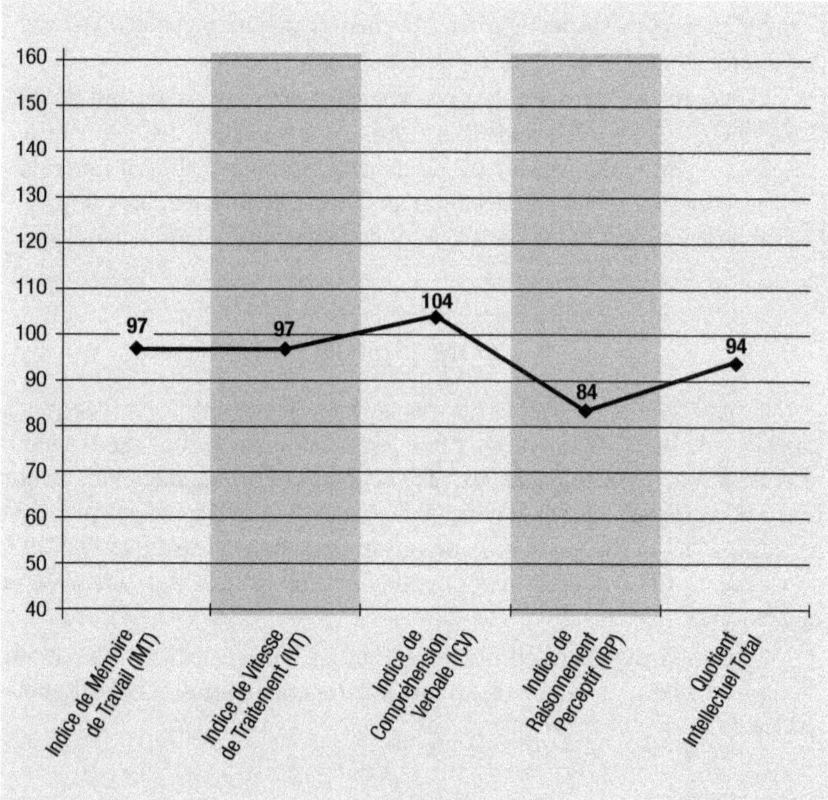

TABLEAU 90

En revanche, nous pouvons constater ci-dessous que l'écart entre les notes standards d'un même Indice, ici IMT et IVT, est significatif :

- IMT avec un écart allant de 8/19 à 12/19.
- IVT avec un écart allant de 8/19 à 11/19.

La note standard est en noir, l'analyse du niveau maximum de difficulté résolue en gris.

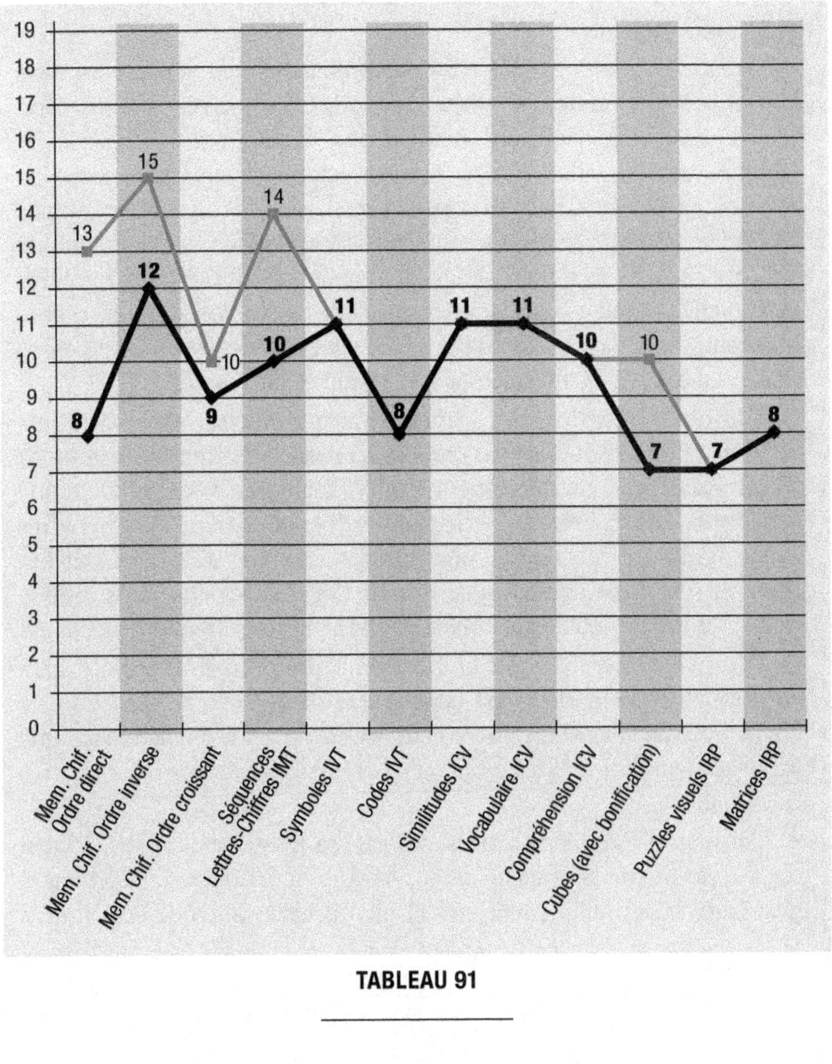

TABLEAU 91

Indice de Mémoire de travail (IMT = 97)

Henriette obtient :

- 8/19 à *Mémoire des chiffres en ordre direct.*
- 12/19 à *Mémoire des chiffres en ordre inverse.*
- 9/19 à *Mémoire des chiffres en ordre croissant.*
- 10/19 à *Séquence lettres-chiffres.*

Pour aller plus loin...

Au subtest *Mémoire des chiffres en ordre direct*, le score est dans le bas de la norme de sa tranche d'âge (8/19), avec une attention fortement fluctuante qui la fait échouer aux deux séries à 6 chiffres de l'item 5, ce qui marque la fin de l'épreuve selon le protocole de passation et laisserait penser que son niveau de mémoire à court terme est donc de 5 éléments maximum. Or, en poussant la patiente au maximum de ses capacités[178], on s'aperçoit qu'elle réussit les deux séries à 7 chiffres alors qu'elle venait d'échouer aux deux séries à 6. Ainsi, son réel niveau maximum de difficulté résolue (13/19) est supérieur à la norme de sa tranche d'âge, mais masqué par son attention fluctuante.

Au subtest *Mémoire des chiffres en ordre inverse*, elle obtient une note standard (12/19) située dans le haut de la norme de sa tranche d'âge. Là encore, on note une attention fluctuante avec l'échec à une série sur deux à 3 chiffres, puis la réussite des deux séries à 4 et 5 chiffres avant d'échouer de nouveau une fois sur deux aux séries à 6 chiffres. Ainsi, le réel niveau de difficulté résolue (15/19) est situé dans la zone du haut potentiel intellectuel, mais masqué par une attention fluctuante.

Au subtest *Mémoire des chiffres en ordre croissant*, la note standard (09/19) d'Henriette est dans le bas de la norme de sa tranche d'âge, avec une attention légèrement fluctuante qui la fait échouer à une série sur deux à 4 chiffres alors qu'elle réussit ensuite les deux séries à 5 chiffres.

Au subtest *Séquence lettres-chiffres*, sa note standard (10/19) est dans la norme de sa tranche d'âge, mais avec une attention fortement fluctuante faisant alterner échecs et réussites sur des séries de 3, 4, 5

178. Proposition indiquée dans le manuel d'administration et de cotation du WPPSI-IV page 41, du WISC-IV page 33, du WISC-V page 39 et du WAIS-IV page 33.

et 6 éléments. Là encore, le réel niveau maximum de difficulté résolue (14/19) est situé au début de la zone du haut potentiel intellectuel, mais masqué par cette forte attention fluctuante en double tâche.

Indice de Vitesse de traitement (IVT = 97)

Elle obtient :

- 11/19 à *Symboles*.
- 8/19 à *Codes*.

Pour aller plus loin...

Le score du subtest *Symboles* est situé dans le haut de la norme de sa tranche d'âge. On note un oubli d'item, ce qui laisse supposer un déficit attentionnel déjà suspecté aux épreuves de mémoire.

La note standard obtenue à *Codes* est dans le bas de la norme de sa tranche d'âge.

L'écart de score entre ces deux épreuves nécessitant des saccades oculaires horizontales puis verticales conduit à suspecter un trouble neurovisuel et/ou oculomoteur, ce que nous avions déjà constaté lors de l'analyse au niveau de l'Indice de Raisonnement perceptif (IRP) au début de cette étude de cas.

Indice de Compréhension verbale (ICV = 104)

Elle obtient :

- 11/19 à *Similitudes*.
- 11/19 à *Vocabulaire*.
- 10/19 à *Compréhension de situations*.

Pour aller plus loin...

Ces trois notes standards très homogènes et situées dans la norme de la tranche d'âge laisseraient penser qu'il n'y a rien de particulier à relever.

Or, au subtest *Similitudes*, on note l'absence de résistance d'Henriette aux distractions internes (« pièges ») au niveau des derniers items, ce qui fait qu'elle n'obtient aucun point pour ceux-ci. On ignore donc la note standard qu'elle aurait obtenue en catégorisation si elle n'était pas « tombée dans le piège » de ces items.

Le score de 11/19 au subtest *Vocabulaire* indique un niveau dans le haut de la norme de sa tranche d'âge. On note des difficultés pour développer ses réponses et des distractions internes (associations d'idées hors sujet) qui lui font perdre des points sur des items simples. Elle réussit jusqu'à la fin de l'épreuve mais en n'obtenant qu'un point sur deux à un tiers des items. Cela indique un manque de flexibilité cognitive pour approfondir sa réflexion dans des axes complémentaires.

Enfin, elle obtient 10/19 en développement d'une argumentation sur l'analyse d'une situation. On note des difficultés de compréhension, un manque de mots et des difficultés pour décoder les éléments implicites. On peut se poser la question d'un léger trouble du langage.

Indice de Raisonnement perceptif (IRP = 84)

Elle obtient :

- 7/19 à *Cubes*.
- 7/19 à *Puzzles visuels*.
- 8/19 à *Matrices*.

Pour aller plus loin...

À *Cubes*, on note des difficultés visuospatiales et d'orientation qui l'amènent à se placer sur le côté pour voir les figures en position de losange. Elle réussit l'item 9 à 4 cubes avec un dépassement de 14 secondes sur 60, l'item 12 avec 35 secondes supplémentaires sur 120 et l'item 13 avec 43 secondes supplémentaires sur les 120 imparties. Bien entendu, ces trois items réussis hors délai n'entrent pas dans le calcul de la note standard, mais ils permettent nettement de suspecter un trouble neurovisuel et/ou oculomoteur.

À *Puzzles visuels*, la note standard (7/19) est inférieure à la norme de sa tranche d'âge. Là encore, on note des difficultés visuospatiales qui poussent à suspecter un trouble neurovisuel et/ou oculomoteur.

À l'épreuve *Matrices*, la note standard (8/19) est dans le bas de la norme de sa tranche d'âge. Cela nous permet de suspecter un trouble de l'induction logique et visuospatiale.

CONCLUSION

Aux épreuves de raisonnement logique, le WAIS-IV de cette femme indique un développement cognitif dans la norme de sa tranche d'âge, mais masqué. Les subtests de logique verbale sont mieux réussis que ceux de logique spatiale ou de raisonnement fluide (*Matrices*).

Les épreuves de mémoire indiquent une attention fortement fluctuante laissant supposer un trouble du Déficit de l'attention (TDA/H), ce que d'autres éléments viennent également confirmer au cours des autres subtests : défaut d'inhibition et de contrôle exécutif. Un bilan attentionnel permettrait d'explorer davantage cette piste. Par ailleurs, la patiente indique qu'une infime consommation de cannabis[179] lui permet d'augmenter considérablement sa mémoire de travail et son attention, ce qui vient également renforcer l'hypothèse d'un TDA/H. Le questionnaire DIVA 2.0 pour le prédiagnostic du TDA/H est d'ailleurs positif.

Enfin, les difficultés de la patiente aux épreuves visuospatiales orientent vers une suspicion de trouble neurovisuel et/ou oculomoteur.

179. http://lecerveau.mcgill.ca/flash/i/i_03/i_03_m/i_03_m_par/i_03_m_par_cannabis.html#drogues. L'usage de toxiques tels que le cannabis et l'alcool, qui agissent sur la voie dopaminergique, est « fréquent » chez les personnes avec TDA/H.

8.7
QI ENTRE 60 ET 70

Voici maintenant les tests de QI de deux adolescentes que le système scolaire diagnostiquait comme déficientes et auxquelles on proposait une orientation adaptée vers une SEGPA, voire une ULIS. Ces deux exemples montreront que derrière des profils de scores indiquant très nettement une déficience intellectuelle, peuvent se cacher de lourds troubles des apprentissages tout en écartant la déficience.

Cela dit, bon nombre de WISC avec des Indices et un QI <70 correspondent réellement à une déficience intellectuelle. Les deux cas présentés ici sont exceptionnels, mais ils se rencontrent néanmoins dans notre expérience clinique personnelle avec une fréquence de 1 à 2 % des tests.

8.7.1 QI à 60

Marie, une adolescente de 12 ans scolarisée en classe de 6ème après avoir redoublé la classe de CM1, a bénéficié d'un suivi orthophonique en CP et en CE1. Elle n'a pas de méthode de travail et présente des difficultés de mémorisation en français, en mathématiques, en histoire, etc. Elle comprend les règles de géométrie, mais ne peut pas les expliquer ou en réciter la définition. L'apprentissage du vocabulaire anglais lui est plus facile. Elle fait peu de fautes d'orthographe. Elle obtient des résultats scolaires supérieurs à la moyenne en mathématiques et en Sciences de la Vie et de la Terre, mais elle reste sous la moyenne en langues et en histoire. Compte tenu de son redoublement en primaire et de ses difficultés actuelles, une réorientation en SEGPA est envisagée par le collège. Les parents, qui ne sont pas d'accord, viennent nous consulter pour effectuer un WISC-IV[180] et un NEPSY 2 « Attention et fonctions exécutives » car suite à leurs recherches sur internet, ils soupçonnent un TDA/H.

180. C'était en 2014.

Voici les Indices et le Quotient Intellectuel Total (QIT) :

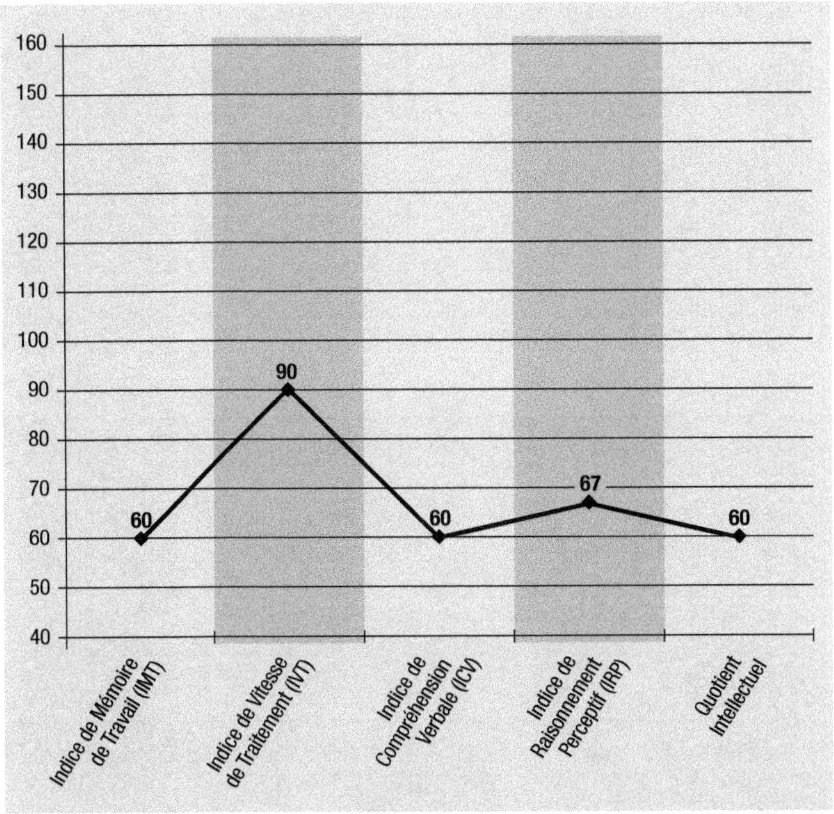

TABLEAU 92

Le Quotient Intellectuel de Marie, à 60, est très déficitaire, la situant dans les 2,2 % de la population les plus faibles. Cela signifie que 98 adolescentes de son âge sur 100 ont un QIT supérieur au sien. Elle relèverait donc d'une orientation scolaire adaptée dans le champ du handicap mental.

Son Indice de Mémoire de travail (60) est déficitaire, son Indice de Vitesse de traitement (90) est dans le bas de la norme de sa tranche d'âge, son Indice de Compréhension verbale (60) et son Indice de Raisonnement perceptif (67) sont déficitaires. Tout cela conforte l'hypothèse de la déficience et de la nécessité d'envisager une réorientation scolaire vers le champ du handicap intellectuel.

Voici ses résultats aux subtests. La note standard obtenue est en noir, et l'évaluation du niveau maximum de difficulté résolue est en gris :

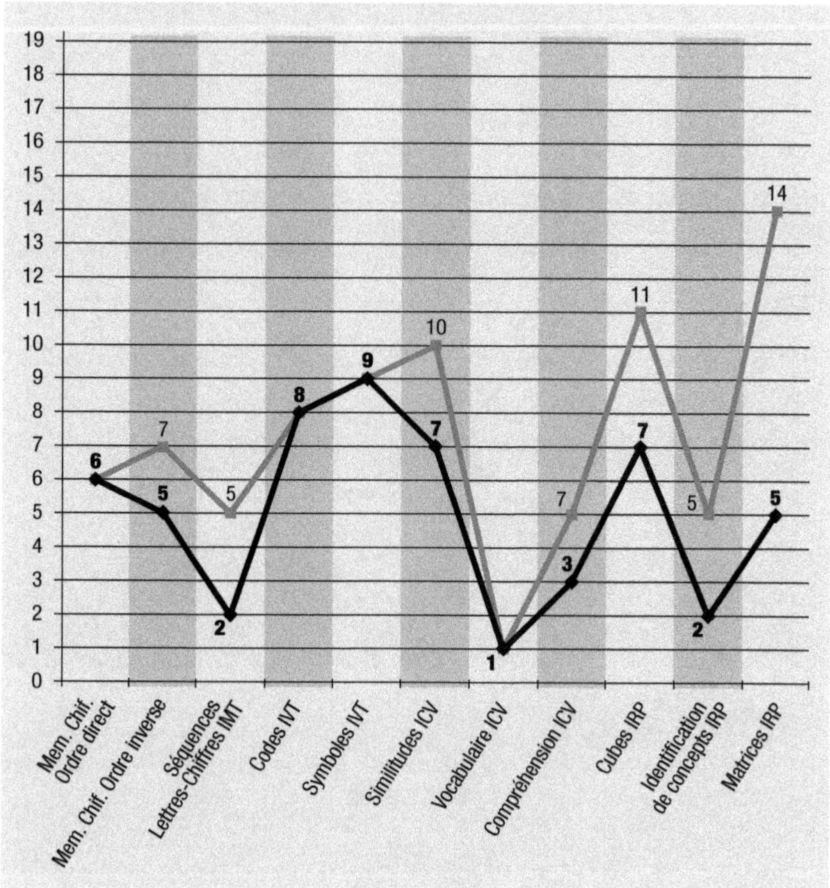

TABLEAU 93

Indice de Mémoire de travail (IMT = 60)

Marie obtient :

- 6/19 à *Mémoire des chiffres en ordre direct.*
- 5/19 à *Mémoire des chiffres en ordre inverse.*
- 2/19 à *Séquence lettres-chiffres.*

Pour aller plus loin...

Sa mémoire à court terme et sa mémoire de travail sont déficitaires. Elle présente une attention fluctuante qui la fait échouer à une série sur deux à *Mémoire des chiffres en ordre inverse*. En mémoire par double reclassement (*Séquence lettres-chiffres*), elle échoue à 30 % des séries à 3 éléments, ce qui montre plus nettement son attention fluctuante et fait suspecter un trouble attentionnel.

Le réel niveau maximum de difficulté résolue est certes supérieur aux notes standards obtenues, mais toujours inférieur à la norme de sa tranche d'âge. Donc sa mémoire à court terme et de travail sont a priori déficitaires. Ces résultats sont cohérents avec les difficultés d'apprentissage signalées.

Indice de Vitesse de traitement (IVT = 91)

Elle obtient :

- 8/19 à *Codes*.
- 9/19 à *Symboles*.

Pour aller plus loin...

À *Codes*, sa vitesse de traitement est dans le bas de la norme de sa tranche d'âge (8/19). On note un graphisme imprécis signe d'un éventuel trouble dysgraphique. De plus, on note de fortes distractions dans sa planification. Alors qu'il faut répondre aux items dans l'ordre, ce qu'elle commence faire, Marie change ensuite pour ne faire que le code du 1, puis revient à une planification progressive mais en sautant des cases ; on peut donc émettre l'hypothèse d'un trouble neurovisuel et/ou oculomoteur et des fonctions exécutives (TDA/H).

À *Symboles*, le score (09/19) est lui aussi dans le bas de la norme de sa tranche d'âge. Cette lenteur de traitement est une possible indication d'un trouble neurovisuel et/ou oculomoteur.

Indice de Compréhension verbale (ICV = 61)

Elle obtient :

- 7/19 à *Similitudes.*
- 1/19 à *Vocabulaire.*
- 3/19 à *Compréhension de situations.*

Pour aller plus loin...

Sa catégorisation verbale (7/19) est à la limite inférieure de la norme de sa tranche d'âge. Cependant, si elle échoue sur des items simples (items 8, 9), Marie réussit des items nettement plus complexes : items 14 avec 2 points sur 2, puis 1 point sur deux pour les items 15, 16 et 17. Elle échoue à partir de l'item 18. Ainsi, le réel niveau maximum de difficulté résolue la situerait davantage dans le haut de la norme de sa tranche d'âge, vers les 12/19 mais avec de nombreuses pertes de points sur des items plus simples. Cela écarte la suspicion de déficit intellectuel indiquée par le QIT à 60.

La note standard en définition de concepts (subtest *Vocabulaire*) est au plus bas, à 1/19. Cette difficulté à définir des concepts est cohérente avec la difficulté de Marie à expliquer les consignes, les règles, etc.

Sa note standard à *Compréhension de situations* est également très déficitaire (3/19).

Tout cela fait fortement suspecter un trouble du langage.

Indice de Raisonnement perceptif (IRP = 67)

Elle obtient :

- 7/19 à *Cubes.*
- 2/19 à *Identification de concepts.*
- 5/19 à *Matrices.*

Pour aller plus loin...

L'épreuve de construction de Cubes est marquée par un déroulement très hétérogène, avec un échec à la figure n°9 puis la réussite à la 10, l'échec aux 11 et 12 à 9 cubes alors qu'elle réussit ensuite la 13 à 9 cubes, d'un niveau de difficulté supérieur. Ainsi, le réel niveau maximum de difficulté résolue est l'item 13/14 mais après un échec sur 3 items plus simples. On note des difficultés de repérage visuospatial sur les lignes obliques et pour l'échelle utilisée. Cela est une nouvelle indication d'un éventuel trouble neurovisuel et/ou oculomoteur qui impacte le déroulement de cette épreuve, et donc la note standard.

Au subtest *Identification de concepts,* qui est proche de *Similitudes* en langage, on note de fortes distractions internes auxquelles Marie ne résiste pas. Cela est une possible indication d'un trouble attentionnel. La note standard obtenue est très déficitaire (2/19).

Enfin, le déroulement du subtest *Matrices* est très étonnant car de l'item 14 jusqu'à l'item 23 elle échoue à deux questions sur trois en justifiant correctement ses réponses correctes. Ainsi, le réel niveau maximum de difficulté résolue la situe au début de la zone du HPI.

La consultation médicale qui a fait suite à la passation du WISC-IV et du NESY 2 qui indiquait, rappelons-le, un fort déficit attentionnel et des fonctions exécutives, a conclu à un TDA/H. Nous avons obtenu pour cette jeune fille un passage en classe de 5ème au lieu d'une orientation en SEGPA. Elle a reçu un traitement au méthylphénidate dosé à 54 mg.

Nous l'avons revue au début de l'année de sa 4ème, et elle a obtenu les encouragements au premier trimestre puis les félicitations au second. Je n'ai pas eu de nouvelles d'elle par la suite.

8.7.2 QI à 71

Brice est un adolescent de 13 ans scolarisé dans un collège de la Seconde Chance, après avoir été scolarisé en écoles hors contrat. Le langage n'était pas acquis en classe de moyenne section de maternelle. Il a bénéficié d'un suivi orthophonique depuis la grande section jusqu'au CM2, suite à un diagnostic de troubles du langage et logico-mathématique. L'orthophoniste écartait la piste du déficit attentionnel.

Brice a passé plusieurs tests de QI mais nous avons très peu de détails sur les scores obtenus. Le WISC-IV passé à 6 ans indiquait un Indice de

Compréhension verbale (ICV) situé entre 81 et 90, un Indice de Raisonnement perceptif (IRP) entre 71 et 80, un Indice de Mémoire de travail (IMT) inférieur à 70 et un Indice de Vitesse de traitement (IVT) inférieur à 70.

Voici les scores obtenus aux autres tests de QI passés. Par souci de clarté, nous avons décidé de ne retenir que la note standard aux différents subtests pour avoir une comparaison la plus fine possible :

	WISC-IV 2015	WISC-IV 2018	WISC V-2018	WISC-V 2018 NMDR[1]
Mémoire des chiffres	9/19	3/19	1/19	4/19
Séquence lettres-chiffres	8/19	2/19	7/19	10/19
Codes	8/19	1/19	7/19	7/19
Symboles	8/19	4/19	5/19	5/19
Similitudes	6/19	9/19	9/19	9/19
Vocabulaire	7/19	7/19	4/19	4/19
Compréhension de situation	8/19	5/19	X	X
Cubes	7/19	3/19	6/19	6/19
Identification de concepts	6/19	3/19	X	X
Matrices	6/19	5/19	8/19	8/19
Puzzles visuels	X	X	4/19	7/19
Balances	X	X	5/19	9/19

1. Niveau maximum de difficulté résolue.

TABLEAU 94

Le psychologue ayant administré le WISC-IV en 2018[181] avait conclu à une déficience intellectuelle malgré sa connaissance des WISC-IV précédents qui l'écartaient. Une orientation scolaire fut alors demandée par l'école vers une section pour enfants déficients. La famille s'y opposa, pensant que leur enfant n'est pas déficient intellectuel, mais qu'il était plutôt porteur d'un lourd trouble des apprentissages.

C'est dans ce contexte que nous le testons au WISC-V et NEPSY 2 « Attention et fonctions exécutives », ainsi qu'avec la batterie d'épreuves « Perception sociale ».

181. Pour rappel, le WISC-IV est remplacé par le WISC-V depuis 2016.

Le WISC-IV passé alors que brice avait 10 ans (2015) montre un développement dans le bas de la norme de sa tranche d'âge. Les scores chutent globalement au WISC-IV de 2018, mais avec des progrès en raisonnement verbal où il passe de 6/19 à 9/19 à *Similitudes*, note qu'il obtiendra également au WISC-V que nous lui faisons passer.

À ce WISC-V, on note un écart entre la note standard obtenue à *Mémoire des chiffres* et son niveau maximum de difficulté résolue, ce qui indique une attention fluctuante.

L'écart entre le score de *Séquence lettres-chiffres* et le niveau maximum de difficulté résolue, indique encore une attention fluctuante. Par ailleurs, l'augmentation du score en passant de *Mémoire des chiffres* en simple tâche à *Séquence lettres-chiffres* oriente vers une forte suspicion de dysrégulation attentionnelle.

Les faibles scores de Brice en vitesse de traitement orientent vers une suspicion d'un trouble neurovisuel et/ou oculomoteur qui a ensuite été diagnostiqué.

Une dysgraphie, également suspectée, sera également confirmée par un bilan auprès d'un graphothérapeute.

Au NEPSY 2 « Attention et fonctions exécutives », plus la batterie d'épreuves « perception sociale », on note une dysrégulation attentionnelle en attention auditive, avec un score déficitaire en simple tâche et dans la norme en double tâche. L'attention visuelle est très déficitaire, aussi bien pour la vitesse de lecture que pour le nombre d'erreurs, ce qui concorde avec l'hypothèse du trouble neurovisuel et/ou oculomoteur qui sera diagnostiqué par la suite.

Sa planification des tâches sur consignes orales est très déficitaire, ainsi que sa flexibilité cognitive. On note également un trouble de la perception sociale très lourd aussi bien en « reconnaissance d'affects » (score de bonnes réponses de 2/19) qu'en « théorie de l'esprit » (rang percentile inférieur à 2). Cela conduit à suspecter un trouble du Spectre de l'autisme, hypothèse qui n'a pas été davantage explorée par la famille.

Les troubles du langage et logico-mathématique sont toujours présents mais ne sont plus rééduqués depuis plusieurs années.

La pédiatre qui a ensuite reçu l'adolescent a conclu à un trouble des apprentissages sur fond de TDA/H. Les dosages des neurotransmetteurs qu'il a prescrits indiquent une bonne synthèse de la dopamine, de la noradrénaline et de l'adrénaline, mais une faible fluidité membranaire limitant le passage synaptique. Un traitement par omégas 3 et méthylphénidate a été décidé. Malheureusement, l'absence d'un diagnostic complet et d'une prise en charge rééducative précoce de tous les troubles a manqué. De ce fait, cet adolescent a accumulé un retard scolaire et une orientation en Troisième professionnelle a été préconisée (au lieu d'une section spécifique pour déficients intellectuels initialement envisagée).

8.8
TDA/H - AVEC TRAITEMENT

Nous avons eu l'occasion de tester quelques adolescents déjà testés pour un TDA/H par d'autres praticiens, puis confirmés par des pédopsychiatres et placés sous traitement avec *Ritaline®* ou *Concerta®*. La demande des pédopsychiatres était de tester de nouveau ces jeunes afin d'observer l'évolution de leur trouble après plusieurs années de prise en charge médicamenteuse.

Le choix a été fait de les tester (WISC-IV et NEPSY 2 « Attention et fonctions exécutives ») sous prise de *Ritaline®* ou de *Concerta®* pour se rapprocher au maximum des difficultés qui pouvaient subsister en classe, bien que la passation d'un test ne soit pas « écologique »[182].

8.8.1 Adolescent de 13 ans testé au WISC-IV

Rémy, un adolescent scolarisé en classe de 5ème, a été diagnostiqué au moyen d'un WISC-IV avec un haut potentiel intellectuel (HPI) et un trouble du Déficit de l'attention avec hyperactivité de type mixte (TDA/H). Il présente également un trouble d'Opposition et de provocation (TOP) qui lui cause de graves difficultés au collège. Un conseil de médiation a été mis en place et son maintien dans l'établissement pour l'année suivante est en balance. Rémy a reçu un avertissement au second trimestre pour manque de travail, oubli de son matériel scolaire et insolence. Il veut toujours avoir raison et le dernier mot, et il ne lâche pas. Après que le diagnostic de TDA/H avait été posé par un pédopsychiatre spécialisé dans ce trouble, il a suivi une rééducation en orthophonie, psychomotricité et orthoptie. Il a également consulté des psychologues et des pédopsychiatres pour ses problèmes de comportement.

Quelques années après, le pédopsychiatre qui le suit pour son TDA/H a souhaité le faire tester de nouveau au WISC-IV + NEPSY 2 « Attention et fonctions exécutives ». Il a été décidé que cela aurait lieu sous Concerta® 36 mg afin d'observer ce qui subsiste de ses difficultés attentionnelles en classe.

---

182. En effet, pour que la passation soit « écologique », il faudrait tester ces enfants ou adolescents dans leur « milieu naturel » de réflexion : une classe où il y a de nombreuses sources de distractions qui n'existent pas dans un cabinet.

Au premier test par WISC-IV, le praticien avait diagnostiqué un HPI qui n'est plus visible aujourd'hui avec un QIT descendu à 104. L'indice le plus élevé est à 112 pour l'ICV. S'il n'avait pas passé de WISC-IV dans son enfance, jamais un HPI n'aurait été diagnostiqué, et n'aurait certainement même pas été suspecté à partir du score du QIT. Le TDA/H peut masquer le HPI. C'est surtout visible lorsque le jeune grandit puisque c'est un trouble neurodéveloppemental qui s'aggrave avec le développement cognitif. On l'observe facilement dès que deux tests de QI sont passés à 4-5 ans d'écart.

Le QIT est dans la norme de sa tranche d'âge, à 104. Les Indices sont également dans la norme, entre 90 et 110, là où l'on retrouve 50% de la population. L'écart entre les Indices est au maximum de 8 points, ce qui est assez homogène.

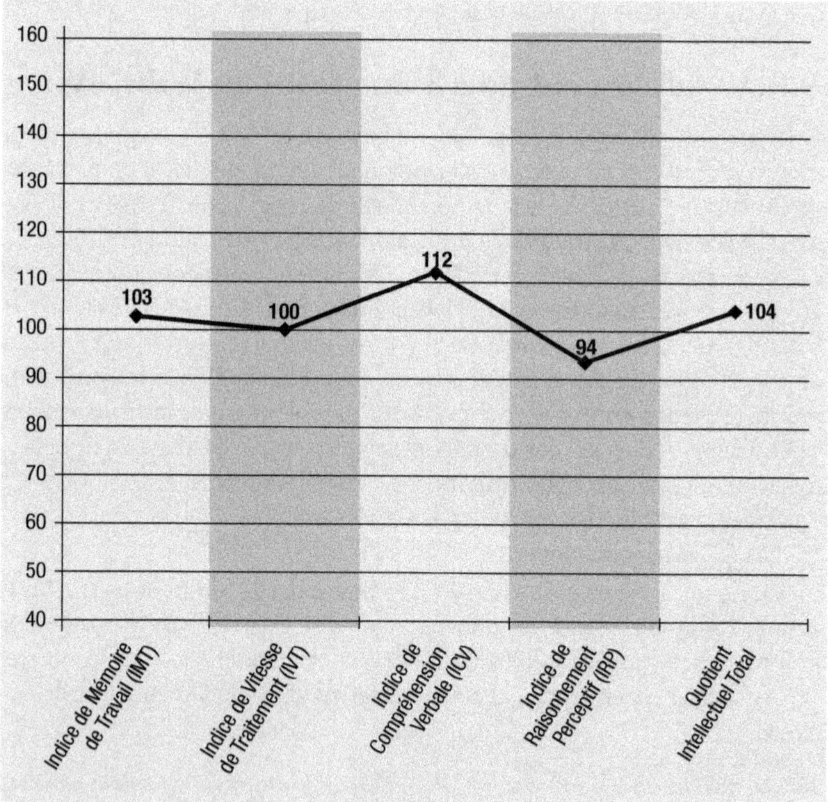

TABLEAU 95

L'examen des notes standards vient pondérer cette apparente homogénéité des résultats. Le score en noir indique la note standard obtenue, et en gris c'est l'évaluation du réel niveau maximum de difficulté résolue.

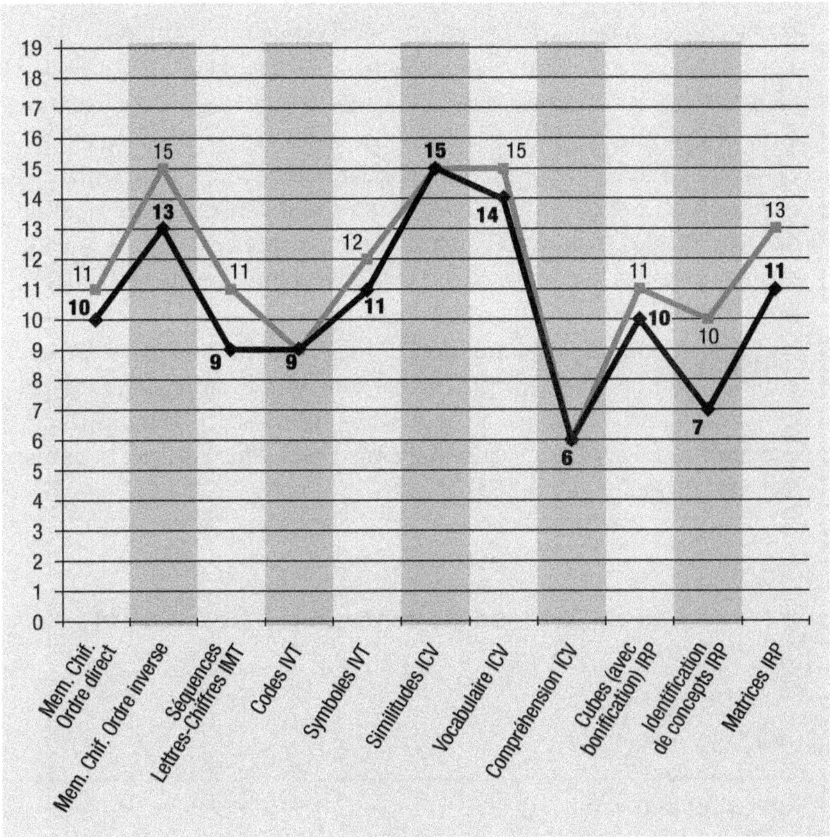

TABLEAU 96

Indice de Mémoire de travail (IMT = 103)

Rémy obtient :

- 10/19 à *Mémoire des chiffres en ordre direct.*
- 13/19 à *Mémoire des chiffres en ordre inverse.*
- 9/19 à *Séquence lettres-chiffres.*

Pour aller plus loin...

La note standard en *Mémoire des chiffres en ordre direct* est dans la norme de sa tranche d'âge (10/19), avec une attention légèrement fluctuante conduisant à l'échec d'une série sur deux à 6 chiffres.

À *Mémoire des chiffres en ordre inverse*, il échoue à une série sur deux à 4 puis à 5 chiffres, avant de réussir les deux séries à 6 chiffres. Cela indique une attention fortement fluctuante et une suspicion de dysrégulation attentionnelle. La note standard obtenue est supérieure à la norme de sa tranche d'âge (13/19) mais le réel niveau maximum de difficulté résolue malgré son attention fluctuante est situé dans la zone du haut potentiel intellectuel (15/19 pour 6 chiffres restitués à l'envers) pour son âge.

En mémoire de travail par double reclassement (*Séquence lettres-chiffres*), la note standard (9/19) est dans le bas de la norme de sa tranche d'âge, avec l'échec de deux séries sur trois à 5 éléments. Ainsi, la double tâche (9/19) lui cause nettement plus difficultés que la simple tâche de mémoire de travail (13/19).

Indice de Vitesse de traitement (IVT = 100)

Il obtient :

- 9/19 à Codes.
- 11/19 à Symboles.

Pour aller plus loin...

À *Codes*, en copie nécessitant des saccades oculaires verticales, Rémy a une vitesse de traitement située dans le bas de la norme de sa tranche d'âge (9/19). Le graphisme est très imprécis et oriente vers une suspicion de trouble dysgraphique. Par ailleurs, Rémy commence à répondre aux items dans l'ordre puis change son organisation pour ne faire que les codes associés au chiffre 1, puis au chiffre 2, etc. Outre que cela ne le fait pas aller plus vite malgré l'impression qu'il en a, cela indique un manque de contrôle exécutif, une perte de la consigne ou une décision de ne pas la suivre, et de l'impulsivité.

À l'épreuve de discrimination de *Symboles*, la vitesse de traitement est dans le haut de la norme de sa tranche d'âge, avec une erreur d'inattention.

L'écart de vitesse de traitement entre les deux épreuves est l'indicateur d'un éventuel léger trouble oculomoteur.

Indice de Compréhension verbale (ICV = 112)

Il obtient :

- 15/19 à *Similitudes*.
- 14/19 à *Vocabulaire*.
- 6/19 à *Compréhension de situations*.

Pour aller plus loin...

Il obtient 15/19 en catégorisation verbale (*Similitudes*), score situé dans la zone du haut potentiel intellectuel. On note des distractions internes en fin d'épreuve où il « tombe dans les pièges » d'associations d'idées hors sujet. Par ailleurs, lors d'un item, il redemande le premier des deux mots à catégoriser car il l'a oublié en l'espace de quelques secondes (attention fluctuante/distraction).

À l'épreuve *Vocabulaire*, il obtient une note standard située au début de la zone du haut potentiel intellectuel. Le déroulement de l'épreuve est très hétérogène, avec une forte alternance d'items échoués et d'items réussis. De plus, Rémy manque de flexibilité cognitive pour approfondir sa réflexion dans des directions complémentaires à sa première réponse, et il n'obtient donc fréquemment qu'un point sur les deux possibles. De ce fait, le score obtenu est inférieur au réel niveau maximum de difficulté résolue.

À *Compréhension de situations*, le score (6/19) est déficitaire, mais là encore avec un déroulement d'épreuve très hétérogène. Ainsi, on note un important manque de flexibilité cognitive. La chute de ce score ne conduit pas à suspecter un trouble du Spectre de l'autisme car le sujet ne présente aucun autre signe. Différents éléments du TDA/H comme la flexibilité cognitive, l'impulsivité, un trouble de la perception sociale fréquemment associés au TDA/H peuvent en être la cause.

Indice de Raisonnement perceptif (IRP = 94)

Rémy obtient :

- 10/19 à *Cubes*.
- 7/19 à *Identification de concepts*.
- 11/19 à *Matrices*.

Pour aller plus loin...

À l'épreuve de construction de *Cubes*, il obtient un score dans la norme de sa tranche d'âge. On note des difficultés de spatialisation et de perception de l'échelle. Cela est éventuellement indicatif d'un trouble neurovisuel et/ou oculomoteur.

À *Identification de concepts*, épreuve de catégorisation du même type que *Similitudes*[183], la note standard (7/19) est inférieure à la norme de sa tranche d'âge. On note d'importantes distractions internes sur stimuli visuels qui n'étaient pas aussi présentes sur stimuli verbaux. En conséquence, il échoue sur des items simples alors qu'il réussit des items plus complexes. Ainsi, le réel niveau maximum de difficulté résolue (item n°20) est dans la norme de sa tranche d'âge (10/19).

Enfin, à *Matrices*, la note standard obtenue (11/19) est dans le haut de la norme de sa tranche d'âge. Là encore, on note un déroulement d'épreuve marqué par l'alternance d'items échoués et réussis, et un réel niveau maximum de difficulté résolue supérieur à la note standard obtenue.

NEPSY 2 « attention et fonctions exécutives »

On note une attention auditive déficitaire en simple tâche (5/19) mais dans la norme (10/19) en double tâche. Cela indique une importante dysrégulation attentionnelle[184]. L'attention visuelle du sujet est marquée par une vitesse de lecture dans la norme de sa tranche d'âge, mais un

183. Certains items sont communs aux deux subtests.

184. Il mobilise davantage son attention sur une tâche qui lui paraît complexe que sur une qui lui paraît simple.

nombre d'erreurs (perte de la consigne, défaut d'inhibition, impulsivité cognitive) nettement supérieur à la norme de sa tranche d'âge. Sa flexibilité cognitive sur stimuli visuels est excellente (mais pas en verbal au WISC). Enfin, sa planification des tâches sur consignes orales est déficitaire.

CONCLUSION

Les scores obtenus à ces deux bilans neuropsychologiques (WISC-IV et NEPSY 2) ajoutés à l'analyse de la qualité du déroulement des épreuves soulignent la présence de nombreux signes cliniques d'un trouble du Déficit de l'Attention malgré la prise de Concerta® 36 mg.

En complément du Concerta®, un dosage des neurotransmetteurs[185] peut être fait et une supplémentation en compléments alimentaires sera mise en place le cas échéant pour rééquilibrer la synthèse de la dopamine/ noradrénaline/adrénaline et de la fluidité membranaire, ce que le Concerta® ne traite pas.

Enfin, le programme Cogmed[186] peut également être bénéfique pour développer les capacités attentionnelles en s'appuyant sur la plasticité neuronale.

---

185. Laboratoire Barbier de Metz qui est spécialisé en médecin nutritionnelle. Pour aller plus loin, regarder les conférences de la recherche médicale (INSERM, CNRS etc.) sur les liens entre microbiote et troubles cognitifs.

186. https://www.cogmed.com/francais et https://www.college-de-france.fr/media/stanislas-dehaene/UPL2812985053430393578_Cours_2_Fondements_cognitifs_des_apprentis sages_scolaires_v6.pdf

8.8.2 Adolescent de 13 ans testé au WISC-V

Jean-Luc, un adolescent de 13 ans, fournira un second exemple d'un bilan passé sous méthylphénidate. Il suit un traitement de Quasym® 30 mg et a passé le WISC-V et NEPSY 2 « attention et fonctions exécutives » et « perception sociale » sous traitement.

Le QI est à 95, dans la partie basse de la norme de sa tranche d'âge. Les Indices sont également situés dans la partie basse de sa tranche d'âge, à 91 pour l'IMT et à 102 pour l'IVS. On pourrait alors penser que l'écart entre l'IMT à 91 plus l'IVT à 92, et l'IRF à 94, l'IVS à 102 et l'ICV à 100 ne semble pas assez marqué pour être significatif. Cependant, il faut savoir que les deux Indices les plus bas sont ceux de domaines cognitifs souvent affectés par un trouble attentionnel et neurovisuel et/ou oculomoteur.

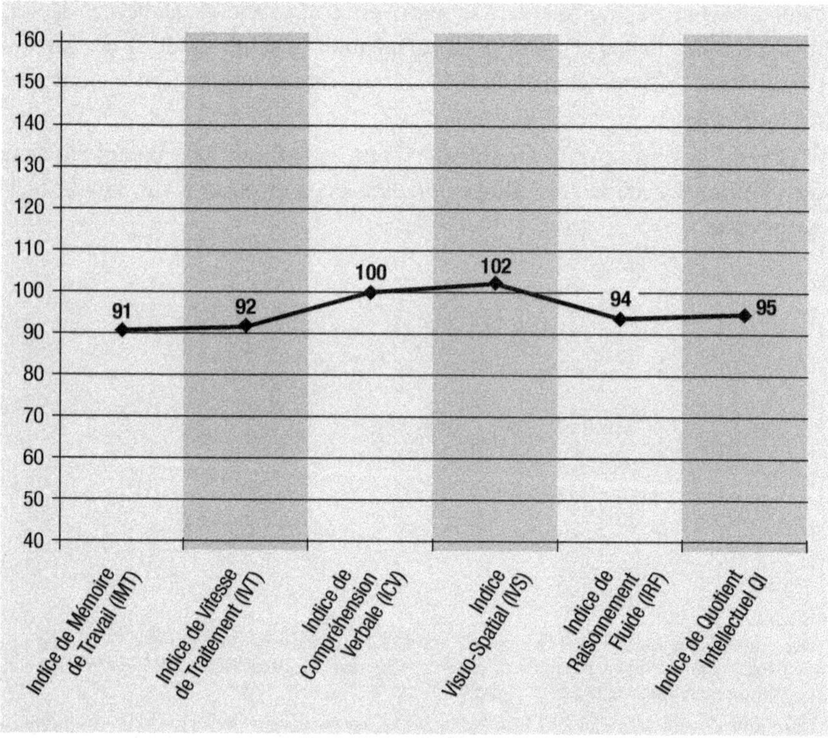

TABLEAU 97

Voici maintenant les résultats aux subtests. En noir, ce sont les notes standards, et en gris l'évaluation du niveau maximum de difficulté résolue.

La première remarque à faire en introduction à l'analyse des subtests est que, mises à part celles de l'Indice de Vitesse de traitement (IVT), les notes standards sont très hétérogènes à l'intérieur des Indices.

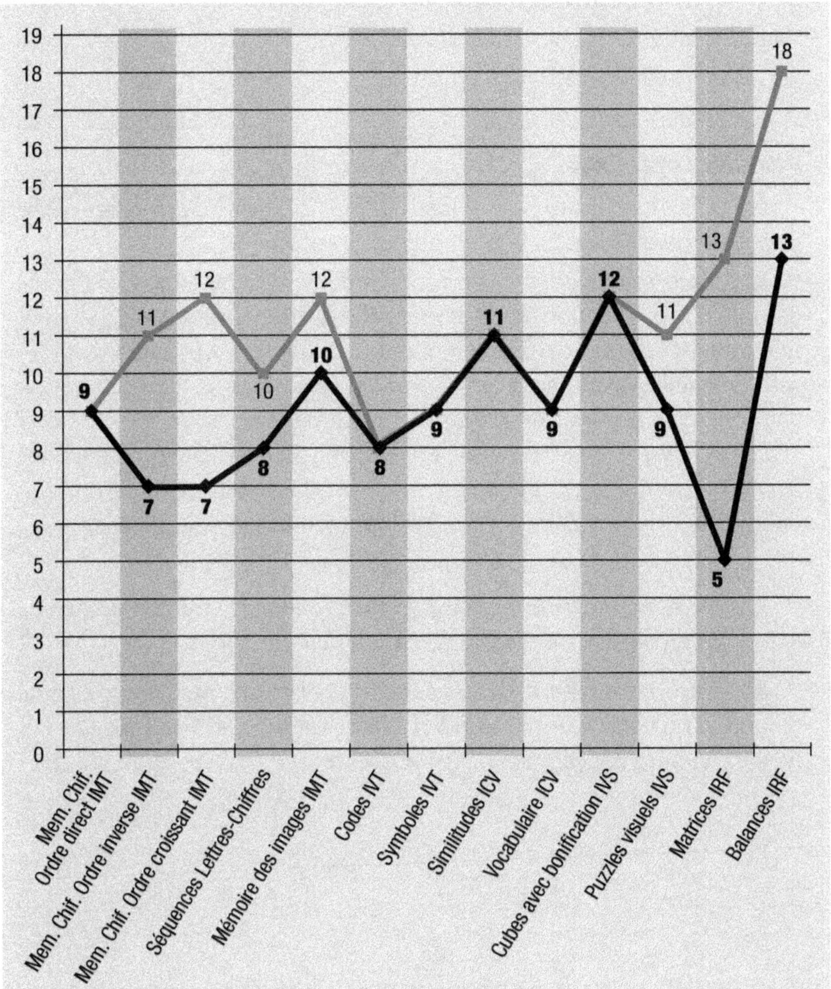

TABLEAU 98

Indice de Mémoire de travail (IMT = 91)

Jean-Luc obtient :

- 9/19 à *Mémoire des chiffres en ordre direct.*
- 7/19 à *Mémoire des chiffres en ordre inverse.*
- 7/19 à *Mémoire des chiffres en ordre croissant.*
- 8/19 à *Séquence lettres-chiffres.*
- 10/19 à *Mémoire des images.*

Pour aller plus loin...

La note standard (9/19) obtenue à *Mémoire des chiffres en ordre direct* est dans le bas de la norme de sa tranche d'âge.

À *Mémoire des chiffres en ordre inverse*, la note standard (7/19) est inférieure à la norme de sa tranche d'âge. Cependant, on note une attention fortement fluctuante qui fait que Jean-Luc échoue à une série sur deux aux items 3 et 4 à trois chiffres, puis à l'item 5 à quatre chiffres. Ainsi, il perd trois points en note brute à cause de son attention fluctuante. Avec 7 points en note brute, il obtient donc une note standard à 7/19. Si on ne retient que ce score, on pense alors qu'il a un niveau de mémoire de travail inférieur à la norme de sa tranche d'âge car :

1. 7/19 est inférieur à la norme de sa tranche d'âge.
2. La note brute laisse penser qu'il n'atteint que le niveau de 3 chiffres avec attention soutenue[187].

Mais si on examine le déroulement de l'épreuve, on s'aperçoit qu'il obtient 7 points en allant jusqu'à 4 chiffres et non à 3 chiffres (du fait de son attention fluctuante). Ainsi le réel niveau maximum de difficulté

187. Une note standard ne permet pas de deviner si le déroulement de l'épreuve a été homogène ou pas, si la personne est parasitée par une attention fluctuante ou si, au contraire, elle a une attention soutenue. Seule l'analyse du déroulement de l'épreuve avec l'évaluation du réel niveau maximum de difficulté résolue comme nous le faisons là permet de clarifier cela.

résolue (4 chiffres) donnerait une note standard à 11/19 s'il avait une attention soutenue :

Item	Longueur de série	7 points obtenus avec attention fluctuante	7 points obtenus 7 points	Niveau réel si attention soutenue
Item 1	1-2 1-2	1 1	1 1	1 1
Item 2	1-2 1-2	1 1	1 1	1 1
Item 3	1-2-3 1-2-3	1 0	1 1	1 1
Item 4	1-2-3 1-2-3	1 0	1 0	1 1
Item 5	1-2-3-4 1-2-3-4	0 1		1 1
Item 6	1-2-3-4-5-6 1-2-3-4-5-6	0 0		
Item 7	1-2-3-4-5-6-7 1-2-3-4-5-6-7	0 0		
Item 8	1-2-3-4-5-6-7-8 1-2-3-4-5-6-7-8			
Item 9	1-2-3-4-5-6-7-8-9 1-2-3-4-5-6-7-8-9			
Note standard		**7/19**		**11/19**

TABLEAU 99

À *Mémoire des chiffres en ordre croissant*, son attention est également fluctuante avec l'échec des deux séries de l'item 4 à cinq chiffres, ce qui marque l'arrêt de l'épreuve selon le protocole de passation et indique un niveau de mémoire à hauteur de quatre éléments sur cette épreuve. Il obtient 7/19 en note standard. Or, en dépassant l'arrêt protocolaire pour s'assurer que cet adolescent est bien arrivé au maximum de ses capacités, on s'aperçoit qu'il réussit ensuite les deux autres séries, elles aussi à cinq éléments (item 5). Donc, son niveau de mémoire de travail est à hauteur de 5 éléments et non de 4 comme l'indique le protocole de passation. Cela situe Jean-Luc en haut de la norme de sa tranche d'âge (12/19) au lieu d'être en dessous par sa note standard protocolaire.

À *Séquence lettres-chiffres*, il réussit les six séries à 2 éléments, puis échoue à une série sur neuf à 3 éléments. Il échoue ensuite à une série sur trois à 4 éléments. La note standard obtenue (8/19) est dans le bas de la norme de sa tranche d'âge mais son niveau maximum de difficulté résolue est dans la norme de sa tranche d'âge. Sans attention fluctuante, sa note standard aurait été de 10/19.

Sa mémoire visuelle est dans la norme de sa tranche d'âge (10/19) avec une attention fluctuante qui le conduit à échouer à deux séries à 3 images, et à une série à 4 images. Là encore, cela impacte à la baisse sa note standard alors que son niveau maximum de difficulté résolue est à 12/19 avec une attention soutenue.

Indice de Vitesse de traitement (IVT = 92)

Il obtient :

- 8/19 à *Codes*.
- 9/19 à *Symboles*.

Pour aller plus loin...

Jean-Luc obtient 8/19 à la copie de *Codes*, avec une vitesse située dans le bas de la norme de sa tranche d'âge, ce qui peut faire suspecter un léger trouble oculomoteur. Certains codes sont mal positionnés dans les cases et débordent de celles-ci, indiquant un éventuel trouble neurovisuel. En effet, on ne peut pas mettre cette imprécision de spatialisation sur le compte d'une rapidité de traitement... Enfin, la qualité du graphisme est imprécise, ce qui fait suspecter un trouble dysgraphique.

À l'épreuve de discrimination de *Symboles*, la note standard est à 9/19. Rien de particulier à dire sur elle.

Indice de Compréhension verbale (ICV = 100)

Il obtient :

- 11/19 à *Similitudes*.
- 9/19 à *Vocabulaire*.

Pour aller plus loin...

À *Similitudes*, on note plusieurs items cotés initialement à 1 point sur deux. Jean-Luc développe sa réponse de façon complémentaire et obtient le second point, ce qui indique une assez bonne flexibilité cognitive sur information verbale.

À l'épreuve de définition de concepts, il obtient 9/19. On note des confusions de sens, et de légères difficultés d'expression verbale.

Indice Visuospatial (IVS = 102)

Il obtient :

- 12/19 à *Cubes*.
- 9/19 à *Puzzles visuels*.

Pour aller plus loin...

Il obtient 12/19 en construction de *Cubes*, score situé dans le haut de la norme de sa tranche d'âge. On note une difficulté d'orientation à l'item 10 à 9 cubes. De plus, il ne perçoit pas le cadre de l'item 12 et manifeste une difficulté de perception de l'échelle. Cela oriente vers une suspicion de trouble neurovisuel.

En spatialisation mentale (*Puzzles visuels*), il obtient une note standard de 9/19. Le déroulement de l'épreuve est marqué par l'échec de l'item 16 avant de réussir le 17 et le 18, puis le 19 en 42 secondes au lieu des 30 imparties.

Nous avions déjà noté sa lenteur de traitement à l'IVT et avancé l'hypothèse d'un trouble neurovisuel, qui impacte potentiellement ce subtest.

Indice de Raisonnement fluide (IVS = 94)

Jean-Luc obtient :

- 5/19 à *Matrices*.
- 13/19 à *Balances*.

Pour aller plus loin...

L'écart de 8 points de note standard entre les deux épreuves de ce même Indice fait suspecter des difficultés cognitives qui parasitent le déroulement du subtest ayant la note standard la plus basse.

Il obtient 5/19 au complètement de suite d'images de *Matrices*. On note une difficulté de compréhension de la partie implicite de la consigne, ce qui fait suspecter un léger trouble du langage pragmatique. Par ailleurs, le déroulement de l'épreuve est très hétérogène, avec l'échec de l'item 16 par perte de la planification de la lecture de toutes les images pour induire la logique de l'item. Il échoue ensuite à l'item 18, puis aux 20, 21 et 22, ce qui marque l'arrêt de l'épreuve selon le protocole de passation. Il obtient donc 17 réponses correctes, ce qui donne une note standard à 5/19 pour son âge. Or, en poursuivant l'épreuve au-delà de ces trois items échoués pour voir si cet adolescent est réellement au maximum de sa capacité de résolution de problèmes, on constate qu'il réussit les items 23 et 24 en justifiant correctement ses réponses. À noter qu'au WISC-IV, le protocole indiquait d'arrêter l'épreuve après quatre zéros consécutifs et non 3... ainsi, le réel niveau maximum de difficulté qu'il résout est au niveau des items 23-24 et non de l'item 17. La note standard qu'il aurait obtenue en réussissant de façon régulière jusqu'à ce niveau aurait été 13/19. C'est là que se situe son réel niveau maximum de difficulté résolue, au-dessus de la norme de sa tranche d'âge. Contrairement à ce que laisse croire sa note standard, il n'a donc pas de déficit sur cette épreuve, mais un lourd trouble attentionnel bien que la passation du test s'effectue sous Quasym® 30 mg.

Au subtest *Balances*, la note standard à 13/19 est située au-dessus de la norme de sa tranche d'âge, comme l'est le niveau maximum de difficulté résolue au subtest précédent. Il échoue à partir des deux derniers items à deux balances (items 25 et 26) et réussit l'item 27 à trois balances. Il est fréquent de constater que des patients échouent les items 24, 25 et 26, voire à partir du 22 ou 23, ce qui selon le protocole de passation marque l'arrêt de l'épreuve, mais qu'ils réussissent l'item 27 à trois balances au lieu de deux, alors qu'il est plus complexe que les items échoués précédents. Cela s'explique par l'effet de nouveauté généré par les trois balances, ce qui stimule le système attentionnel. On observe aussi cela à *Mémoire des images* où des patients échouent aux dernières séries à 4 images, et réussissent la première série à 5 images.

NEPSY 2

On note une attention auditive sélective supérieure en simple tâche à la norme de la tranche d'âge (12/19) du sujet, mais une attention divisée (double tâche) déficitaire (6/19). Sa vitesse de lecture est déficitaire (7/19) en simple tâche, et augmente jusqu'à être supérieure à la norme de sa tranche d'âge en double tâche avec tâche d'inhibition (11/19). Le nombre d'erreurs de lecture est très élevé en lecture simple et diminue considérablement à mesure que la tâche se complexifie. Cela indique une dysrégulation attentionnelle. Sa flexibilité cognitive sur stimuli visuels est dans la norme de sa tranche d'âge en analyse microscopique (détails), mais faible en analyse macroscopique (analyse globale), ce qui est concordant avec les difficultés visuospatiales relevées au WISC-V.

CONCLUSION

Malgré la passation de ce WISC-V et d'un NEPSY 2 sous Quasym® 30 mg, on note qu'il subsiste d'importantes difficultés attentionnelles qui impactent le déroulement des subtests, et les scores obtenus par le sujet sont inférieurs au réel niveau maximum de difficulté résolue.

8.8.3 Remarque

Nous avons également eu l'occasion de tester des enfants diagnostiqués TDA/H par des neuropédiatres, sans bilans neuropsychologiques WISC/NEPSY, uniquement à partir du questionnaire de Conners et d'une consultation. Ces enfants s'étaient vus prescrire des traitements au méthylphénidate pendant plusieurs années dans l'espoir qu'ils pourraient « entrer dans les apprentissages ». Après 3-4 ans d'échec scolaire malgré cette médication et les aides d'enseignants spécialisés, les familles avaient décidé de faire passer un WISC et un NEPSY qui indiquèrent qu'il s'agissait d'un déficit intellectuel.

Nous ne donnerons pas ici d'exemples de ces tests car les notes standards sont très basses, et le déroulement des épreuves est homogène. Ainsi, le niveau maximum de difficulté résolue correspond à très peu près aux notes standards obtenues. De plus, les résultats sont nettement situés dans la zone du déficit avec des Indices inférieurs à 70. L'analyse qualitative des épreuves (niveau maximum de difficultés résolue et type de difficultés observées) et l'analyse quantitative (note standard obtenue) étant très proches et déficitaires, ces exemples de tests n'apporteraient pas d'éléments particuliers dans notre présentation.

9

ET POUR ALLER PLUS LOIN...

Dr Alain POUHET,
Questions sur les Dys : des réponses.
Éditions Tom Pousse, 2016.

9.1
SITES INTERNET

Docteur Alain POUHET :
« LES « DYS » : un site consacré aux troubles des apprentissages »
https://sites.google.com/site/dralainpouhet/

« Le cerveau à tous les niveaux »
(Université McGill, Montréal, Québec) :
http://lecerveau.mcgill.ca/flash/i/i_01/i_01_m/i_01_m_ana/i_01_m_ana.html

HyperSuper (TDAH)
https://www.tdah-france.fr/

Dyspraxique mais fantastique (DMF)
https://www.dyspraxie.info/

Autisme France
http://www.autisme-france.fr/

9.2
COLLÈGE DE FRANCE

Cours de Stanislas Dehaene
sur « Les fondements cognitifs des apprentissages scolaires » :
https://www.college-de-france.fr/site/stanislas-dehaene/course-2014-2015.htm

9.3
CONFÉRENCES SUR YOUTUBE

Voici une liste non exhaustive pour les récentes données de la recherche médicale sur le fonctionnement cognitif. Les quelques liens donnés ici permettront au lecteur de mettre en perspective le (dys)fonctionnement cognitif avec différents éléments. N'hésitez pas à chercher d'autres vidéos de ces conférenciers, elles sont souvent nombreuses.

Sonia LUPIENS :
https://www.youtube.com/watch?v=PNxqJzQqnfk

Michèle MAZEAU :
http://ww2.ac-poitiers.fr/ecoles/spip.php?article249

Jean-Philippe LACHAUX :
https://www.youtube.com/watch?v=GbMWsmZJM2Q

Docteur Guillaume FOND :
https://www.youtube.com/watch?v=-0PIsk1r-Sk

Serge HAMED :
https://lejournal.cnrs.fr/videos/addiction-lautre-poudre-blanche

100 idées pour mieux comprendre ce qu'est l'intelligence

Neuropédiatre et neuropsychologue auprès d'enfants rencontrant des difficultés dans leur développement et leurs apprentissages, les auteures présentent les extraordinaires compétences de notre cerveau, à travers les mécanismes qui vont guider son développement et orchestrer les fonctions cérébrales, depuis la vie intra-utérine jusqu'à l'âge adulte. À la lumière des neurosciences, l'ouvrage détaille chaque compétence, et les troubles du développement cérébral pouvant l'entraver.

Neuropédiatre au CHU Robert-Debré (APHP) et au sein d'un Centre d'action médico-sociale précoce (CAMSP), le ***Dr Domitille GRAS*** *soigne au quotidien des enfants porteurs de troubles neurodéveloppementaux. Psychologue clinicienne diplômée et docteure en neurosciences,* ***Emmanuelle PLOIX MAES*** *exerce depuis plus de vingt ans dans le service de Neuropédiatrie de l'hôpital Robert-Debré.*

ISBN : 978-2-35345-196-8 – Prix : 15,50 €

100 idées pour accompagner les enfants à haut potentiel

« Les enfants à haut potentiel ne sont pas tout à fait des enfants comme les autres, mais ce sont des enfants », Dr Olivier Revol. Les statistiques des psychologues montrent que le risque d'échec scolaire augmente d'autant plus si l'enfant n'a pas été reconnu et/ou si l'on n'a pas tenu compte de sa différence. D'où l'importance de détecter et de faire émerger cette ressource fantastique qu'est le haut potentiel avant que surgissent les premières déconvenues.

Dr Olivier REVOL*, pédopsychiatre à l'hôpital neurologique Pierre Wertheimer de Lyon.*

Roberta POULIN*, présidente de l'Association Suisse pour les Enfants Précoces (ASEP).*

Doris PERRODIN*, (diplômée ECHA), spécialiste de l'éducation des enfants et adolescents à haut potentiel.*

ISBN : 978-2-35345-125-8 – Prix : 14,50 €

100 idées pour accompagner un enfant avec autisme

120 000 enfants ou adultes autistes vivent aujourd'hui en France. Les troubles du spectre autistique sont durables mais il est possible de prévenir et limiter les surhandicaps. Savoir les détecter très tôt, c'est faire gagner aux parents et à l'enfant un temps précieux en permettant une intervention ciblée capable d'atténuer les effets du handicap, de le compenser en partie, et de mettre en place un accompagnement adapté qui favorisera le développement de l'enfant et améliorera la qualité de vie de la famille.

René PRY *: professeur de psycho-pathologie du développement (Centre hospitalier universitaire de Montpellier et Université Lyon 2), il est l'auteur de nombreux travaux scientifiques sur les troubles du comportement chez l'enfant et l'adolescent porteur d'autisme et/ou de retard de développement.*

ISBN : 978-2-35345-066-4 – Prix : 14,50 €

Tom PouSSe

100 idées+ pour venir en aide aux élèves dyslexiques

120 idées... Cette nouvelle édition augmentée de 20 idées a été revue et complétée par les auteurs pour faire le point sur les dernières avancées dans la prise en charge des enfants dyslexiques.

*Enseignant depuis de nombreuses années, le professeur **Gavin REID** est maintenant psychopédagogue et Maître de conférences au Département des sciences de l'éducation, à la Moray House School, Université d'Edimbourg (Écosse).*
***Shannon GREEN**, cofondatrice et directrice du centre de rééducation pour enfants et adultes REACH à Vancouver (Canada), est praticienne de la méthode Orton-Gillingham de rééducation de la dyslexie.*

ISBN : 978-2-35345-068-8 – Prix : 14,50 €

100 idées pour venir en aide aux enfants dysphasiques

Les troubles sévères du développement du langage oral, encore appelés dysphasies, ont des conséquences lourdes sur le développement des enfants atteints, tant sur le plan de la communication, que de leur insertion scolaire et sociale. 100 idées pour venir en aide à ces enfants et leur permettre une adaptation optimale, un développement affectif et intellectuel harmonieux.

***Monique TOUZIN** est orthophoniste au CHU de Bicêtre (Rééducation neuropédiatrique) et formatrice des orthophonistes, des professionnels de santé et de l'Éducation nationale en matière de troubles des apprentissages.*
***Marie-Noëlle LEROUX**, professeur spécialisée au Centre scolaire de l'Unité de rééducation neuro-infantile du CHU de Bicêtre, travaille auprès d'élèves ayant des difficultés d'apprentissage liées à des troubles sévères du langage oral.*

ISBN : 978-2-35345-054-1 – Prix : 14,50 €

100 idées pour aider les élèves dyspraxiques

100 idées pratiques pour favoriser les acquisitions initiales en motricité fine et globale. 100 pistes concrètes pour aider au quotidien les enfants souffrant de dyspraxie ou de troubles d'acquisition de la coordination. 100 idées efficaces pour leur permettre de progresser et de suivre un cursus scolaire satisfaisant.

*Le docteur **Amanda KIRBY**, professeur à l'Université de Newport (Pays de Galles) est connue pour ses travaux sur la dyspraxie et les troubles d'acquisition de la coordination. Avec la pédagogue **Lynne PETERS**, elle anime une équipe de médecins, de neurologues, d'orthophonistes et d'enseignants spécialisés au Dyscovery Centre de Cardiff.*

ISBN : 978-2-35345-032-9 – Prix : 14,50 €

100 idées+ pour aider les élèves « dyscalculiques »

Les blocages dont souffrent de trop nombreux enfants dans les apprentissages fondamentaux du calcul et de la géométrie trouvent leur origine dès la maternelle et le CP dans une fixation mal assurée de certains savoir-faire essentiels et une maîtrise insuffisante des tout premiers apprentissages. Ce livre donne des pistes à tous ceux, enseignants, psychologues, rééducateurs, parents, qui veulent comprendre la nature des difficultés de ces enfants qui « souffrent des maths » et souhaitent y remédier. Plus de 100 idées pour aider concrètement ces élèves en difficulté, en classe et à la maison.

***Josiane HÉLAYEL**, agrégée de mathématiques, professeure honoraire de l'ESPE de l'académie de Versailles, elle participe à la formation initiale et continue des professeurs des écoles et s'implique dans celle des enseignants spécialisés et l'aide aux élèves en difficulté.*

***Isabelle CAUSSE-MERGUI**, orthophoniste dans la région parisienne depuis 1976, elle est spécialisée dans la rééducation logico-mathématique.*

ISBN : 978-2-35345-198-2 – Prix : 15,50 €

100 idées pour mieux gérer les troubles de l'attention

Chaque jour, les parents et les enseignants sont confrontés aux problèmes que posent ces enfants inattentifs, impulsifs et hyperactifs. 100 idées pour comprendre les enjeux de ce trouble et organiser un environnement favorable. 100 idées qui constitueront une aide pertinente et concrète pour survivre à l'essoufflement que parents et enseignants ressentent lorsqu'ils sont aux prises avec l'enfant ou l'adolescent qui souffre d'un TDA/H (trouble du déficit d'attention avec ou sans hyperactivité), diagnostiqué ou non.

***Francine LUSSIER**, docteur en neuropsychologie de l'Université de Montréal, a fondé en 1994 le Centre d'évaluation neuropsychologique et d'orientation pédagogique (CÉNOP) et, en 2001, le Centre de rééducation d'approche neuropsychologique (CRAN) qui offrent des services personnalisés aux enfants en souffrance psychologique ou en difficulté d'apprentissage et de comportement.*

ISBN : 978-2-35345-042-8 – Prix : 14,50 €

100 idées pour développer la psychomotricité des enfants

L'expérimentation du corps constitue chez l'enfant son référentiel de base pour coordonner ses gestes, s'orienter dans l'espace et le temps, réguler ses émotions, avoir confiance en soi… bref, tout le matériel cognitif et émotionnel nécessaire pour se sentir « bien dans son corps et dans sa tête » et profiter efficacement des apprentissages. De la difficulté mineure au trouble avéré (Dyspraxie, TAC, Dysgraphie, TDA/H…), les auteurs proposent exercices, conseils et préconisations pour guider parents, enseignants et autres professionnels dans le développement psychomoteur de leur jeune public.

***Aurélien D'IGNAZIO** et **Juliette MARTIN**, psychomotriciens, exercent en libéral et en institutions spécialisées. Formés à de multiples approches rééducatives et thérapeutiques, ils contribuent au dépistage des troubles des apprentissages, à la rééducation, ainsi qu'à la guidance des familles et des enseignants. Ils s'impliquent également dans la formation initiale et continue des psychomotriciens.*

ISBN : 978-2-35345-183-8 – Prix : 15,50 €

Enfants dyspraxiques, concrètement, que faire ?

Mon enfant est très maladroit. Il écrit mal alors qu'à l'oral, il est à l'aise. Est-il dyspraxique ? A-t-il un trouble d'acquisition de la coordination (TAC) ? Que faire pour l'aider ? Qui consulter pour poser un diagnostic ? Cet ouvrage, à destination des parents, des enseignants, des AESH et de tous ceux qui entourent l'enfant… explore les différentes activités de la vie journalière et scolaire impactées par la dyspraxie et les troubles neurovisuels. Il propose des solutions concrètes et vise le long terme.

Claire MOUCHARD GARELLI *est ergothérapeute en pédiatrie depuis 20 ans, majoritairement en SESSAD. Elle a d'abord travaillé auprès d'enfants handicapés moteurs avec troubles cognitifs associés puis auprès d'enfants atteints de troubles cognitifs spécifiques développementaux dans différentes régions. est ergothérapeute en pédiatrie depuis 20 ans, majoritairement en SESSAD.*

Ce livre a été écrit avec la participation de Michèle Mazeau, Alain Pouhet, Claire Le Lostec et Anne-Virgine Desroches.

ISBN : 978-2-35345-161-6 – Prix : 17 €

Troubles de l'attention avec ou sans hyperactivite (TDA/H), concrètement, que faire ?

Fruit d'une collaboration suivie avec les équipes éducatives d'une école, cet ouvrage propose à l'ensemble des intervenants amenés à travailler auprès d'un élève souffrant de trouble l'attention avec TDA/H des outils pratiques, inspirés des thérapies cognitivo-comportementales et émotionnelles, concrets et faciles à mettre en œuvre pour permettre à cet enfant de réussir sa scolarité.

Dr Anne GRAMOND*, psychiatre spécialisée dans l'évaluation et la prise en charge d'enfants et d'adolescents présentant des troubles du déficit de l'attention avec ou sans hyperactivité (TDA/H).*

Laura NANNINI*, enseignante d'EPS, s'inscrit dans un travail de recherche en Master de Psychologie Clinique sur la prise en charge du TDA/H en milieu scolaire et hospitalier.*

ISBN : 978-2-35345-162-3 – Prix : 15 €

Neuropsychologie et stratégies d'apprentissage, concrètement, que faire ?

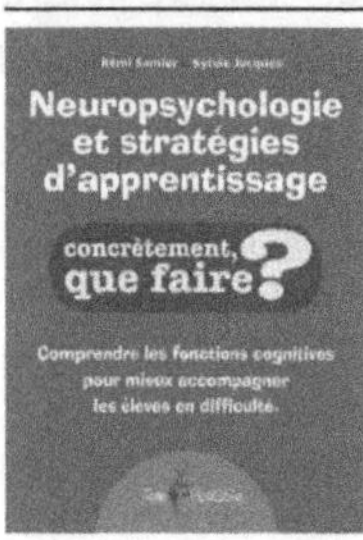

Comprendre les grands principes de la neuropsychologie pour développer des stratégies pédagogiques afin de faciliter la réussite des élèves porteurs d'un trouble dys- et les autre. En quoi les fonctions cognitives sont importantes à comprendre pour proposer des aides ? Comment repérer les troubles dys- ? Comment accompagner les élèves dans leurs apprentissages ? Comment leur permettre de mieux gérer attention, mémoire, fonctions exécutives, stress, motivation… ? Ce livre est pensé comme un outil pour tous les acteurs « de terrain » Les pistes concrètes proposées offrent de nouvelles perspectives pour la réussite de l'ensemble des élèves.

Rémi SAMIER *et* ***Sylvie JACQUES*** *sont orthophonistes en libéral et se consacrent essentiellement à la rééducation des troubles dys-. Ils ont obtenu le diplôme universitaire de « Neuropsychopathologie des Apprentissages scolaires » de l'Université de Lyon.*

ISBN : 978-2-35345-204-0 – Prix : 14 €

Mieux comprendre les dys- : de leur émergence aux neurosciences

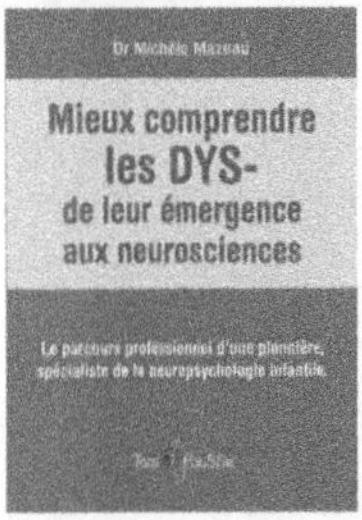

Le docteur Michèle Mazeau le prouve dans ses mémoires : l'origine des DYS- est NEUROLOGIQUE et ne relève ni de la psychologie, ni de la pédagogie, ni même de la pédiatrie, et encore moins des opinions « éducatives » des uns ou des autres. C'est une pathologie neurologique et il y a interaction entre ces nouvelles connaissances du développement du cerveau de l'enfant et les apprentissages à l'école. Écrites sans concessions, mais non sans humour, ces mémoires sont celles d'un médecin qui en a vécu ses avancées, ses combats et ses espoirs, de sa préhistoire à nos jours.

*Médecin de rééducation, **Michèle MAZEAU** a pratiqué la neuropsychologie, c'est-à-dire l'étude, le diagnostic et la rééducation des fonctions cognitives et en particulier la neuropsychologie infantile (« les dys- »). Elle a travaillé au sein d'hôpitaux parisiens et de SESSAD et a publié plusieurs ouvrages.*

ISBN : 978-2-35345-181-4 – Prix : 19 €

Dyslexies et troubles associés, on s'en sort !

Le docteur Michèle Mazeau le prouve dans ses mémoires : l'origine des DYS- est NEUROLOGIQUE et ne relève ni de la psychologie, ni de la pédagogie, ni même de la pédiatrie, et encore moins des opinions «éducatives» des uns ou des autres. C'est une pathologie neurologique et il y a interaction entre ces nouvelles connaissances du développement du cerveau de l'enfant et les apprentissages à l'école. Écrites sans concessions, mais non sans humour, ces mémoires sont celles d'un médecin qui en a vécu ses avancées, ses combats et ses espoirs, de sa préhistoire à nos jours.

***Dr Catherine BILLARD**, neuropédiatre, en dirigeant le Centre Référent de Bicêtre, s'est consacrée aux dyslexiques en assumant un triple rôle : la recherche, la santé publique et la pratique quotidienne.*

ISBN : 978-2-35345-155-5 – Prix : 19 €

Six leçons sur les troubles du neurodéveloppement

La position qui organise les propositions de ce livre vise à articuler « psychopathologie » et développement. Le moment du diagnostic des troubles du neurodéveloppement (TDN) ne devrait pas nous faire oublier qu'ils ont une histoire très précoce, cliniquement souvent difficilement repérable, qu'ils ont des histoires développementales que l'on connaît encore mal, et que leur « accompagnement » dans une perspective de vie entière nécessite d'en identifier les multiples contraintes.

***René PRY** est professeur des universités émérite. Il a exercé une activité clinique (CHU de Colombes puis Centre de Ressources Autisme du Languedoc-Roussillon) et a enseigné aux universités de Paris, Montpellier, Genève, Aix-en-Provence et Lyon. Il est l'auteur d'articles et de livres consacrés à l'évolution des compétences sociales chez l'enfant et au développement de l'enfant avec trouble du spectre de l'autisme.*

ISBN : 978-2-35345-200-2 – Prix : 19 €

Tom PouSSe

Pour en savoir plus sur les troubles de l'apprentissage : la revue A.N.A.E

Villa Flore, 58 avenue du Dr Gaudeul – 64100 Bayonne

mél : anae@wanadoo.fr - site : www.anae-revue.com

Mise en page : Gilles Baron
Direction éditoriale : Alain Royer et Jérôme Bessac
ISBN : 978-2-35345-206-4
Dépôt légal : avril 2019
Imprimé par CPI France (2043018)